KB129110

마음을 여는 명상

The Four Immeasurables: Practices to Open the Heart

사무량심

B. Alan Wallace 저 | 김완석 역

학지사

The Four Immeasurables: Practices to Open the Heart
by B. Alan Wallace

이 연구는 2014년 정부(교육과학기술부)의 재원으로 한국연구재단의 지원을 받아 수행된 연구임
(NRF-2014S1A3A2044196)

역자 서문

나는 불교의 역사나 명상수련에 대해 체계적인 공부를 하거나 경험한 적이 거의 없는 초보자다. 명상을 한다고 앉아 있어도 끊임없는 잡생각에 10분 이상을 고요한 상태로 있기 어렵다. 또한 쉽게 잠에 빠지기도 하고, 정좌해서 자세를 유지하는 것도 쉽지 않아서 하타요가와 같이 몸을 움직이는 명상을 겨우 몸에 익혀 규칙적으로 수련할 뿐이다. 그래도 명상하기를 좋아하는데, 얼마 안 되는 수련 경력임에도 내 삶에 긍정적인 변화가 많다고 느끼기 때문이다.

이렇게 불교의 역사나 수행전통에 대해 별로 아는 것이 없음에도 이 책을 번역하려 한 가장 큰 이유는 사무량심 계발에 관한 학문적인 관심 때문이다. 보통 자비명상이라 부르는 명상은 불교전통에서 말하는 사무량심 수련을 말한다. 불교의 수련 전통에서 다양한 수련법은 보통 집중명상(사마타 수련)과 마음챙김명상 또는 통찰명상(위빠사나 수련)으로 구분하며, 자비명상은 집중명상의 하나로 다룬다[저자인 월리스(Wallace)도 이 책에서 자비명상을 사마타 수련과의 관계 속에서 설명하고 있다.]. 하지만 역자가 보기에 자비명상은 집중명상의 한 형태로 다루기보다는 독특한 하나의 수련법으로 구분해서 다루는 것이 과학적 연구나 자비명상의 효과에 대한 이해 측면에서 더 타당한 것 같다. 심리학자의 관점에서 볼 때, 자비명상은 집중이나 통찰명상과 여러 가지 측면에서 다르기 때문이다.

첫째, 집중명상이나 통찰명상이 내적 경험에 적극적으로 개입하기보다는 이에 대한 자각 자체를 강조하는 것에 비해, 자비명상은 내적 경험에 대한 적극적인 개입을 통해 긍정적인 정서와 태도를 계발하고자 한다(더 정확하게 표현하면, 인간의 긍정적 잠재성인 사무량심이 드러나도록 한다)는 점에서 다르다. 집중명상이나 마음챙김명상이 존재론적 수련이라면, 자비명상은 행위론적 수련이라 할 수 있다.

둘째, 자비명상은 수련자의 의식경험이 개인적 맥락이 아니라 사회적 맥락을 구성하며 이런 맥락에서 수련이 진행된다는 점에서 집중명상이나 통찰명상과 다르다. 예를 들어, 집중명상이나 통찰명상에서 주의의 대상은 개인적인 내적 경험이며, 여기에 다른 사람이나 다른 존재를 주의의 대상으로 삼는 경우는 거의 없지만, 자비명상은 주의의 대상 자체가 다른 사람을 포함하는 다른 존재인 경우가 거의 대부분이다. 자비명상은 이렇게 자신과 다른 존재의 관계라는 맥락에서 의도적이고 의식적인 작업을 수행한다.

셋째, 수련 목적에서도 상당한 차이가 있다. 집중명상이나 통찰명상은 기본적으로 개인 수준의 깨달음을 목표로 하지만, 자비명상은 그보다는 타인이나 다른 존재에 대한 이타심의 계발을 목표로 한다(상좌부 불교와 티베트 불교나 대승 불교에서 보는 자비수련의 목적에도 꽤 차이가 있기는 하지만). 이타심은 다른 조건이 동일하다면 이타적인 또는 친사회적 행동의 가능성을 높인다. 그래서 자비명상의 목표는 자신보다 타인이나 다른 존재의 안녕과 행복에 있는 것이다. 이런 차이점 때문에 자비명상은 사회적 명상(social meditation)이라고도 부를 수 있다. 그 외에도 자비명상은 집중이나 통찰명상에 비해 수련에서 심상화가 차지

하는 비중이 매우 크다는 수련방법상의 차이도 들 수 있다. 이러한 자비명상의 독특함은 서로 다른 명상법의 비교가 가능하다는 학문적인 관점에서뿐 아니라 이타성과 친사회적 특성의 계발이라는 면에서 사회적인 관점으로 보더라도 상당한 가치가 있다고 본다.

현재 서구의 학계에서 명상에 관한 과학적 연구는 주로 '마인드풀니스(mindfulness)' 개념을 중심으로 이루어지고 있다. 특히 카밧진(Kabat-Zinn)이 제안한 마인드풀니스의 개념화와 이를 토대로 한 마음챙김기반 프로그램(MBSR)은 명상연구에 상당한 영향을 미쳤는데, 그의 개념화와 프로그램은 주로 상좌부불교의 철학과 수련법을 토대로 하고 있다. 이와 달리 윌리스의 수련과 공부경력은 인도티베트 불교라는 대승불교의 전통에서 축적된 것인바, 이 전통에서 마인드풀니스의 개념화나 명상수련에서 차지하는 자비명상의 위치나 목적, 방법 등은 상좌부불교와는 상당한 차이가 있다. 이런 관점에서 이 책을 읽어 보는 것도 흥미로울 것이다.

최근에는 심리학과 정신의학에서도 자비명상에 대한 이론적 연구와 임상적 관심이 높아지고 있다. 이런 흐름은 주로 텍사스 대학의 네프(Kristine Neff)가 제안한 자기자비(self-compassion)라는 개념을 중심으로 이루어지고 있다. 자기자비란 자신을 대상으로 하는 자비심을 말하는 것으로서 개인의 행복이나 웰빙, 성장과 밀접한 관계가 있는 것으로 밝혀지고 있다. 자기자비는 그동안 서구심리학에서 정신건강과 발달의 핵심 개념으로 간주되던 자존감(self-esteem)을 보완 또는 대체할 수 있는 개념으로 평가받고 있으며, 자비명상에 기반한 치료적 개입프로그램들에서 빠지지 않고 다루어지는 개념이다. 그러나 자기자비는 전형적인 개인수준의 심리치료 및 개입에 적절한 개념이기는 하지만, 대승불교 전통에서 자비명상 수련의 중요한 목적이었던 보리심, 즉 타인과 다른 존재를 위한 희생과 봉사, 공존을 위한 헌신과 같은 이타심과 이타행동 등 사회적인 긍정적 기능은 반영하지 못하는 개념이라 할 수 있다. 그런 점에서 자비명상은 개인 수준을 넘어서는 이타성과 친사회적 행동과 같은 사회적인 기능의 계발에 매우 효과적일 수 있지만, 이와 관련된 연구는 아직 활발하게 이루어지고 있지 못하다. 따라서 자비명상의 효과와 그 내적 과정에 대한 과학적 연구의 가능성이라는 관점에서 이 책을 살펴보려는 의도도 있었다.

하지만 이런 이론적 관심과 별개로 사무량심 수련이 다루고 있는 다양한 정서와 수련의 이득에 대한 월리스의 설명은 역자가 자비명상에 관해 이해하기 어려웠던 부분들을 쉽게 이해하는 데에 도움이 되었을 뿐만 아니라 논리적으로도 매우 설득력이 있었다. 이는 아마도 저자가 전문적인 명상수련가이자 철학과 물리학, 종교학 등을 공부한 학자이기에 더 그랬을지도 모른다.

명상전문가가 아닌 독자들도 이 책을 통해 사무량심과 수련법에 대한 이해를 높일 수 있을 것이라 기대하며, 이것이 실제 생활에서 자애와 연민, 동락과 평등의 마음을 닦는 데에 큰 도움이 되어 자신뿐 아니라 타인과 모든 존재에게도 함께 도움이 되는 자리이타(自利利他)의 삶을 향한 진전이 있을 것이라 기대한다.

최종 원고를 읽고 귀중한 도움을 주신 서울불교대학원대학교의 조옥경 교수에게 감사하며, 이 책을 출판하도록 해 주신 학지사의 김진환 사장님, 그리고 일반 독자의 입장에서 단순한 교정 이상의 역할로 기여한 편집부의 황미나 씨에게도 감사드린다. 모든 존재에게 평안과 행복이 함께하기를…….

지리산 화개골에서 역자

한국 독자를 위한 저자 서문

불교신도와 비신도, 유신론자와 무신론자 사이에 많은 견해 차이가 있지만, 각자의 신념체계가 어떠하든지에 관계없이 우리는 공통의 인간성을 가지고 있고, 모든 살아 있는 존재와 마찬가지로 괴로움에서 자유롭고자 하며, 궁극의 행복을 경험하고자 한다. 우리 마음의 고귀한 특질인 자애와 연민, 함께 기뻐함과 평등심은 이러한 소망을 채울 수 있도록 인도한다. 불교에서 이 네 가지는 신성한 마음상태로 '사무량심'이라 하는데, 이는 꼭 불교에서만 이야기하는 독특한 것이 아니다. 이와 동일한 덕목을 인도의 고전 요가문헌에서도 찾아볼 수 있으며, 거의 모든 종교전통과 윤리철학 그리고 긍정심리학에서 강조하는 덕목이기도 하다.

이 책은 주로 위대한 불교주석가인 붓다고사가 5세기경에 쓴 주석서 『청정도론(Visuddhimagga, Path of Purification)』에서 말하는 사무량심에 대한 논의를 토대로 한 것이다. 붓다고사가 말하듯이 이들 각각의 덕목을 계발하는 과정에서 자칫 잘못된 길로 갈 수도 있다. 자애심을 잘못 계발하면 자기중심적인 애착을 낳을 수 있고, 잘못된 연민은 절망감을 낳을 수 있고, 잘못된 동락(함께 기뻐함)은 쾌락주의적 즐거움에 고착될 수 있다. 또한 잘못된 평등심은 냉담한 무관심을 낳을 수 있다. 하지만 이런 함정에 대한 처방 또한 사무량심에서 찾을 수 있다. 바른 자애는 쾌락적 탐닉을 치료하며, 바른 연민은 냉담한 무관심을 치료한다. 바르게 함께 기뻐하는 것은 절망을 치유하며, 바른 평등심은 자기중심적인 애착을 치유한다. 사무량심은 어느 시대에나 통용되는 지혜이며, 우리 마음속에 있는 가장 근본적인 덕목의 계발로 온전하게 통합될 수 있다.

저자 서문

이 책은 앨런 월리스(B. Alan Wallace)가 1992년에 동부 시에라네바다 산맥의 론파인(Lone Pine)에서 진행한 소규모 집중수련모임을 토대로 엮은 것이다. 앨런이 설명한 내용의 일부는 5세기에 붓다고사(Buddhaghosa)가 지은 『청정도론』이라는 책의 내용을 토대로 한 것이며, 앨런의 해석은 다분히 그가 훈련받은 티베트 불교의 영향을 받았다.[1] 핵심 내용은 사마타 또는 명상적 안정의 계발을 사무량심(자애, 연민, 동락, 평정)과 관련시킨 것이다. 사마타 수련과 사무량심 수련은 차이가 매우 크지만, 서로 대단히 보완적이다. 이 두 수련은 각기 다른 수련을 풍부하고 깊어지게 하며 서로를 보호한다. 이 책은 앨런이 안내한 유도명상과 수련 당시의 집단토의 내용도 생생하고 광범위하게 제시하고 있다.

---

1) 역주) 『청정도론』은 초기불교 또는 상좌부불교 전통에서 '상좌부불교의 부동의 준거' 라 불리는 대표적인 주석서로서, 금강승이라 불리는 티베트 불교는 수련의 방법과 강조점의 여러 측면에서 상좌부불교와 차이가 있다.

차 례

역자 서문 _ 3

한국 독자를 위한 저자 서문 _ 7

저자 서문 _ 9

제1장 서 문 15

왜 수련을 하는가 _ 17

윤리의 토대 _ 26

직관적인 지혜의 확인 _ 32

연꽃 속의 보석에 대한 명상: 옴마니반메훔 _ 37

질의응답: 계율과 수련순서에 관해 _ 39

제2장 사마타 수련 시작 45

명상을 시작하기 _ 49

이완, 안정감 그리고 생생함 _ 50

질의응답: 호흡 알아차림에 관하여 _ 58
주의의 숙달: 마음챙김과 내성 _ 66
심리적 사건의 촉매제로서 사마타 _ 72
사마타 수련의 문제 다루기 _ 74

제3장 사마타로 가는 길: 개관 81

사마타로 가는 아홉 단계 _ 83
사마타의 성취 _ 92
사마타 성취의 선결요건 _ 96
사마타 수련의 다섯 가지 방해물 _ 102
다섯 가지 안정요소 _ 107
사마타 수련에서 대상 선택 _ 109
질의응답: 사마타 성취에 관해 _ 113
사마타 너머 _ 117

제4장 자애심 121

명상: 자신을 위한 자애 _ 127
자애수련의 확장 _ 133
자애수련에서 일반인을 다루는 것의 이점 _ 136
미운 대상에 대한 자애심 _ 138

도덕적으로 정당한 분노의 문제 _ 149
괴로움의 원천에 대한 반응으로서 열정과 인내 _ 152
자애심 북돋우기 _ 157
집착과 자애심의 혼동 _ 159
질의응답: 적과 통찰 _ 161
자애심에서 사마타의 달성 _ 168

제5장 연민심 175

질의응답: 카타르시스, 논리, 연민 _ 185
고통받는 사람을 위한 연민: 명상 _ 188
연민심을 위한 명상의 확장 _ 190
연민수련에서 침투성 _ 192
연민의 화신인 관음보살에 대한 명상 _ 193

제6장 동락심 197

타인의 행복에 동참하기 _ 199
선행을 기뻐함 _ 201

제7장 평정심 205

상좌부불교에서 평정심 _ 207

티베트 불교에서 평정심 _ 209

질의응답: 집착과 애정을 구분하기 _ 223

제8장 통찰의 힘 227

통찰에서 궁극에 대한 직접적인 경험으로 _ 237

질의응답: 영적 깨달음의 시급함과 희귀함 _ 249

찾아보기 _ 257

제 1 장

서문

왜 수련을 하는가

불교의 수련은 그저 맹목적으로 믿고 하는 것이 아니라 나 자신의 경험에 대한 세밀한 관찰에서 시작한다. 우리가 주의를 기울일 수 있는 여러 경험이 있는데, 불교에서는 특히 사성제(Four Noble Truths)의 첫 번째인 괴로움이라는 현상에 주목한다. 괴로움은 수련을 시작하기 좋은 지점이며 우리의 관심을 끈다. 우리들 대부분은 삶에 괴로움이 존재한다는 것을 경험할 수 있다.

이에 관해 많은 질문이 있다. 왜 괴로움을 겪는가? 무엇이 우리를 괴로움에 취약하게 하는가? 자전거를 타다가 넘어져 무릎이 깨졌을 때, 왜 아플까를 질문하는 것은 분명 사소한 질문이다. 하지만 만일 내가 건강하고 배부른 상태에서 지구상에서 가장 아름다운 곳 중의 하나인 여기에 앉아 있는데도 행복하지 않다면, 이때 '왜 그럴까?' 하는 질문을 던지는 것은 매우 흥미로운 일이다. 도대체 어떤 일이 일어난 것일까? 왜 불행하게 느껴질까? 왜 마음이 괴로울까? 이런 의문은 다른 사람들과 조화롭지 못하게 지내거나 갈등을 겪을 때에도 흥미로운 것이다. 사람 간의 또는 국가 간의 갈등으로 인한 괴로움은 그 원인이 무엇일까? 왜 우리는 함께 잘 지내지 못하는 것일까? 이런 질문은 고통이나 괴로움의 원인이 무엇인가에 관한 사성제의 두 번째 진실에 관한 것이다.

갈등이나 불편감을 야기하는 조건은 무수히 많지만, 대부분의 외부적 요인은 우리가 경험하는 괴로움의 필수적인 조건이 아니다. 그렇다고 외부적 요인을 폄하하는 것은 아니지만, 내부적 요인이 더 본질적인 원인이다. 또한 외부적 요인은 많은 경우 우리 자신의 통제범위를 넘어서지만, 다행히도 내부적 요인은 우리가 변화시킬 수 있는 가능성이 더 많다.

괴로움의 진짜 원인은 무엇일까? 우리가 겪는 괴로움에 변함없이 영향을 미치는 원인은 무엇일까? 붓다는 이러한 의문을 추구하면서 자신의 경험을 통해 결론을 내렸는데, 그것은 자신만의 내적인 것이든 아니면 다른 사람이나 환경과의 갈등이든 우리가 경험하는 불편감의 원천으로 어떤 근본적인 것들이 있다는 것이었다. 이런 괴로움의 가장 근본적인 원인은 망상이다. 우리의 마음은 매우 활발하게 실재(reality)를 오해하며, 이것이 일을 엉망으로 만든다. 이 같은 실재에 대한 엄청난 오해는 마음에 또 다른 왜곡을 낳는다. 정신적 고통에 해당하는 산스크리트어가 '클레샤(kleśa)'인데, 이 말은 꼬이거나 비뚤어졌다는 뜻인 '클리스타(klista)'와 관련이 있다. 우리가 마음의 창으로 세상을 볼 때 그 창은 어느 정도 비뚤어져 있다. 우리가 보고 있는 실재는 뒤틀린 실재인데 우리는 그것에 대해 곧이곧대로 반응한다. 달인이나 깨달은 존재를 말하는 티베트어 drang srong의 의미는 비뚤어지지 않고 곧바르다는 뜻이다.

근본적인 문제는 망상이다. 예수는 "주여, 저들을 용서하소서. 저들은 지금 자신들이 무엇을 하고 있는지 모르나이다." 하고 말했다.[1] 그는 정곡을 찌른 것이다. 가장 결정적인 문제는 우리는 우리가 무엇을

---

1) 누가복음 23:34. 여기서 기독교를 언급하는 것은 예수와 붓다의 가르침이 같은 것임을 시사하려는 것은 아니다. 하지만 이 책에서 제시한 많은 명상은 기독교도나 기타 비불교도들도 효과적으로 수련할 수 있고, 또한 상당한 이득을 얻을 수 있을 것이라 생각한다. 내 생각에는 여기 제시한 많은 개념과 방법은 그 적절성이나 가치라는 측면에서 범세계적인 것이다. 종교적 신념이 무엇인가에 관계없이 누구나 자신의 영적인 삶을 풍부하게 할 수 있기를 희망한다.

하고 있는지 모른다는 것이다. 이런 망상 때문에 또 다른 왜곡된 것들이 생겨난다. 이기적 탐욕, 적개심, 공격성을 비롯한 많은 왜곡이 파생된다.

이러한 괴로움의 원천으로부터 자유로워질 수 있을까, 아니면 이는 그저 인간이라는 존재의 일부인 것인가? 이를 억누르거나 외면하거나 도망치거나 하지 않고 이러한 괴로움의 내적인 원천을 다시는 되돌릴 수 없을 정도로 완전히 뿌리를 뽑아 버려서 자유로워질 수 있을까? 이 질문은 매우 특별한 것으로, 붓다가 수년간 그 답을 추구하던 것이다. 그리고 자신의 경험을 통해 붓다는 결론을 내렸다. 그렇다. 가능하다는 것이다. 그래서 우리는 사성제, 즉 괴로움, 괴로움의 원천, 괴로움의 원천을 벗어나 자유로워짐, 자유로워지는 방법에 관심을 갖는 것이다.[2] 이제 이야기를 좀 더 풀어 보자.

만일 망상이 근본적인 문제라면, 근본적인 해독제는 망상이 지향하는 것과 반대가 되는 무엇이어야 할 것이다. 그래서 자애심을 망상의 해독제라 보기는 어려울 것이다. 자애심은 미움이나 자기중심성, 냉담함 등에 대한 해독제로 쓸 수는 있지만, 망상의 근본적 해독제는 자애심이 아니라 통찰의 인식이다. 깨달음(enlightenment)의 두 날개인 연민과 지혜 중에서 통찰의 지혜가 망상과 반대가 된다. 그래서 불교 수련에서 통찰의 계발(vipaśyanā)을 그렇게 강조하는 것이다.

---

2) 역주) 사성제(四聖諦, 산스크리트어로는 Āryasatya)는 불교의 기본 교의 가운데 하나다. '제(諦, Satya)' 는 진리 또는 깨우침으로서 사성제란 '네 가지 고귀한 진리(Four Noble Truths)' 라는 뜻인데, 흔히 이 네 가지를 간단히 '고집멸도(苦集滅道)' 라고 부른다. '고' 는 고통이나 괴로움이라는 현상을 말하며, '집' 은 '고' 의 원인이다. '멸' 은 '고' 의 소멸을 뜻하며, '도' 는 '멸' 을 이루는 수단이다. 달리 말하면, 괴로움은 보편적 현상인데 그 원인은 집착(또는 망상, 무지)이며, 도의 수련을 통해 괴로움을 없앨 수 있다는 것이다.

망상은 여러 형태를 띨 수 있는데 가장 핵심이 되는 것은 우리의 존재, 즉 우리는 누구인가에 대한 환상이다. 우리가 자신을 환경이나 다른 살아 있는 존재들과 분리된 독자적이고 자율적으로 존재하는 무엇이라고 잘못 개념화한다는 생각은 매우 쓸모 있는 가설이다(우리가 믿어야 하는 도그마가 아니라). 이런 작은 자아(ego)는 좋은 것에는 접근하고 나쁜 것은 회피하려고 평생을 분투한다. 우리가 이러한 실재에 대한 잘못된 구성개념을 받아들인다는 것은 암묵적으로 우리가 이미 갈등에 얽매여 있다는 것이다. 만일 내가—즉, 독립적이고 자율적인 앨런 월리스(Alan Wallace)가—다른 사람에게 접근한다면, 나는 굳은 돌덩어리처럼 접근하는 것이 아니라 나 자신의 웰빙에 관한 많은 욕구와 나 자신의 행복 충족을 위한 욕구를 가지고 접근하는 것이다. 그리고 만일 내가 접근하는 사람이 나와 비슷한 프로그램을 가지고 있는 존재라면, 우리는 시작부터 갈등을 가지고 있는 셈이다. 모든 사람이 다 이런 식이라면, 문제는 사람 수에 비례해서 많아진다.

우리는 이런 망상을 벗어나 행복할 수 있으며, 통찰은 행복에 직접 도달하게 하는 한 가지 방법이다. 행복은 어떠한 도그마나 신념체계를 통해서 얻을 수 있는 것이 아니며, 아무런 의심도 없이 경험적으로 직접 알 수 있는 어떤 것이다. 통찰은 망상과 양립할 수 없는 경험을 통해 망상을 끊어 내는 하나의 체험방식이며, 불교명상의 최첨단에 있는 것이 통찰의 계발이다. 여기서 통찰이란 어떤 종류의 통찰을 말하는 것일까? 가장 강조하는 것은 자기(self)의 본성에 대한 인식이다. 만일 우리가 자기 스스로, 그리고 고립되어 존재하는 것이 아니라면 우리는 어떻게 존재하고 있는가? 그리고 이것이 어떻게 단순한 하나의 철학적 결론 그 이상이 되는가? 그것이 어떻게 하나의 통찰이 되는가?

우리는 우리 자신의 존재와 경험에 대한 매우 꼼꼼한 탐구를 통해 통찰을 계발한다. 이때 마음챙김은 필수적이다. 이러한 세심한 탐구가 현상, 즉 우리 자신의 정신상태, 느낌과 욕구, 신체와 환경에 대한 지각 등에 대해 생생하고 직접적인(즉, 매개된 것이 아닌) 경험을 낳는다. 이는 우리가 오랫동안 집착해 온 '나(I)'라는 것이 결코 존재하지 않는다는 깨달음을 낳는다. 이는 우리 자신이 존재하지 않는다는 뜻이 아니며, 이런 식으로 결론을 내리는 것은 아둔한 짓이다. 그 깨달음이란 우리가 개별적이고 독자적인 것이라고 느끼는 그런 특정한 '나'란 존재하지 않는다는 깨달음이다. 이런 작은 자아는 존재하지 않는다. 즉, 어려움을 겪을 때, 이를 감당하고자 하는 자아나 겁에 질려 그런 감정에서 벗어나고자 하는 그런 작은 자아는 존재하지 않는다는 것이다. 그런 자아의 존재에 대한 느낌은 특히 이기적이거나 거만할 때 가장 크게 느껴지는데, 마치 나 스스로가 나폴레옹이었다고 굳게 믿고 누구든 나에게 복종해야 한다고 기대하는 것과 마찬가지로 아무런 근거가 없다. 이렇게 아무런 근거가 없기 때문에 우리가 자신에 대해 가지고 있는 자기감이란 망상과 같은 것이다. 우리 자신의 경험, 의지, 정신상태, 느낌, 과거 역사, 장래 희망과 나 자신이 누구인가에 대한 모든 감각을 면밀히 살펴보고 자신의 이러한 '나'라는 느낌에 어떤 물질적인 근거가 있는가를 살펴보라는 이야기다. 우리가 이런 자기는 전혀 없다는 것을 알게 되었다면, 우리는 과연 어디에 존재하는가?

15세기 티베트에 살았던 쫑카파(Tsongkhapa)의 이야기가 있다. 그분이 승려들에게 이러한 자아의 공성(空性, emptiness)에 대한 이해를 가르치고 있었는데, 그중에 설법을 매우 주의 깊게 듣고 있는 나탕(Narthang) 지역 출신의 한 승려가 있었다. 스승과 제자 사이에 어떤 라포(rapport)

가 있으면, 스승이 하는 말을 듣는 것만으로도 제자에게 엄청난 변성의 힘이 작용하는 경우가 있다. 쫑카파가 우리가 느끼는 자기란 존재하지 않는다는 핵심으로 다시 돌아오는 순간, 그 승려는 마치 벼락을 맞은 것처럼 갑자기 목을 부여잡고 주저앉았다. 이 모습을 본 쫑카파는 그 승려를 대중 속에서 불러내어 "아하, 나탕에서 온 이 친구가 이제야 세속적인 자기를 메고 다녔다는 것을 안 모양이구나." 하고 말했다. 이 이야기는 15세기에 있었던 이야기이지만, 이 승려에게 일어났던 일은 고대의 역사도 아니고 특히 예외적인 것도 아니다. 당신이 명상을 시작했을 때 당신이 단단하게 잡고 있던 무엇인가가 갑자기 방향감각을 잃고 비틀거리는 경험은 그리 희귀한 것이 아니다. 이 친구는 자신이 메고 다니던 망상을 발견한 것이다.

내가 기억하는 사람 중에는 고매한 스승의 지도하에 매우 열심히 마음을 내어 명상을 하다가 갑작스러운 경험의 변화와 함께 심오한 깨달음을 얻은 사람이 있다. 이 사람에게 그 경험은 밝은 빛 아래 드러나는 것이 두려워서 억누를 수밖에 없던 경험이었다. 우리는 살면서 영적인 경험을 통해 더 이상 억눌러 둘 필요가 없게 되는 트라우마를 가지고 있다. 당신이 자기라는 것은 정체가 없는 것이라는 것을 느끼게 되면—단순히 하나의 철학적 명제로서가 아니라 하나의 경험으로서—이러한 깨달음은 어떤 보석보다도 소중한 것이며, 필적할 만한 것이 없는 진정한 변성(transformative)이다. 하지만 이와는 반대로 당신은 모든 소중한 것 중에서 가장 큰 것을 잃었다는 상실감을 느낄 수도 있다. 기껏 열심히 명상을 했더니 가장 보물 같은 소유물인 자기가 없다는 것을 알게 된다는 것은 시간 낭비처럼 보일 수 있다. 이러한 두 경험 간의 차이는 두 갈래의 갈림길과 같은 것이며, 선과 악의 차이와 같다. 그리고 그 차이는 당신이 그 깨달음을 인식하는 맥락에 달려 있다. 당신에게 깊은 통찰이 왔을 때, 그 통찰이 당신에게 실존적 결핍감을 주기보다는 삶을 풍요롭게 하도록 하려면, 그리고 당신이 그 통찰을 환영하고 껴안을 수 있으려면 얼마간의 기초 작업이 필요하다. 우리는 단지 지적으로가 아니라 우리의 정서적 삶 속에서 그리고 우리의 선택을 통해 분리되고 독자적인 '나'라는 감각에 대한 집착을 점차 느슨하게 함으로써 우리 스스로 이 두 방향 가운데서 더 풍성한 방향으로 갈 수 있다.

이는 우리가 타인과의 관계 속에서 존재한다는 감각을 발달시키는 데에도 도움이 된다. 나는 부모님의 자식이고, 나는 배우자이고, 나는 선생이며, 나는 학생이고, 나는 공동체에 속해 있으며, 나는 타인과 연결되어 있다. 내가 누구인가 하는 조각보와 같은 우리의 모습은 다양한 원천, 예를 들면, 타인이 나에 대해 하는 말, 타인의 반응, 우리가 고독과 관계하는 방식 등에서 나온 많은 조각으로 구성되어 있다. 우리가 누구인지에 대한 바로 그 감각은 그 자체가 의존적인 관계가 있는 사건이다. 우리가 타인과의 관계에서 존재한다는 것을 이성적으로 이해하는 것은 상당히 쉽지만, 우리가 삶을 살고, 열망을 쫓을 때, 우리는 자신의 안녕이 전적으로 다른 누군가의 안녕과는 아무 관련이 없는 것처럼 행동하는 것은 아닐까? 만약 그렇다면, 우리는 거짓을 살며, 우리의 가슴은 우리의 생각이 말하는 것을 알지 못하는 셈이다. 우리가 상호관계성 안에 살 뿐만 아니라 우리의 안녕이 다른 사람들과의 관계에서만 존재한다는 감각으로 살기 시작할 때, '나의 안녕'이란 그저 관습적인 것에 불과하게 된다. 이것이 단지 하나의 주장이 아니라 실제적인 것이 됨에 따라 우리의 독자적 자아(ego)에 대한 집착은 느슨해진다. 그리고 우리가 다른 이들의 안녕, 그들의 슬픔과 기쁨을 배려하고,

모든 생명 있는 존재는 우리가 그러한 것처럼 행복을 원한다는 사실을 고려하게 되면, 그리고 바로 그렇게 살기 시작하면, 그것은 우리의 현실이 된다. 윌리엄 제임스(William James)는 "우리의 신념과 주의는 동일한 사실이다. 그 순간, 우리가 주의를 기울이는 것이 실재다……."[3] 라고 했다. '나의' 욕구, '나의' 기쁨과 슬픔이라는 기존의 실재는 사라지지 않는다. 외려 그것은 더 큰 가족의 일부가 된다. 더 넓은 맥락 속에 존재하는 것이다.

비록 우리가 여전히 나 자신의 안녕에 주의를 기울인다 해도, 진심으로 다른 이의 안녕에 세심하게 마음을 기울이는 이 특성을 체화했다고 상상해 보자. 이것은 자기를 부정하는 것이 아니라 자기를 맥락화하는 것이다. 우리의 독자적이고 통제적인 자아란 존재하지 않는다는 자각의 추구를 기반으로 하는 이 규범을 가지고, 우리가 상호관계성 안에서 존재한다는 것을 이미 알고 있는 것처럼 삶을 산다고 상상해 보자. 그러면 이런 깨달음은 우리 삶의 방식을 확증하는 것이 된다. 깨달음은 가장 위대한 보물을 잃는 것이 아니라 오히려 보물을 발견할 수 있는 기회가 점점 더 많아지는 것이다.

강한 토대를 세워야 하는 또 하나의 이유가 있다. 근본적인 변성을 가져오는 통찰을 일으키기 위한 명상을 수행할 때, 그것이 위빠사나건 선(禪)이건 티베트 불교 전통이건 관계없이, 빛이 희미하고 쉽게 사라져 버려서 안달이 날 수도 있다. 그것은 옆방에서 요리할 때 나는 좋은 냄새와 같다. 당신은 그것을 추적하려 하지만, 그 냄새를 맡을 수 있기

---

3) William James, "The Perception of Reality", in *Principles of Psychology* (New York: Dover Publications, 1890/1950), p. 322.

전에는 어떤 맛을 음미하기 어렵다. 왜냐하면 마음이 통찰에 이르러 그 안에서 충분히 휴식할 정도로 안정되어 있지 않기 때문이다. 다시 말해서, 우리가 우리의 깨달음들을 유지할 수 있으려면, 그 전에 깨달음들이 단지 기억 속의 에피소드로 축소되지 않게 하는 준비 작업이 조금 필요하다. 많은 사람들이 엄청난 가치가 있는 깨달음을 경험하지만, 그것을 다시 경험하지는 못한다. 1년이 가고 10년, 20년이 지나면 그것은 사라진다. 한 번도 경험해 보지 못한 것보다는 좋겠지만, 그것이 가치 있는 것이었다면 그런 경험을 반복하고 그것이 더 깊어져서 당신의 경험을 가득 물들이는 것이 훨씬 더 좋을 것이다.

만약 우리가 매우 깊은 깨달음과 새로운 양식의 경험으로 들어가기를 원한다면, 우리는 안정성과 지속성으로 잘 무장되어야 한다. 우리가 그렇게 할 수 있다면, 그 깨달음은 우리의 경험과 신념, 감정들을 살찌게 하는 가장 위대한 가능성을 가진다. 만약 우리가 지속성과 명확성을 가지고 그런 깨달음 가운데 머무른다면, 그건 진실로 변성적일 것이다. 그렇지 않다면 그건 단지 장난삼아 하는 소일거리에 불과한 것이다.

이것이 우리가 평정심과 사무량심을 먼저 개발하고자 하는 이유다. 통찰 경험을 깊은 변성적 가치를 지닌 좋은 것으로 만드는 토대가 바로 평정심과 사무량심의 개발이다. 만약 우리가 환경으로부터 완전히 고립되어 살고 있다면 통찰수련만으로도 적절할 수 있겠지만, 현실은 그렇지가 않다. 우리는 이미 어마어마하게 다양하고 끊임없이 부침하는 삶 속에 완전한 참여자로 살고 있다. 어느 정도의 안정감과 생생함을 키우려는 정직하고 굳은 결심과 진정성을 가지고 집중적인 명상을 할 수도 있다. 그런 후에 그 경험으로부터 돌아와 다시 사람들과 갈등하고 적대적으로 관계하면, 당신이 수련으로 이룬 모든 것이 완전히 날아가 버린다. 모든 노력은 한 번의 폭발적 분노로 산산조각 나고, 화와 욕심, 질투가 자동권총처럼 반복해서 발사되는 삶이 되어 버린다.

좋든 싫든 우리의 영적 수련은 우리 삶의 맥락 안에서 일어난다. 그리고 좋든 싫든 우리의 삶은 공식적인 영적 수련보다 훨씬 많은 것을 포함한다. 우리의 삶은 아이들과 배우자, 부모, 직업을 가지고 사는 것을 포함한다. 우리가 공식적인 영적 수련에서 이룬 진전을 우리 행위의 질에 반영하지 못한다면 매우 파괴적일 수도 있다. 우리 수련의 기반은 어떤 명상 기술에 있는 것이 아니다. 기반은 우리의 생활이다. 우리가 깨어 있는 시간이나, 심지어 잠자는 시간을 어떻게 보내는가 하는 생활의 질이 비옥한 땅이어야 한다. 그래야 우리가 수련에서 성장하고 성숙하면, 새싹은 뿌리를 더 깊이 내리고 열매를 맺을 수 있는 것이다.

윤리의 토대

불교 수련의 접근법은 3층짜리 피라미드와 같으며, 가장 높은 꼭짓점이 통찰이다. 2층은 명상수련으로서 통찰을 촉진하고 효과를 발휘하는 평정심과 사무량심을 담고 있다. 밑바닥인 1층은 윤리 훈련으로, 우리 삶의 방식을 후속 수련을 위한 비옥한 땅으로 변화시키는 훈련이다. 우리가 진전을 이루기 위해 완벽한 성인이 될 필요는 없다. 그렇게 되면 오히려 딜레마에 처할지도 모르겠다. 그러나 우리를 보호할 수 있는 어떤 지침들이 있다.

당신이 오랜 시간을 들여 수련을 했는데 무너져 버린다면, 이는 좌절스러운 일이다. 티베트 사람들은 오랫동안 이런 일에 대해 놀려 댔고, 때로는 스스로를, 때로는 우리를 놀림감으로 삼았다. 그들은 장기적인 안거명상을 하려는 열망으로 인도와 네팔 또는 티베트의 불교 센터로 트럭 가득 몰려드는 순진한 서양인들을 보았다. 티베트 사람들이 말하길, 그것은 샤워나 목욕을 하고 나서 바로 가장 가까운 진흙 구덩이로 뛰어들어 뒹구는 것과 같다고 했다. 그러고 나서 다시 안거라는 샤워실로 뛰어 들어갔다가 또다시 진흙 구덩이로 되돌아가는 멍청이가 되는 일을 다시 반복한다. 그들은 그것이 효과가 전혀 없기에 웃기는 일이라고 생각한다.

고통을 없애고, 우리를 인간 영혼의 영광스러운 잠재성을 경험하도록 이끌려는 영적 훈련은 작은 나무의 싹과 같다. 싹이 매우 작을 때는 새끼 토끼가 와서 그 싹을 먹어 버릴 수도 있다. 이야기가 끝난 것이다. 미래에 한 그루의 나무가 될 것이 허망한 먼지가 되었다. 당신은 토끼들이 싹에 다가오지 못하도록 울타리를 친다. 나중에 당신은 사슴이나 코끼리를 막기 위해 더 큰 울타리를 세워야 할지도 모른다. 몹시 취약하지만 너무 귀중한 당신의 행복과 같은 어떤 것을 보호하려면 무엇이든 당신에게 필요한 울타리를 세워야 한다. 영적인 훈련에서 당신의 노력이 어느 날, 어느 해에 짓밟혀 산산조각 나지 않고 피어나도록 당신 자신을 보호하는 한 방법이 바로 윤리 훈련이다.

가이드라인은 꽤 단순하다. 만약 당신이 어떤 수도승이 택한 253개의 계율 대신에 한 가지 계율만 원한다면, 당신 자신이나 타인에게 상처를 주는 일을 피하라는 것이다. 우리는 바로 그것만 하면 된다. 만약 당신이 상상력이 풍부하다면, 당신은 그 하나로부터 253개 모두를 추

론해 낼 수 있다. 하지만 일반적으로 매우 도움이 되는 열 가지 계율이 있다. 처음 세 가지는 신체적인 몸에 적용된다. 그다음 네 가지는 말에 대한 것인데, 우리가 언어를 몹시 많이 사용하기 때문이다. 그리고 마지막으로 마음에 관련된 세 가지가 있다. 홀로 있든, 공동체에 있든, 그 계율들이 모두 당신 자신의 안녕을 보호하기 위한 것임을 명심하라.[4)]

1. 가능한 한 살생을 피하라. 우리가 숨 쉬고 먹는 한, 무언가를 죽인다는 것은 사실이다. 적어도 박테리아라도 죽는다. 절대적으로 깨끗하게 되기는 불가능하지만, 우리는 불순한 것보다는 조금 더 깨끗할 수 있다. 우리는 살생을 더 적게 하려고 애써야 한다.
2. 부적절한 성적인 행동을 피하라. 이것은 특히 성인들에게 적용된다. 그러나 더 일반적으로는 성적인 것으로 상처를 주는 것에도 적용된다.
3. 주지 않은 것을 가지지 말라.
4. 거짓말을 피하라. 이것은 명백한 것이다. 의식적 · 의도적으로 남을 속이는 것을 피하라. 거짓말은 진실로부터 멀어지게 한다.
5. 비방하기를 피하라. 비방은 그 말들이 사실인지 거짓인지와 아무 상관이 없다. 그러나 만약 사람들 사이에 분열을 만들어 내고, 적의를 자극하려는 의도가 있다면 그것이 바로 비방이다. 만약 그것이 거짓이라면 거짓말을 하는 셈이다.
6. 학대를 피하라. 이것은 당신이 하는 말이 진실이냐 거짓이냐와는

4) 역주) '십불선행(十不善行)' 또는 '십불선업'이라 하며, 순서대로 살생, 사음, 투도, 망어, 양설, 악구, 기어, 진에, 탐욕, 사견으로 번역되었다.

관련이 없다. 말하는 내용 자체가 전혀 과장이 없는 완전한 진실인 경우에도 학대가 될 수 있다. 그것은 동기와 관련이 있다. 우리는 말을 누군가에게 상처를 주기 위해 무기처럼 사용하는가? 만약 말 뒤에 있는 의도가 상처를 주는 것이라면 그것은 학대다.

7. 쓸데없이 험담을 늘어놓지 말라. 이것은 편안한 대화를 하지 말라는 얘기가 아니다. 마치 우리가 '의미 있는 것'에 관해서만 대화해야 한다는 것이 아니라, 말하는 동기가 탐심이나 적의 또는 다른 이에게 정신적 괴로움을 주는 대화를 말한다. 한가한 험담은 요점이 없음에도 소리 없이 야금야금 피해를 준다. 티베트 스승들은 이를 열 가지 불선행 중에서 피해가 가장 덜한 것이면서도 가장 쉽게 인생을 낭비하는 길이라고 말한다.
8. 악의 또는 악한 의지를 피하라. 이런 마음상태는 너무나 고통스러운 경험인데, 그런데도 사람들이 그런 경험에 빠져든다는 것은 놀랍다. 그것은 뱀 한 마리를 당신의 무릎에 올려놓거나 배설물을 먹는 것이나 마찬가지다. 왜 우리는 그것을 목격하자마자 버리지 않고 가지고 있는 것일까? 다른 생명 있는 존재들에게 해가 되기를 원하는 것은 끔찍한 일이다. 그들이 고통을 겪기 원하는 것은 우리를 상하게 한다.
9. 탐욕을 피하라. 이것은 단순한 욕망이 아니다. 만약 내가 목마르면 나는 물을 원한다. 그것은 좋다. 탐욕은 다른 이의 소유물에 대한 강렬한 열망이며, 내가 원하는 것을 다른 사람이 가지지 않기를 바라는 것이다.
10. 마지막으로 그릇된 견해를 피하라. 이것은 교리를 언급하는 것이 아니다. 불교도이건 기독교도이건 힌두교도이건 무신론자이건,

> 근본적인 진리를 부인하는 사고방식을 가리킨다. 그릇된 견해의 예로 우리의 행동이 사소하다는 믿음을 들 수 있다. 즉, 일들이 우연히 또는 운명에 의해 정해지기 때문에 우리가 어떻게 행동하는지는 중요하지 않다는 믿음이며, 그렇다면 우리는 그럭저럭 즐겁게 사는 것이 더 나을지도 모른다. 이것은 전적으로 틀린 견해이지만 사람들은 크든 작든 그렇게 믿는다. 그들은 우리가 어떠한 파급효과도 없도록 말하거나 행동할 수 있다고 생각한다. 불교 용어로 하면 그것은 '업(karma)'의 진리를 부인하는 것이다. 까르마는 행동을 의미하며, 까르마의 법칙은 모든 행동은 결과를 낳는다는 것이다. 이것을 부인하는 것은 단지 하나의 견해라 할 수 있지만, 인생 전체를 좌지우지할 수도 있는 견해다.

이 열 가지 계율은 단순하지만 따를 수 있는 것이며, 또한 때때로 수행의 진전과 경험의 변성이 일어날 수 있는 토대가 된다. 이 단순한 것들이 없다면 우리는 아마도 모래성을 세우는 것이나 다름이 없을 것이다.

이 계율들이 모두 부정적인 제한이라는 점, 즉 '이것을 피하라'는 형식인 것이 흥미롭다. 이 계율은 좋은 것이나 진리를 말하지 않는다. 이러한 부정적인 접근은 보호라는 특성을 뜻한다. 우리는 매우 귀중한 어떤 것을—우리의 삶, 우리의 마음, 우리의 불성, 우리의 목표와 열망—가지고 있고, 우리는 이것들을 보호하기를 원한다. 아무런 덕이 안 되는 열 가지 행위들을 피함으로써 당신은 이 작은 식물이 성장할 수 있는 공간을 만들어 낸다. 이런 종류의 보호, 작은 실천, 작은 관심으로써 그 식물은 나중에는 어떠한 보호도 필요 없는 한 그루의 삼나

무로 자란다. 그 나무는 다른 생물들에게 보호를 제공한다. 이렇듯 윤리 훈련은 노력을 필요로 할 때까지만 실행하는 일시적인 것이다. 우리 자신의 잠재력이 드러나게 되고 온전한 특성이 더 강해지면, 우리 마음의 덕목이 스스로를 보호할 수 있게 되어 계율은 서서히 불필요해진다. 깨어난 존재는 어느 때든 어떠한 제약도 없이 완전히 자발적일 수 있다.

반면에, 나쁜 생각 또는 빈정거림, 냉소, 이기심, 하찮음과 같은 다른 괴로움이 일어나면 우리는 그것들을 억누르려는 생각을 한다(어떤 심리학은 다르게 이야기하지만). 때때로 마음은 그러한 고통에게 지배당한다. 고통들이 밀려들면, 마음이 그런 색으로 물든다. 8세기에 살았던 인도의 유명한 보살 산티데바(Śāntideva)[5]는 우리의 마음이 괴로움으로 가득 차 있음을 알게 되면, 아무것도 하지 말고 그냥 멈추어 있으라고 권한다.[6] 그는 괴로움을 억압하지도 말고, 없는 것처럼 하지도 말라고 말했다. 단지 멈춰서 그 자리에 있으라. 그리고 그것이 지나갈 때까지 기다리라. 그것은 의식이 혼미한 섬망에 빠지는 것과 같다. 나가서 집을 사거나 결혼을 할 때가 아니다. 그런 일은 당신이 섬망에 빠져 있지 않은 다른 시간에 해라. 당신이 섬망에 빠져 있을 때는 그저 침대에 있으면서 회복될 때까지 기다려라. 그런 순간에 행동하지 말라는 권고는 모든 사람에게 선물과 같다.

단순한 억제들이 토대를 제공한다. 그러나 그것 자체로는 충분하지

---

5) 역주) 나가르주나(Nagarjuna, 용수)의 계보를 잇는 중관학파의 위대한 수행자로서 『입보리행론(Bodhicharyavatara)』의 저자다.

6) *A Guide to the Bodhisattva Way of Life*(입보살행론), Verna A. Wallace & B. Alan Wallace 역. Ithaca: Snow Lion, 1997, V: 48-53.

않다. 억제가 박멸을 의미하지는 않는다. 단순히 멈추는 것이 문제 그 자체를 없애는 것은 아니다. 당신이 아플 때 당신 스스로를 격리시키는 것과 마찬가지다. 질병은 퍼진다. 만약 내가 기분이 무척 나쁘고, 그래서 공격적으로 이야기를 한다면, 그것은 전염성 질환과 같다. 강한 영적인 면역체계를 가진 사람들도 있을 수 있다. 그들은 "앨런이 기분이 무척 나쁜 모양인데, 빨리 거기서 벗어났으면 좋겠다." 하고 말할 것이다. 하지만 다른 사람들은 그것을 그렇게 잘 다룰 수 없을지도 모른다. 그 경우에 그 질병은 전염된다. 내가 문자 그대로 다른 사람에게 분노나 공격성을 보이는 것은 아니지만, 공격성에 불을 붙이는 촉매제가 될 수는 있는 것이다. 개인이나 집단을 검역하는 것이 그들에게 치료를 제공하는 것은 아니지만, 그것은 모든 이에게 선물이 되고, 아픈 이들에게도 선물이다. 왜냐하면 아픈 사람들도 자기의 병이 퍼지지 않기를 진정으로 원하기 때문이다. 일단 당신이 윤리라는 검역을 적용할 수 있게 되었다면, 이제 치료를 위해서 또 다른 것이 필요하게 된다.

직관적인 지혜의 확인

지금까지 우리의 접근이 부정성을 다루는 것이었음을 주목하라. 즉, '여기 어떤 문제가 있는데, 그것을 우리가 없앨 수 있을까?' '우리가 망상, 불안정성, 자기중심성, 상해 등을 없앨 수 있을까?' '우리가 우리의 경험에서 괴로움을 없앨 수 있을까?' 하는 것이다. 결국 당신이 원하는 것은 괴로움을 줄이고 없애는 것이다. 매우 비판적이고 비관적인 사람들에게 이런 접근법으로 시작하는 것의 장점은 자신이 알고 있는 것에서 시작한다는 점이다. 당신은 아마도 의심할 바 없이 고통과 괴로움을 경험했고, 여전히 취약하다. 하지만 앞으로도 꼭 그런 식으로 계속될 것은 아니다. 우리는 직관을 가지고 있다. 당신은 괴로움에도 뭔가 좋은 특성이 들어 있고 뭔가 긍정적인 것을 보장한다는 것이 사실이라는 주장을 할 수는 없더라도 그런 느낌을 가질 수는 있다. 이런 경우에 당신은 직관을 확인하는 것에서 시작할 수 있다.

이것은 통찰적 지혜를 여는 것에 초점을 두는 것으로서, 이미 불교 수련에 다양한 양식이 있고 다른 전통에서도 찾아볼 수 있는 것이다. 족첸(Dzogchen)과 마하무드라(Mahamudra)의 가르침에서 제시된 수련 양식에서 말하는 영적인 성숙이란 어떤 특성을 탐구하고, 꿰뚫고, 계발하는 문제가 아니다. 모든 통찰, 모든 사랑, 우리가 필요로 하는 모든 깨달음은 이미 잠재적으로 존재한다.

그것들은 우리 자신의 의식의 본질적 특성인 우리의 불성(buddha-nature) 수준에서 이미 거기에 있는 것이다. 단지 모호하게 가려진 상태에 있을 뿐이다. 그래서 당신은 무엇인가를 획득할 필요가 없다. 당신이 얻은 것은 모두 어쨌든 죽을 때 다 사라질 것이며, 따라서 매우 큰 그림에서는 중요한 것이 아니다. 이것은 찾아가는 경로이며, 무언가를 어떻게 제거할지가 아니라 무언가에 어떻게 빛을 드리울지에 집중하는 것이다. 그것은 이 우주에서 그리고 존재하는 모든 것과 실재에서 가장 본질적인 요소가 의식이라는 것을 확인하는 것이다. 그리고 모든 생명 있는 존재의 의식은 연민과 통찰 그리고 힘이라는 무한한 잠재력을 담고 있다. 삶 전체와 모든 영적 수련은 분명히 그러한 잠재력을 실현시키기 위해 설계된 것일 뿐이다.

붓다는 우리 자신 같은 생명 있는 존재를 원자와 같은 것이라고 비유했다. 각각의 원자 안에는 붓다가 존재한다. 현재에 나타난 붓다는 한 가지 임무만을 가지고 있다. 자신이 가진 커다란 망치인 금강저(vajra)로 이 원자들을 깨뜨려서 잠재되어 있는 것이 지금 명백하게 드러나도록 하는 것이다. 붓다는 우주의 원자-파쇄자이고, 우리는 원자들이다. 이것은 계발이 아닌 발견이라는 의미를 포함하며, 발달을 위한 엄청난 노력이 아니라 단순히 가려진 것을 벗겨 내는 것이다. 이런 단언을 듣고 당신의 심장이 뛴다면, 그것은 당신이 따라야 할 길일지도 모른다. 만약 당신의 마음이 말하길 '자, 그건 흥미로운 가설이야. 나는 그것이 사실인지 궁리해 봐야겠다.'고 한다면, 당신은 부정의 길에 머무르길 원할지도 모른다. 만약 당신이 괴로움의 진리에 의문을 갖지 않는다면 부정의 길은 유용한 접근이다. 그러나 만약 당신이 지식 너머의 무언가를 긍정할 때 가슴이 두근거린다면, 그것을 저버리지 않기를 바란다.

그다음에 생기는 질문은 '어떻게 우리는 이런 마음의 가능성을 드러내며, 지혜, 연민 그리고 영적인 힘을 열어 보일 수 있을까? 이러한 불성의 광휘를 가로막는 것은 무엇일까?' 하는 것이다. 불성이 드러나는 것을 막는 것은 사람들에게 상처를 주고, 모략하고, 학대하고, 거짓말하고, 훔치고, 살해하는 일이다. 이런 일을 멈추면 불성이 드러날 기회가 더 많아진다. 매우 산만하거나 멍한 마음, 흥분과 무기력 사이를 오가는 마음, 사람의 안녕이 다른 이들의 안녕과는 아무런 관련이 없이 철저하게 개인적인 문제라는 잘못된 개념에 사로잡혀 있는 마음, 이런 것들은 분명히 사실이 아니며, 커다란 장애물이다. 그래서 이런 마음도 없애는 것이 좋다. 내가 독립적인 자아로서 개별적이며, 다른 이들과는 고립된 작은 난쟁이라는 개념 역시 마음을 흐리게 한다. 만약 당신이 이 모든 것을 제거할 수 있고, 불성이 자발적으로 일어나게 한다면, 이 길은 우리의 삶과 마음을 완벽하게 꽃피울 수 있게 하며 이미 그곳에 존재하고 있던 연꽃 속의 보석이 완벽하게 드러나게 할 것이다.

영적으로 깨어난 사람인 붓다가 되는 것은 무엇을 의미하는가? (붓다는 역사적 인물이 아니라 하나의 인간유형이다.) 마음의 지혜가 완전히 열리면 당신은 질문을 제기할 수 있고, 거기에 주의를 기울여 진리를 명백하게 드러낼 수 있다고 한다. 그 마음에는 걸리는 것이 없다. 모든 생명 있는 존재에 대한 붓다의 연민심은 유일한 자식에 대한 어머니의 사랑과 같아서 필요하다면 목숨도 기꺼이 내어 줄 수 있는 것이라 한다. 이것이 차별 없는 무한한 연민심이다. 이런 연민심은 잘난 사람이나 못난 사람이나 다 같으며, 동물이라 해서 인간보다 연민심이 덜한 것도 아니다. 연민심은 큰 바다처럼 광활하여 평온하며, 공평하고, 무엇이든 배척하지 않고 깊은 배려와 보살핌으로 감싸 안는다. 또한 붓다의 마음은 물질계의 실재를 변화시킬 정도로 특별한 힘을 가지고 있다고 한다.

지혜와 연민심 그리고 힘이라는 세 가지 측면 중에서 아마도 마음의 힘은 지금까지 우리 문명이 가장 잘 모르고 있었던 것일 터다. 우리는 이런 물질주의적 경향을 추종해 왔기 때문에 어떤 다른 문명에 비해서도 탁월한 위업을 성취했다. 우리는 달에 로켓을 쏘아 올렸고, 높은 댐을 만들고 하늘의 오존층에 구멍을 냈다. 우리는 믿기 어려울 만큼 많은 것을 했다. 하지만 그렇게 우리의 물질적 힘을 강조하는 동안 불가피하게도 우리 마음의 힘을 간과했다. 우리는 "…… 만일 당신이 겨자씨만큼만이라도 믿음을 가지고 있다면, 당신이 '산아, 저기로 가라.'라고 하면 정말로 그 산이 저기로 옮겨 간다. 당신에게 불가능한 일은 없다."[7]라는 식의 말이 하나의 은유이거나 허황된 말이라고 생각한다. 하지만 나는 예수가 그 말을 했을 때 문자 그대로 영혼의 힘을 말한 것이 아닌가 하는 생각이 든다.

큰 그림을 생각해 보자. 윤리적 원칙의 토대는 본질적으로 단순하다. 즉, 우리가 그 토대에 관심을 가지면 더 많은 정보가 없어도 많은 것이 명확해진다. 하지만 우리가 윤리적 원칙을 건너뛰면 그 토대가 없어진다. 다시 말하면, 윤리적 원칙이란 선행을 하라는 것이라기보다는 제약의 문제라는 점에 주목할 필요가 있다. 해를 끼치는 것을 피하고자 할 때, 선(善)은 그 자체로 스스로 드러난다. 우리는 그저 그렇게 나타날 기회를 주기만 하면 된다. 이런 모든 것을 피하는 것은 어려운 것처럼 보이지만, 그 안에 숨은 메시지는 지극히 낙관적이다. 해로움을 피하기만 하면, 우리 내면의 온전한 성품이 뿜어 나오기 시작한다는 것이다.

내 경험으로 이는 평정심과 관련시켜 보면 매우 확실하다. 마음이 일시적으로 흔들림 없이 깨어 있게 되면, 어떤 생생한 안정감과 고요한 행복감이 마음에서 우러나오는 것을 알 수 있다. 이것은 엄청난 신비한 깨달음도 아니고, 그저 쉽게 다다를 수 있는 것이다. 스스로 이런 경험을 해 보면 자신이 내적인 자원을 가지고 있음을 느낄 수 있고, 당신의 모든 욕구에 대해 전혀 다른 빛을 보낼 수 있게 된다. 당신이 살면서 하고 싶은 것들, 즉 갖고 싶은 직업과 살고 싶은 곳, 만나고 싶은 사람들과 하고 싶은 일 등을 전혀 다른 관점에서 보게 된다. 그렇다고 그런 욕구가 가치가 없다거나 다 버려야 한다는 것은 아니지만, 그들 중

---

7) 마태복음 17:20.

일부가 무너진다고 해서 자신의 행복한 삶이 모두 무너진다고 가정하지 않게 된다. 당신은 웰빙이 안정된 마음이라는 유일한 원천에서 언제나 샘솟아 나온다는 것을 알게 된다. 자신의 웰빙이 결코 스스로 완전히 통제할 수가 없는 것들에 달려 있지 않음을 아는 것에서부터 자유로움이라는 느낌이 나타난다. 이는 상당히 유용한 통찰이다. 외부적인 요인들은 웰빙을 촉진할 수도 있고 아닐 수도 있다. 당신 스스로 계발하는 마음의 특질만이 유일한 진짜 희망이다.

연꽃 속의 보석에 대한 명상: 옴마니반메훔

연꽃 속의 보석이란 마음의 본래 성질에 대한 멋진 은유다. 이 은유는 전혀 다른 두 가지 접근법을 통합한다. 성장과 발달을 위해 여러 가지 방법으로 열심히 노력하는 것이 쓸모 있는 역할을 한다는 인식과 이런 모든 방법이 근본적으로는 이미 거기에 있는 완벽하고 온전한 것에 그저 빛을 비추어 주는 것이라는 인식의 통합이다. 이것이 우리가 계발하고자 하는 자애와 지혜의 순수한 토대다. 옴마니반메훔(OṂ MAṆI PADME HŪṂ)이라는 만트라(mantra)[8]는 깨달은 연민심의 화신인 아바로키테슈바라(Avalokiteśvara, 관음보살)와 관계가 있으며, 연민심과 동

---

8) 역주) '만트라'란 '만트람(Mantram)' 또는 '진언(眞言: 참된 말, 진실한 말, 진리의 말)'이라 하며, 영적 또는 물리적 변형을 일으키는 힘이 있다고 여겨지는 음절, 낱말 또는 구절로서 보통 소리를 내어 반복적으로 낭송한다. '밀주(密呪)' 또는 '다라니(陀羅尼)'라고도 한다.

일한 마음의 언어적 표현이다. 이 만트라에 대한 많은 해석 중에서 내가 특히 의미 있게 여기는 것은 다음과 같다. '옴(Oṃ)'은 체현된 신체, 말, 마음을 뜻한다. '마니(Maṇi)'는 산스크리트어로 '보석'이라는 뜻이다. '반메(Padme)'는 티베트어에서는 '뻬메(pémé)'로 발음하는데, '연꽃 속의'라는 뜻이다. '훔(Hūṃ)'은 티베트어에서는 '훙(hoong)'으로 발음하며, 의식의 초월적이고 심원하며 본질적인 특성을 뜻한다. 따라서 이 만트라는 신체와 말, 마음의 체현상태에서 시작하여 연꽃 속의 보석이라는 은유를 통해 깊은 의식으로 들어가는 것이다.

당신이 이 만트라를 낭송할 때, 상상력을 동원해 보라. 연꽃의 은유는 어둡고 끈끈한 진흙 속을 뚫고 피어나는 꽃을 시사한다. 연꽃은 물속을 거슬러 올라와서 햇빛 속에 나타나서 꽃을 피운다. 연꽃이 열릴 때, 그 한가운데를 하나의 보석이라고 상상하라. 연꽃은 우리 삶의 전개와 같다. 우리 자신의 몸과 말, 마음의 진화 그리고 평생에 걸친 영적 성숙을 거쳐 통찰을 향하는 진전과정이 그러하다. 영적 각성을 향한 성장과 움직임이라는 은유는 '부지런히 닦아라!' 하는 뉘앙스를 풍긴다. 이는 수련방법과 스승을 본받는 것을 지극히 강조한다. '무엇이 제대로 된 방법일까? 이런 어려움을 어떻게 설명할 수 있을까? 이런 장애를 어떻게 빨리 지나갈 수 있을까?' 이러한 발달적 접근은 무엇인가를 향한 지향성을 가진 발달이다.

또한 연꽃이 열릴 때 보석은 그 한가운데에 있다. 그것은 진흙 속에서 아직 닫혀 있는 봉오리일 때에도 이미 거기 있었던 것이다. 이 보석이 불성이다. 이 보석은 자라는 것이 아니다. 거기에 어떤 것도 더할 필요가 없으며 어떤 것도 덜어 낼 필요가 없다. 오직 발견하거나 드러낼 필요가 있을 뿐이기 때문에, 당신은 그것이 이미 그곳에 있었음을 볼 수 있는 것이다.

낭송할 때 수련에 시를 활용하고 그 은유의 심상을 활용해 보라. 이 순수하고 완벽한 보석을 당신 자신의 불성이라고 상상하라. 그것을 당신의 가슴에서 뿜어 나와 온몸으로 번지는 흰빛의 광휘라고 상상하라. 이것은 전등을 켰을 때와 같은 물리적 빛이 아니라 정화와 기쁨, 연민심을 체현하고 표현한 하나의 빛이다. 그것이 마르지 않는 샘에서 나와서 당신의 몸을 채우고 물들여 당신의 몸을 빛으로 바꾼다고 상상하라. 당신의 혈액과 장기, 조직과 뼈 같은 몸이 단순히 어떤 빛 때문에 빛나는 것이 아니라 당신의 몸이 가슴에서 뿜어 나오는 바로 그 빛의 본성이 되는, 즉 당신의 몸이 빛의 몸체로 변성된 것을 상상하라.

당신의 몸이 완전히 빛으로 충만하다면, 그 빛을 모든 방향으로 방사되도록 한다. 이것을 당신이 생각하기에 빛이 꼭 필요하다고 생각되는 세상의 지역에 빛을 보내는 용도로 사용하라. 빛을 그곳으로 보내고, 이 빛이 꼭 필요했던 사람들이나 공동체에 정화와 기쁨, 연민심을 가져다준다고 상상하라.

질의응답: 계율과 수련순서에 관해

질의: 당신이 계율을 말할 때, 뒤통수를 맞은 것 같았습니다. 저는 정말로 계율이라는 것을 외면하고 싶었고, 일상생활을 바꿀 필요가 없는 척했습니다. 지금이야말로 새로 시작해야 할 때인 것 같습니다. 우리는 생활방식을 바꿀 수도 있고 안 바꿀 수도 있습니다. 저는 계율이라는 것을 우리 문화의 너무나 많은 강렬한 감각적 자극을 끊어 버린

다는 의미로 이해하고 있습니다. 그런데 제가 지금까지 만났던 명상지도자 대다수는 사람들이 겁을 먹고 달아나 버릴까 봐 계율을 그리 심하게 밀어붙이지 않으려 하는 것 같아서 힘들었습니다. 그렇게 되니, 제 마음도 마찬가지로 그런 식으로 한다는 것을 알게 되었죠. 그래서 저는 우리가 이렇게 덮어 두었던 것들을 드러내는 것이 가능할지 의문이에요.

응답: 그 문제는 제가 잘 알고 있습니다. 전통적인 불교 수련에서 중시하는 세 가지가 있습니다. 첫째는 당연히 계율이죠. 둘째는 마음을 안정시키는 것이고, 세 번째는 통찰수련입니다. 그런데 첫 번째를 이야기조차 하지 않는 경우가 너무 많습니다. 그냥 바로 통찰의 계발로 들어가고, 계율은 애들 장난같이 쉬운 것으로 무시하지요.

질의: 우리는 독립적이므로 윤리는 생각할 필요가 없다는 것은 잘못된 견해를 토대로 하는 것일까요?

응답: 맞습니다. 그것은 정확하게 잘못된 견해입니다. 그런 견해는 우리가 환경 속에서 존재하며 다른 사람들과 상호작용한다는 점을 간과하는 것이지요. 계율이 잘 받아들여지지 않는다고 회피하는 것은 시류에 영합하는 것입니다. 왜 이런 일이 일어납니까? 명상지도자들이 그저 돈이나 벌려고 해서 그런 것이거나 아니면 단순히 일자리를 잃을까 봐 그러는 것일까요? 이 문제를 좀 더 따뜻한 시선으로 보는 방법은 우리가 자란 청교도적인 금욕주의적 경향의 문화를 고려하는 것입니다. 윤리는 당신이 하려고 하지도 않았던 많은 재미있는 것들을 금지한다는 것을 의미합니다. 우리 모두는 십계명을 듣고 자랐고, 불교도들도 십불선을 행해서는 안 된다고 듣고 있습니다.

하지만 사람들이 수련의 이득을 경험할 수 있도록 이런 계율을 알려 주는 충분히 세련된 방법이 있습니다. 열흘짜리 위빠사나 집중수련을 생각해 봅시다. 여기서 지도자가 윤리적 계율을 끊임없이 이야기하지는 않습니다. 하지만 이렇게는 말하지요. "이런 방법이 있습니다. 한번 해 보세요." 그래서 많은 사람들은 열흘짜리 수련을 마치고 돌아가면서 과거에는 가능하리라 생각지도 않았던 경험방식을 열어 주는 진정한 통찰로 인해 변화된 삶을 가지고 돌아갑니다. 그들은 윤리나 마음을 안정시키는 수련 때문에 큰 영향을 받지는 않더라도, 뭔가 가치 있는 것을 가지고 돌아갑니다. 그것이 소중한 것이지요. 하지만 그들이 집에 돌아가면 그 가치 있는 것은 쉽게 손상됩니다. 집중수련 이후에 명상수련이 와해되는 반감기를 겪게 되는 것이지요.

이는 흥미로운 질문을 야기합니다. 아마 그 해답은 교조주의적인 윤리와는 다른 방식으로 쓸모가 있을 것입니다. 뭔가 가치 있는 것이 있었는데, 지금은 쇠퇴하고 있습니다. 이러한 퇴락의 원인은 무엇일까요? 마음이 혼란스러울 때는 통찰을 얻기가 어렵습니다. 약간의 안정성이 도움이 되지요. 우리가 통찰로 돌아오려면 먼저 마음을 안정시켜야 더 도움을 받을 수 있습니다. 그래서 우리는 잠시 마음의 안정을 위한 수련을 합니다. 만일 당신이 일주일짜리 사마타 집중수련을 잘 하면, 그런 경우를 겪을 때 당신이 과거에 경험했던 것보다 더 나은 마음의 안정과 주의의 유지 그리고 고요한 기쁨을 발견할 수 있는 가능성이 더 높아질 것입니다.

하지만 왜 집중수련 후에는 고요함이 쇠퇴할까요? 어쩌면 당신은 어느 날 아침 갑자기 끼어든 차 때문에 진짜 짜증이 나서 유리창을 내리고 그 차를 향해 욕을 해 댈 수도 있습니다. 그러다 집에 돌아오면 명상을 하기가 불가능해집니다. 마음이 산란하고 화가 난 상태로 앉아 있습니다. 그렇게 화를 터뜨리지 않는 게 나았을 것입니다. 생활방식을 조금 바꾸는 것이 더 나은 생산적인 환경을 조성했을 것이고, 그러면 당신이 일상으로 돌아왔을 때 어느 정도 안정을 이루고 마음이 그리 쉽게 흔들리지는 않을 것입니다. 악한 의도처럼 마음을 이렇게 혼란스럽게 흔들어 놓는 것은 없습니다. 이것이 우리를 불교에서 이해되는 윤리의 토대, 즉 '자신을 해치려 하지 말며, 다른 사람을 해치려 하지 말라.'는 기본으로 돌아오게 합니다. 적어도 해치는 것은 피해야 합니다. 이것은 TV의 스위치를 끄거나 감각적 쾌락을 끊는 것과는 아무런 관계가 없습니다. 거기에는 아무런 해로울 만한 것이 없습니다. 아이스크림을 게걸스레 먹는 것은 건강에 아무런 도움이 안 될 수도 있지만, 다른 누구에게도 해를 끼치지는 않습니다. 만일 그것이 해를 끼치는 것이라면 그것은 아주 미묘하게 해가 될 것입니다. 격렬한 화를 내는 것이나 다른 사람을 심하게 모욕하는 것에 필적할 만한 것은 없습니다. 보살(bodhisattva)은 필요하다면 약간의 감각적 탐닉을 기꺼이 감수하지만, 자신의 마음에 적개심이나 공격심이 일어난다면 이것에 대해서는 결코 참지 않습니다. 당신이 휴가에 탐닉하고자 한다면, 이는 아무런 문제가 아닙니다. 상쾌하게 돌아와서 수련으로 돌아가면 됩니다. 하지만 적개심이나 공격성은 휴가가 아니라 수련을 파괴하는 것입니다.

비폭력은 아침에 하는 반 시간짜리 명상에만 국한된 것이 아니라 일상적 삶에 대한 주의를 말합니다. 그러려면 하루 종일 지속적인 내성을 할 필요가 있습니다. 말로 주먹을 날리는 실수는 아주 쉽습니다. 정직하지 않거나 기만적인 말은 쉽게 튀어나오며, 그 말 자체가 해로운 생각입니다. 그런 것에 주의를 기울이세요. 충동이 올라오는 것을 알면 표현하지 말고 그냥 사라지도록 내버려 두세요.

또 다른 측면은 자신의 삶을 단순화하는 것입니다. 이는 점진적으로 감각적 탐닉에서 벗어나 생활방식의 방향을 점차 새로이 하는 것을 말합니다. 이 방식은 심하게 금욕주의적인 방식으로 하는 것과 달리 좀 더 친절한 방식인데, 또 다른 행복의 원천을 경험하는 것입니다. 사마타가 그렇게 할 수 있습니다. 자애수련 역시 당신이 TV로 좋은 영화를 감상하기보다는 수련으로 시간을 보내고 싶어 할 정도로 가슴을 꽉 채우는 행복을 줄 수 있습니다. 이 수련은 사실 더 만족스러운 것이어서 선택이 쉽습니다. 이 방법은 자칫 자기처벌에 휘말리기 쉬운 순수한 투지에 비해 감각적 탐닉을 벗어나는 훨씬 더 좋은 방법입니다. 저도 자주 합니다. 제가 처음 사마타 집중수련을 할 때 잘못된 방법이 많다는 것을 알게 되었는데, 투지로 하는 것도 그중 하나입니다. 저는 벼룩이나 모기, 쥐가 들끓는 오두막에 살면서 먹는 것에는 전혀 관심을 두지 않았고, 사람도 만나지 않는 식으로 저의 모든 즐거움을 끊었습니다. 잠시 동안은 저의 모든 수련에서 아무런 즐거움이 없었습니다. 저는 어떠한 행복도 스며들 공간이 없도록 강력한 투지와 계율에 말뚝을 박았습니다.

바로 이런 강력한 금욕주의적 고행은 별 이득이 없었습니다. 어떤 공간을 만드는 것이 훨씬 더 도움이 되었습니다. 처음 보는 사탕이라도 먹는 것이 도움이 되었을 것입니다. 부드러운 접근이 훨씬 효과적입니다. 너무 심각하거나 강압적일 필요가 없습니다. 수련을 계속함에 따라 점차 만족감과 웰빙의 느낌, 고요함이 더 높아지면 탐닉을 벗어나기 시작하는데, 이는 그런 탐닉이 무익한 것으로 느껴지게 되기 때문입니다. 우리는 더 이상 탐닉이 필요치 않게 됩니다. 하지만 그 시점에 주의를 기울일 필요가 있습니다. 내가 이제는 놓을 준비가 되었는지, 아니면 아직도 뭔가 박탈된 것으로 느끼는지. 박탈로 느껴진다면 아직 놓아 버리기에는 이릅니다. 하지만 그 탐닉이 불필요하거나 의미없다고 느껴지면, 그런 것이 맞습니다. 이제 놓을 때가 된 것입니다.

질의: 저는 우리가 부정적으로 표현하고 부정적으로 한 행동조차 어떤 때는 완전히 긍정적인 느낌을 주는 경우가 있음을 알았습니다. 이는 하나의 놀라움이었죠. 저는 '나는 나 자신을 부정하고자 하는데, 이것이 장기적으로는 최선이기 때문'이라는 생각으로 접근한 적이 있습니다. 하지만 제가 실제로 자아를 부정하는 행동을 했을 때, 그 느낌은 믿을 수 없을 정도로 긍정적이었습니다. 마치 어떤 중독에서 벗어난 느낌처럼 유리창을 뚫고 나온 것 같았어요.

응답: 그렇습니다. 그것이 진짜 자유입니다. 자유란 그런 식으로 이루어지는 것이지, 자유로 가는 어떤 길이 있는 것은 아닙니다. 가장 먼저 일어나는 일은 우리 자신이 해로움만 끼치는 충동적인 행동에서 벗어날 수 있는 힘을 갖기 시작하는 것입니다.

제2장

사마타 수련 시작

우리를 영적인 길로 나아가게 하는 자애와 연민, 기타 다른 특성들의 개화를 방해하는 것은 무엇일까? 쉬운 질문은 아니지만, 이 주제에는 분명히 우리가 인생을 탐험하면서 겪는 부적절감이 포함되어 있다. 우리는 무엇인가가 필요하다는 느낌에 빠지는 경향이 있다. 예를 들어, '나는 일이 필요하다.' '사랑이 필요하다.' '확신이 필요하다.' '애정이 필요하다.' '존경이 필요하다.' '더 많은 돈이 필요하다.' '더 많은 소유물이 필요하다.' 그리고 '나는 더 많은 행복이 필요하다.' 등이 그것이다. 이것이 세속적인 여덟 가지 관심 분야다.[1] 무언가 필요로 하는 것은 그 자체로는 그른 것이 아니지만, 부적절하고 불완전하다는 느낌은 자애로운 마음에는 도움이 되지 않는다. 부족한 것들을 채우기 위해 타인이나 환경으로 손을 뻗치려는 생각은 우리 스스로가 평화와 행복의 원천을 가지고 있음을 모르기 때문이다.

사마타(śamatha) 수련이 적절한 맥락 속에 자리를 잡으면, 마음의 평화와 안정을 주는 호흡과 같이 단순한 방법이 있음을 인식할 수 있다. 그리고 호흡과 같이 솔직히 별 재미없는 것과 함께 그저 현존할 때의 마음의 평화와 편안함, 만족감에서 행복과 만족이 생겨난다. 고통과 갈망, 적대감과 혐오감에 죽도록 시달리는 그런 마음이라는 단순한 원천에서 만족이 생겨난다. 우리는 보통 우리 자신에게 이런 휴식을 제공하지 못한다. 이 우주에서 의식성을 부여받은 존재로서 우리는 언덕 위의 초라한 판잣집에 쪼그리고 앉아, 땅 밑 바로 15cm 밑에 끝없는 금

---

1) 물질적 소유, 자극적인 쾌락, 칭찬, 인정의 네 가지와 그것의 반대가 되는 네 가지에 대한 관심을 말한다.

맥 같은 보물이 묻혀 있는 것도 모르고 그저 땅 표면의 척박한 것들로 근근이 살아가는 사람과 같다. 우리는 궁핍을 느낄 아무런 이유가 없다. 우리는 필요한 모든 자원을 가지고 있는 존재다.

그러니 그것을 찾아내라. 그저 믿지만 말고, 실제 체험으로 발견하라. 우리는 현존 속에서 청정함과 웰빙을 경험할 수 있다. 그것이 가능함을 알라. 이 말은 우리가 배우자라든가 직장, 자동차를 원하지 않게 된다는 것이 아니다. 그보다는 그런 것들을 다른 측면에서 볼 수 있다는 것이다. 이는 마치 지구를 통째로 움직여서 회전축을 바꾸어 버리는 것과 같다. 모든 것이 지구에서 떨어져 나가지는 않겠지만, 우리 스스로 모든 삶의 장면에 쓸모 있는 엄청난 자원을 가지고 있음을 인식하면 엄청난 흔들림이 있게 된다. 우리는 궁핍하지 않으며, 뭔가 줄 수 있는 것을 가지고 있는 것이다.

사마타는 이것을 개발하기 위한 어마어마한 비옥한 땅이다. 사마타는 자애와 연민을 개발하고, 세상과 부드럽게 접촉하는 것을 배우는 데에 매우 쓸모가 있다. 자기 자신의 자원을 인식하지 못하고서 세상과 부드럽게 접촉할 수 있는 것은 상상할 수 없다. 나의 스승들 가운데 한 분이신 타라 린포체(Tara Rinpoche)는 최근에 돌아가셨는데, 그분의 이야기가 좋은 예다. 그는 인도 북동쪽 아삼(Assam)에 있는 딴뜨릭(Tantric) 대학의 학장이었다. 그곳의 몇몇 승려는 내공이 상당한 명상가들이었다. 특히 한 분은 수도원을 떠나 코브라가 많은 정글의 작은 오두막에서 살고 있었다. 타라 린포체는 그 제자가 걱정이 되어서, 뱀을 쫓는다고 알려진 나무 묘목을 보내어 오두막 주변의 땅에 심도록 했다. 그 승려는 "대단히 감사하지만, 정말 그 나무들이 필요가 없습니다. 코브라와 나는 꽤 잘 지내고 있습니다. 한 마리는 나의 침대 아래에 살고, 한 마리는 문 뒤쪽에 살고 있습니다." 하고 대답했다. 그는 당연히 코브라가 인간을 먹이로 삼지 않는다는 것을 알고 있었고, 사실 인간과 코브라의 문제는 오로지 공포심의 문제였다. 그러나 이 남자는 두려워하지 않았고, 그래서 그는 코브라의 공격성을 자극하지 않았다. 코브라도 그에게서 공격성을 불러일으키지 않았다. 그들은 그저 이웃이었고, 그는 코브라를 내쫓아야 할 이유가 없었다. 그는 그저 발 디디는 것만 주의하면 되었다. 이것이야말로 세상을 가볍게 접촉하는 것이다.

사마타의 전체적인 핵심은 마음을 쓸모 있게 만드는 것이다. 이것은 당신의 마음을 쓰고자 할 때, 목적에 맞게 잘 쓴다는 것을 의미한다. 당신이 해야 할 일이 강의이건, 명상이건, 작곡이건 관계없이 이제 잘 기능하는 마음을 가지는 것이다. 사마타를 성취하기 전까지는 마음은 '역기능적'이라고 말할 수 있다. 이 역기능적인 마음은 무겁고, 꽉 차 있으며, 굳어 있고, 어둡고, 쉽게 토라진다. 당신이 어떠한 미덕을 개발하고 싶어하든, 마음은 꺼린다. 이와 반대로, 쓸모 있는 마음은 활기 있고 가볍고 안정적이며, 선명하고, 온전한 특성을 개발하는 데 헌신할 준비가 되어 있다.

명상을 시작하기

개념적 마음을 쉬게 하고 상상이 날개를 펴도록 하라. 이 순간을 알아차리고, 미래에 대한 환상이나 과거의 회상으로 빠져들지 않게 하라. 알아차림(awareness)을 지금 이 순간의 신체에 두어, 온몸의 촉감을 조용히 지켜보라. 다리와 허벅지의 눌림과 바닥에 닿은 엉덩이, 곧추선 상체와 머리, 따뜻함이나 차가운 감각, 얼얼함이나 진동감 등 어떤 감각이든 지켜보라. 이러한 접촉감각의 장에서 알아차리고 머물면서 요람의 아이처럼 쉬어라.

숨이 들어오는 전 과정에 걸쳐 들숨과 관련된 감각을 조용히 지켜본다. 이번에는 날숨의 전 과정 동안 나가는 호흡과 관련된 감각들을 따라가 보아라. 이 훈련 내내 배, 특히 하복부를 이완하는 것 외에는 호흡을 통제하거나 조작해서는 안 된다. 하복부를 부드럽게 하여 거기서부터 들숨이 시작되는 것을 느낄 수 있게 한다. 만일 숨이 얕으면 당신은 하복부가 팽창하는 것만을 느낄 것이고, 깊은 호흡이라면 하복부에서 위로 팽창하여 횡격막까지 느껴질 것이고, 더 깊은 호흡이라면 복부에서 횡격막으로 그리고 가슴 위까지 팽창할 것이다. 그러나 우선 복부에서 시작한다. 그래야 가슴으로만 숨 쉬지 않을 수 있다.

들숨 동안에 콧구멍 주변 어디에서 촉감이 느껴지는지 찾아보라. 그런 다음, 마음을 그곳에 두어 들숨에 이어지는 촉감과 날숨이 일어나기 직전의 촉감에 주의를 기울이라. 그리고 같은 지점에서 숨이 나가는 동안의 감각에 주의를 기울인다. 마치 요람에 있는 아기처럼 마음을 그곳에 머물게 한다. 처음에는 들숨, 날숨, 들숨, 날숨의 진동인 리듬감을 느낄 것이다. 당신의 알아차림을 이 부드러운 곳에서 쉬게 하라.

이완, 안정감 그리고 생생함

사마타 수련에서는 이완, 안정감 그리고 생생함의 세 가지를 강조하

며, 이를 순차적으로 다루는 것이 매우 중요하다.[2)]

첫 번째로 강조하는 것은 몸과 마음의 이완감을 이끌어 내는 것이다. 이것은 강제적이며 긴장되거나 강요에 의한 집중이 아니라 오히려 들숨과 날숨의 리듬 안에서 접촉감의 장에 머물면서 알아차리도록 하는 그런 집중이다. 깊게 뿌리박힌 습관과 많은 충동 때문에 마음이 오랫동안 휴식 가운데 머무르는 것이 어렵다. 주의가 제멋대로 표류하고, 상상과 회상, 생각, 욕구 또는 사변적인 생각들에 빠져 버린다. 만약 당신의 마음이 다른 것에 휩쓸리고 있음을 발견한다면, 이미 마음이 그렇게 휩싸이게 만든 노력을 내려놓을 수 있는지 살펴보라. 특히 안도의 한숨을 쉬듯이 날숨에 그런 노력을 풀어놓아 보라. 그러한 정신적 개념들을 흘려보내고, 당신의 알아차림을 비개념적인 있는 그대로의 그 순간의 접촉감각으로 다시 돌아와 머물도록 하라.

초기의 수련회기 동안에는 주의의 지속성을 의미하는 안정감을 염려하지 말라. 명료함이나 주의의 생생함에도 관심을 두지 말라. 이것들은 시간이 되면 이루어질 것이다. 오히려, 당신이 정신적 동요나 산만함을 꽉 잡아 고정시키는 것이 아니라, 그런 동요를 지속하게 만드는 노력을 놓아 버리는 식으로 반응할 수 있는지 살펴보는 것부터 시작하라. 돌아와서 들숨과 날숨의 부드러운 리듬에 알아차림을 두고, 몸 전체의 접촉감을 느껴 보라. 호흡을 강제하거나 조작하려 하지 말라. 몸이 스스로 숨 쉬게 하라. 특히 날숨 동안에 이런 산만한 생각이나 정신적 방황에 기울였던 노력을 내려놓을 기회를 찾아라. 이러한 정신적

---

2) 역주) 여기서 말하는 안정감과 생생함은 한자권에서 사마디 상태를 말하는 적적성성(寂寂醒醒)과 같은 것이라 할 수 있다.

개념들이 미풍에 날리는 가을 낙엽처럼 날아가게 하고, 날숨의 끝에는 이완하며 풀어놓기를 계속하라. 들숨의 시작에도 이것을 계속하라. 공기를 일부러 빨아들이지 말고 오히려 들숨에는 더 이완하며 마치 신체에서 '숨이 쉬어지는 것'처럼 그냥 가만히 바라보아라.

당신이 호흡에 초점을 맞추면, 호흡을 의지나 노력으로 조정하지 않는 것이 어려워진다는 문제가 생길 수 있다. 이것은 흥미로운 질문을 제기한다. 즉, 우리가 숨쉬기를 통제하려는 거의 저항할 수 없는 욕구를 배제하고 어떤 것에 세밀하게 주의를 기울일 수 있을까? 이것은 삶의 다른 영역을 통제하려는 우리의 욕구와는 어떤 관계가 있는가? 이것은 그저 작은 문제가 아니라 수련에서 주요한 도전이다. 당신이 이 문제의 해결을 시작하는 방법은 날숨에 더 많이 이완하는 것이다. 한숨을 쉴 필요는 없다. 당신은 날숨이 저절로 일어나리라는 것을 잘 알고 있다. 숨이 나갈 때 이를 음미하라. 그저 아무런 노력을 기울이지 않는 느낌은 참 좋다. 심지어 죽어 가는 사람도 숨을 내쉴 수 있다.

그러고 나서 날숨에서 곧바로 들숨으로 부드럽게 들어가라. 그리고 들숨에서도 동일한 이완감과 풀림을 유지할 수 있는지 살펴보라. 파도타기를 하는 서퍼처럼 아무런 발장구도 치지 않고 그저 날숨에서 들숨으로 들어가 보라. 여기서 가장 중요한 시점은 들숨을 시작하는 반환점이다. 당신이 숨을 빨아들일 때와 숨이 그저 흘러들어 올 때를 확연히 구분해 보고 비교해 보면 매우 흥미로울 수 있다. 실패했을 때와 성공했을 때를 구분함으로써 그 차이를 알 수 있다.

자세도 매우 중요하다. 몸이 앞으로 기울어져서 횡격막을 압박하면, 복부가 쉽게 확장되지 못한다. 아코디언처럼 가슴이 쭈그러들어서 숨을 쉴 수 있는 부분이 적어진다. 따라서 과장하지는 말되, 바르게 곧추

앉아서 노력하지 않아도 복부가 팽창할 수 있어야 더 오래 앉아 있을 수 있다.

등을 대고 누운 자세도 이 수련에 도움이 된다. 이 자세와 잠깐 자려고 그냥 누운 자세는 차이가 있다. 가장 중요한 점은 몸이 바르게 직선을 이루어야 한다는 것이다. 발꿈치를 모으고, 고개를 들어서 눈으로 내려다보아 발꿈치와 배꼽, 흉골, 코를 가지런히 맞출 수 있다. 두 발은 양옆으로 벌어지게 한다. 공간이 충분하면 양팔을 30도 정도 벌린다. 엉덩이를 발끝 쪽으로 당겨서 척추를 부드럽게 늘인다. 마찬가지로 머리를 들고 가슴 쪽으로 턱을 살짝 당겨서 척추를 심하지 않게 적당히 늘일 수 있다. 눈도 스스로 실험해 보라. 어떤 사람들은 눈을 완전히 감는 것을 좋아하지만, 눈을 반쯤 떠서 그 공간으로 빛이 약간 들어오게 하는 것을 좋아하는 사람도 있다. 어깨의 힘을 빼고, 얼굴 근육을 이완하고, 특히 앉아서 할 때는 눈을 부드럽게 느낄 수 있으면 좋다. 시선을 가라앉혀 눈을 쉬게 하고, 부릅뜨거나 긴장하지 말고 이완하라.

각각의 호흡을 한 호흡주기 동안 자신이 완전히 이완할 수 있는지를 살펴보는 탐색과 모험을 경험하는 순간이 되도록 하라. 제대로 하는 들숨과 날숨의 한 호흡이 큰 성취일 수 있다. 그리고 당연히 들숨이 끝날 때쯤에는 그다음 번 날숨을 할 준비가 된다. 이제 당신은 롤러코스터의 아래쪽 언덕에 있는 셈이며, 다음 단계로 쉽게 넘어갈 수 있다. 이런 지속성을 유지할 수 있는지 살펴보라.

이 수련에서 다음 단계의 큰 변화는 이완에서 지속감으로, 즉 숨에서 다음 숨, 또 다음 숨으로 이동하는 것이다. 이 시점에서 거친 흥분(auddhatya, gross excitation)이 주요 문제다. 거친 흥분은 호흡을 따라가려고 노력하다가 마음이 호흡을 떠나 완전히 다른 것에 주의를 빼앗길 때 나타난다. 이런 작은 이탈이 있고 난 후 몇 초나 몇 분 후에는 다시 숨으로 주의를 돌릴 수 있을 것이다. 그러다 몇 초 동안 호흡에 주의를 기울이다가 1, 2초도 안 되어서 또 다른 곳으로 주의가 이탈할 수 있다. 거친 흥분이란 이렇듯 지속성이 부족한 것을 말한다. 자신이 명상을 하고 있다는 것을 잊고 그저 다른 것들을 생각하며 앉아 있을 뿐이다. 거친 흥분을 가라앉힌다는 것은 대상에 대해 '5초, 10초, 15초' 하는 식으로 지속성을 더 길게 유지하는 것을 말한다.

하지만 이런 안정성을 향할 때 부드럽게 접근하는 것이 중요하다. 나는 처음 사마타 집중수련에 갔을 때 편안함을 유지하지 못하고 마치 말뚝 박는 기계를 다루는 사람처럼 힘차게 나아갔다. 나는 엄청난 열정으로 시작했지만 이는 필요한 것의 열 배도 넘는 것이었고, 이완이 특히 중요하다는 것을 알지도 못했다. 결국 완전히 지치게 되었다. 만일 누군가 나에게 '이런, 좀 느슨하게 하세요.'라고 말해 주었다면 큰 도움이 되었을 것이다.

특히 결과에 대해 초조함을 느낀다면, 부드러움과 편안함을 유지하는 것이 중요하다. 티베트 불교 전통은 인간의 삶이 고통과 그 근원을 제거할 수 있는 영적 수련의 기회와 자유를 준다는 점에서 귀중한 것임을 매우 강조한다. 지금의 이 기회는 모든 가치 있는 것을 넘어서는 지극히 희귀하고 소중한 기회이기에 이 기회를 지금 잘 살려야 한다고 말한다! 이런 긴급함은 우리가 그것에 가벼움과 활력을 부여하면 매우 적절한 것이 된다. 하지만 우리가 이 긴급함을 엄숙한 결의와 결합시키기 시작하면, 우리를 병들게 하기 쉽다. 이 수련에서 가장 중요한 것은 결국 꾸준함이다. 시간을 확인하면서 '내가 1년 안에 또는 2년 안에, 아니면 죽기 전에, 늙기 전에 사마타를 성취할 수 있을까?' 하고 생각하는 것은 결코 도움이 안 된다.

당연히 이는 사마타 수련, 즉 알아차림을 확립하고 마음을 유용한 도구로 만드는 수련뿐 아니라 모든 불교 수련에서도 마찬가지다. 만일 우리가 자애와 통찰, 믿음의 수련에서 꾸준함을 그 핵심으로 삼는다면, 그렇게 꾸준하게 수련한다면, 우리는 걱정할 필요가 없다. 지속성이란 정원사가 삼나무 묘목을 심고 매일, 매주, 매달, 매년 그 묘목을 살피면서 주의를 기울이는 것과 같다. 수련이 빠르게 진전된다면, 이는 멋진 일이다. 하지만 그렇게 되지 않는다 해도 별로 중요하지 않다. 우리가 꾸준함을 확립하면, 인생은 제 궤도를 달릴 것이다. 몸은 쇠약해 결국 닳지만, 알아차림은 계속될 것이고 또다시 구현될 것이다. 이런 지속성이 우리가 가지고 가는 가장 중요한 화물인데, 이는 다음 생에 기회를 열어 줄 것이고, 그러면 우리는 거기서부터 시작할 수 있기 때문이다. 만일 우리가 산발적으로 마치 산탄총을 쏘듯이 여기서 몇 방 쏴 대고 또 까맣게 잊고 있다가 다른 곳에서 또 몇 방 쏴 대는 식으로 수련을 한다면, 다음 생애에 어떤 싹을 가지게 될지 어떻게 알겠는가?

사마타 수련에서 이완 속의 안정감을 확립하면, 좀 더 조화로운 노력을 더 할 수 있게 된다. 이것은 거친 근육질의 노력이 아니라 미세하게 조율된 노력이어야 한다. 몸과 마음을 긴장시키지 않으면서도 상당히 큰 지속성을 유지하는 것이 목적이다. 당신이 일시적으로라도 거친 흥분에서 자유로워지면, 당신의 알아차림 안에는 배의 균형추처럼 작용하는 고요함과 안정감이 있게 된다. 당신이 5분이나 10분, 15분, 20분 또는 그 이상 대상을 놓치지 않는 비교적 좋은 지속성을 가지면, 약간의 해이감(laya, laxity)이 분명히 나타난다. 일단 해이감이 나타나면, 그것은 자기만족처럼 느껴진다. 그것을 가라앉는다고 하는데, '음, 이거야. 내가 기대했던 것이 바로 이거야.' 하면서 안락의자에 깊이 파묻히는 것과 같다. 그 시점에서 우리는 임무가 아직 끝나지 않았음을 알아차릴 필요가 있다. 사마타를 성취하거나 또는 마음의 가능성을 최대한 열게 하는 세 번째 요소가 있다. 바로 생생함이 중요한 마지막 구성요소다.

사람마다 사마타 수련에서 성장하는 정도가 다르고 그 방식도 다양하다. 일반적으로 이야기할 수는 있지만 개개인 모두에게 그것을 적용할 수는 없을 것 같다. 일반적으로 사람들은 생생함을 너무 빠르게 추구하려는 강한 유혹을 받는다. 생생함은 60년대의 구식 용어로 말하자면 '뿅 가게 만든다.' 그 안에 즐거움이 있으며, 모든 것이 예사롭지 않게 흥미로운 것이 된다. 그러나 만약 생생함의 근간이 되는 안정감이 부족하면, 그 생생함은 매우 취약해서 쉽게 무너지는 경향이 있다. 이렇게 생생함은 너무나 유혹적이기 때문에, 일반적으로 안정감을 먼저 개발하도록 하는 것이 건강한 조언이다. 마찬가지로 안정감에 앞서 보통 이완을 강조하는 것이 도움이 된다. 왜냐하면 특히 서양의 명상가들 사이에서는 수련을 처음 시작할 때 너무 많은 노력을 들이는 보편적인 경향이 있기 때문이다. 엄격함은 가치가 있는 것이기는 하지만, 그것 때문에 수련에서 편안함을 희생한다면 별 가치가 없는 것이다.

이런 일반론과 달리 모든 사람이 다 초심자는 아니며, 수련을 처음 시작하는 사람들 중에서도 가끔 사마타를 빠르게 성취하는 사람들이 있다. 만약 수련회기 동안에 편안함이 유지되고, 대상에 대한 초점을 안정되게 유지할 수 있고, 지속성이 정말 좋으면, 당신은 자신이 대상 안으로 빨려 들어가기 시작하는 것을 발견할 수도 있다. 이것은 미숙하지만 이원성을 벗어나기 시작하는 단계이며, 마치 진흙 속으로 미끄러져 들어가듯 저절로 대상으로 녹아든다. 그 시점에서 더욱 생생하도록 더 노력해야 한다. 그러면 수련은 일종의 춤이 되어, 안정성을 해치지 않으면서도 더욱 생생해진다. 마치 이완을 놓치지 않으면서도 더 큰 안정감 속에서 춤을 추는 것처럼 말이다. 지속성이 부족해서 여전히 많은 산만함을 처리해야 할 때는 생생함을 별로 걱정할 필요가 없다. 이 단계에서 생생함에 주의를 기울이려고 노력해 보아야 별 토대도 없이 간간이 생생해질 뿐이고 마음은 훨씬 더 산만해진다.

지속성을 확립하고 나면, 해이해져서 가라앉는 것이 큰 도전이 된다. 그리고 만약 해이감이 더 심해지면 **무기력**(styāna, lethargy)하게 되는데, 그러면 무겁다는 느낌을 갖게 된다. 무기력 너머에는 **졸림**(middha, sleepiness)이 있고, 그러면 깜빡깜빡 졸게 된다. 나른할 때는 명징함을 잃게 되지만, 아직 잠이 들지는 않는다. 당신이 처음으로 해이감의 징후를 발견하면 명상의 대상에 더 세밀한 주의를 기울여 관심을 유지해야 한다. 어쩌면 이 시점은 빛이 당신의 몸을 감싸는 상상을 하는 등 어떤 외적인 도움을 받아야 할 때일 수도 있다. 또한 만약 당신이 약간 따뜻한 자리에 있다면, 옷을 한 겹 벗거나, 찬물을 한 잔 마시거나, 찬물로 세수를 하라. 물론 당신은 미리 충분한 잠을 잤어야만 한다. 만약 간밤에 충분한 잠을 자지 못했다면, 결코 좋은 상황이 아니다. 명상은 잠의 대체물이 아니다. 명상이 잘 진행되어서 별로 많은 잠이 필요하지 않게 될 수도 있지만, 명상을 조금 더 할 수 있는지를 알아보려고 잠을 줄이지는 말라. 그것은 길게 보면 결국 효과가 없다.

만약 해이감이나 무기력이 만성화되면, 잠시 사념적 명상으로 되돌아가서 마음을 고양시키고 활기를 불어넣을 수 있는 고무적인 주제에 주의를 기울이라.[3] 그러한 방법이 전혀 효과가 없다면, 당신은 주의의 대상을 완전히 바꿀 수도 있다. 호흡 알아차림이 많은 사람에게 좋지만 누구에게나 그렇지는 않다. 시각화를 쉽게 잘하는 사람들에게는 시각화를 통해 사마타에 이르는 다른 길도 있다. 티베트 전통에서는 그것이 호흡명상보다 훨씬 더 일반적이다.[4] 만약 당신이 시각화를 훈련한다면, 해이감에 대한 처방은 단순하다. 시각화된 대상에 또 다른 100볼트의 전류를 넣으라. 조명을 밝히는 것이다.

질의응답: 호흡 알아차림에 관하여

질의: 저는 콧구멍의 촉감들보다는 가슴 전체의 호흡의 움직임을 알아차리는 방식으로 호흡명상을 배웠습니다. 제가 이렇게 몸 전체를 알아차리는 방식으로 사마타를 수련할 수 있을까요?

응답: 몸통 전체로, 배가 올라갔다 내려갔다 하면서 호흡이 들고 나는 것을 따라가는 것은 다양한 호흡 알아차림의 방법 중 하나입니다. 전체적인 수준에서 안정시키는 데에는 도움이 되겠지만, 그런 방법으로 사마타를 성취하기는 쉽지 않을 것입니다. 너무 많은 움직임과 너

---

3) 역주) 사념적 명상(discursive meditation)이란 생각을 좇는 명상법으로서, 사유활동을 계속하면서 그 사유가 이끌어 내는 바를 깊이 성찰하는 것이다. 기독교 전통에서는 통찰이나 깊은 이해를 위해 신앙의 진실을 분석하거나 성서 문장의 의미를 깊이 분석하는 논리적 개발을 위한 성찰을 뜻한다.

4) 사마타 수련에 관한 이러한 접근법에 대해 풍부한 경험을 토대로 빼어난 설명을 하고 있는 책이 겐 람림빠(Gen Lamrimpa)의 저술을 앨런 월리스(B. Alan Wallace)가 번역 출판한 *Calming the Mind: Tibetan Buddhist Teaching on Cultivating Meditative Quiescence*(Ithica: Snow Lion Publications, 1995)다.

무 많은 동요가 있기에 더 깊은 수준의 안정화에는 바람직하지 않습니다. 만약 시작할 때 그것이 도움이 된다면 좋지만, 거기까지만 원하는 것은 아닐 것입니다. 콧구멍의 호흡감각에 집중하는 것이 효과적이며, 저는 그렇다고 확신합니다. 방식의 변화는 습관화의 문제입니다. 제가 '오직 이것에만 주의를 기울이고 다른 어떤 것에도 주의를 기울이지 말라.'고 말하는 것은 아닙니다. 선택하시면 나머지는 저절로 되는 것입니다.

질의: 날숨이 끝나고 들숨이 시작되기 전에 10초나 15초, 아니면 그 이상 숨이 멈추는데 이럴 때는 어떻게 해야 하나요?

응답: 실제로 각 들숨과 날숨의 끝에 10초에서 20초 동안 의식적으로 숨을 멈추는 호흡기법(쁘라나야마, prāṇāyāma)이 있습니다. 쁘라나야마 기법으로 최대 15분까지도 숨을 멈출 수 있습니다. 일부러 계획된 것은 아니지만 이런 방식으로 하면 몸과 마음에 과도한 긴장이 스며들 수 있습니다. 이런 일이 단지 가끔 발생하는 것이라면 전혀 문제될 것이 없습니다. 하지만 규칙적으로 일어난다면 그리고 그 수련을 마쳤을 때 몸과 마음이 무겁고 침체된다면 이는 당신이 수련을 과도하게 한다는 분명한 표시입니다. 당신이 스스로 판단해야 합니다. 만약 당신이 유쾌하고 안정되어 있다고 느낀다면 그것은 괜찮습니다. 그러나 만약 그것이 무기력한 느낌을 일으킨다면 완화시켜야 합니다.

이와 관련해서 당신의 자세도 차이를 만들 수 있습니다. 비교적 곧게 앉아 있지만 약간 굽은 등은 횡격막을 살짝 축소시킵니다. 이런 일반적인 자세에서는 날숨 끝에서 자연히 멈추게 됩니다. 그런 다음, 마치 언덕에 오르듯이 들숨이 몸통으로 들어와 시스템을 활성화하게 됩니다. 횡격막을 살짝 들어 올릴 수 있도록 자세를 좀 세우는 것이 이런 일이 과도하게 일어나는 것을 막아 줍니다. 그리하면 호흡이 더 쉽게 흐르고, 그래서 더 활기를 준다는 것을 느끼게 됩니다. 호흡이 리듬을 갖게 되어 마치 몸통에서 꽃이 피듯 움직이면, 매우 부드러우면서도 활력을 줄 뿐 아니라 심신에 치료적인 효과도 있습니다.

질의: 자기 호흡에 의도적으로 영향을 주려 하는 것을 알았을 때 어떻게 이를 멈출 수 있나요?

응답: 만약 당신이 수련에 빠져 있는 것이 아니라면, 그것은 상상하는 것처럼 심각한 문제는 아닙니다. 그렇지 않다면 그것은 몹시 어려운 문제입니다. 왜냐하면 호흡이 매우 정묘해지게 되는데, 이는 호흡이 깃털처럼 쉽게 조작될 수 있다는 것을 의미하기 때문입니다. 비록 호흡 알아차림이 그 자체로 엄격하게 위빠사나(vipaśyanā) 수련은 아니지만, 통찰은 이런 식으로 시작됩니다. 만약 우리가 매우 미묘한 무엇에 밀착해서 주의를 기울이면서도 이를 우리의 의지대로 조작하지 않고 그냥 거기 머무른다면, 즉 주의와 호흡이 한쪽에서 다른 쪽을 잡아끌지 않고 각자 움직이는 두 명의 춤꾼처럼 움직일 수 있다면 거기에는 거친 자아감각의 여지가 별로 없을 것입니다. 이러한 정교한 조율을 하려면 당신이 통찰수련과 매우 근접한 그런 지점까지 나아갈 필요가 있습니다. 제 스승인 게쉐 나왕 다르규(Gesche Ngawang Dargye)는 언젠가 저에게 만일 진정으로 사마타를 성취했다면 삶을 혁신적으로 바꾸어 놓는 통찰을 개발하는 것은 비교적 쉽다고 말한 바 있습니다.

질의: 저는 숨을 헤아린 지 얼마 되지 않아서 흐릿해져 종소리가 들

려야 깨어납니다. 이런 것이 해이감인가요?

응답: 그렇습니다. 만일 당신이 단순히 피곤한 것이라면, 쉬는 것이 낫습니다. 당신이 스스로 얼마나 마음을 내는가에 관계없이 마음이 그 일을 하고 싶어 하지 않는다면, 이는 피로의 문제일 가능성이 있습니다. 수련에 대한 흥미의 정도가 중요할 수 있습니다. 만일 당신이 정말로 흥미를 못 느낀다면, 부적절한 수련일 가능성이 있습니다. 스승과 의논해 볼 필요가 있습니다. 이 문제에 대한 전통적인 대응은 수련회기를 아주 짧게 유지하는 것입니다. 그런데도 흥미가 없어지면 수련을 고집해 봤자 시간낭비입니다. 당신이 혼자서 수련할 경우 시간을 낭비할 가능성이 매우 높습니다. 다양한 방법이 도움이 될 수 있습니다. 지루해지면 사념적 명상을 시도해 보고, 사마타 대신에 더 활동적인 수련방법도 시도해 보십시오.

꼭 그런 것은 아니지만, 사마타를 보호하기 위해서 짧은 수련회기를 하거나 수련의 동기를 되돌아보아 주의의 지속성과 생생함의 맛을 느껴 볼 수 있고, 그렇게 해서 명상이 스스로 보상이 되게 할 수도 있습니다. 그리되면 수련 그 자체가 당신에게 웰빙을 제공하여 더 이상 동기부여를 위해 외부의 도움을 찾을 필요가 없게 됩니다. 수련이 그 자체로 보상적이라면, 당신은 이제 분수령에 도달한 것입니다.

수련에 많은 빛을 활용하는 것도 도움이 됩니다. 좀 더 밝은 환경에서, 조명이 부드럽게 밝은 곳에서 명상을 해 보십시오. 내면에서도 수련에 불을 켜 보십시오. 상상을 통해 당신의 신체가 빛으로 물들게 하고 그 빛이 몸 밖으로 퍼져 나가게 하십시오. 마음이 닫혀 침체되면, 되돌리려고 노력할 필요가 있습니다. 문제 속으로 끌려들어 가지 말고 높은 전압의 알아차림을 가져오십시오.

질의: 지난 몇 회기 동안 신체를 전혀 알아차리지 못했습니다. 마치 제 몸이 아닌 것처럼 바라보았지요. 이런 분리감이 괜찮은 걸까요, 아니면 예를 들어 빛의 몸체(body of light) 기법을 쓰려면 신체와 더 연결된 느낌을 가져야만 하는 건가요?

응답: 두 가지 다른 질문이네요. 신체와 분리된 느낌은 괜찮습니다. 당신의 몸을 빛의 몸체로 만드는 수련은 하나의 시작입니다. 마음이 명상 대상으로 더 깊이 들어가기 시작하면 신체를 가지고 있다는 느낌이 완전히 사라지고, 이런 경우에는 빛의 몸체를 이용할 필요가 없습니다. 그것의 쓰임새는 당신을 그 지점까지 오게 하는 것입니다. 그래서 좋은 자세가 그렇게 중요한 것입니다. 즉, 당신이 신체로부터 이탈되기 시작하면, 그다음에는 자동으로 진행됩니다. 당신이 바른 방향으로 시작했다면 그 자세 그대로 유지하게 될 터이고, 자연스레 매우 깊은 사마디(삼매, samādhi)로 들어갈 것입니다.

질의: 앉아 있으려니 등과 무릎이 아픕니다. 명상하는 동안의 신체적 통증을 어떻게 다루어야 할까요?

응답: 앉아 있어서 생기는 통증을 다루는 방법에 대해 서로 다른 견해가 있습니다. 제가 아주 높이 평가하는 한 가지 관점에서는 통증을 수련의 일부라고 가르칩니다. 이런 관점은 대개의 선(Zen) 전통에서 찾아볼 수 있고, 위빠사나 전통에서는 그 정도가 매우 다릅니다. 통증에 대해 반응하지 않고 그냥 받아들입니다. 통증의 파도가 밀려오도록 허용하면서 수련을 지속합니다. 하지만 티베트 전통에서는 명상에서 신체적 통증에 거의 아무런 가치를 부여하지 않습니다. 이들은 "통증 때문에 다칠 것 같으면, 움직여도 좋다."라고 말합니다. 우리는 명상에

신체적 통증을 초대하지 않아도 이미 삶에서 충분히 많은 문제를 겪고 있다는 것이지요. 당신이 가벼운 불편감도 참지 못하고 약간만 간지러워도 긁어 대는 사람이라면, 이런 접근법에 열광할 수도 있을 것입니다. 하지만 당신의 알아차림은 무너지고 맙니다. 저는 중도를 권하는데, 제가 말하고 수련하는 중도는 매우 부드러운 경향이 있습니다. 뭔가 정말 당신의 의식에 불쑥 나타나서 괴롭힌다면 움직이라고 권합니다. 처음에는 아주 미묘하게 움직이는데, 예를 들면 무게감을 재정렬하는 정도만 움직입니다. 다리를 다시 폈다 접는 것이 도움이 될 수도 있습니다. 만일 신체가 그냥 피곤하고 근육이 스트레스를 받았다면 다리를 어떤 식으로 놓든지 별 문제가 안 되며, 가장 좋은 것은 등을 대고 눕는 것입니다. 하지만 처음에는 불편감이 있더라도 바로 움직이지는 않는 것이 좋은데, 그래야 편안한 기간을 매번 조금씩 더 늘일 수 있게 되어 더 낫기 때문입니다. 그 간격을 늘이는 것이 수련에서 더 많은 자유를 제공할 것입니다.

저는 사마타 수련과 전반적인 수련과정의 관계에 관한 매우 초기의 문헌을 읽은 적이 있습니다. 아주 재미있었던 것은 붓다 생전으로 돌아가 보면 거기에는 "열심히 노력하라. 그것이 많이 어려운 것은 알지만 이를 악물고 어떻게든 시도하라."와 같은 이야기는 찾아볼 수 없다는 점입니다. 오히려 붓다는 "사마타 수련을 통해 기쁨이 일어나고 그 기쁨에서 통찰이 일어나며……."라고 말합니다. 이 점이 매우 흥미로웠죠. 우리는 행복과 웰빙의 느낌이 마음속에 일어날 수 있는 환경을 조성하기 위해 우리가 할 수 있는 것을 합니다. 당신은 그 파도에 올라탈 수 있는 것입니다. 다른 모든 조건이 동일하다면, 저는 신체적인 어려움의 파도를 타기보다는 행복의 파도를 타겠습니다.

질의: 사마타 수련은 위빠사나나 기타 초기 불교전통에서 가르치는 호흡 알아차림과 어떻게 다릅니까?

응답: 첫째, 당신은 현재의 상좌부 전통은 일부 용어를 티베트 전통이나 심지어 현재 가르침의 토대인 붓다고사(Buddhaghosa)의 『청정도론(The Path of Purification)』에서 쓰는 것과 전혀 다르게 쓰고 있다는 것을 알아야 합니다. 당신은 사마타라는 용어를 때로는 우리가 여기서 말하고 있는 것과는 달리 훨씬 더 기초적인 상태를 기술하는 용도로 말하는 것을 들을 수도 있습니다.[5)]

현재 동남아시아와 스리랑카에서 가르치는 위빠사나는 단순한 마음챙김, 즉 철저하게 현재에 머물러 알아차리면서 판단이나 범주화 그리고 특히 정서반응을 포함하는 모든 개념적인 것에서 가능한 한 벗어나는 것을 강조하는 경향이 있습니다. 알아차림을 가능한 한 단순화해서 마음챙김이 정교한 열쇠가 되도록 연마합니다. 새소리든 어떤 생각이나 감정, 접촉감, 통증이나 쾌감 등 무엇이 나타나든 그것에 사로잡히거나 판단하지 않고 그냥 바라봅니다. 이를 통해 그 순간에 일어나는 것이 무엇인가를 매우 뚜렷하게 알아차릴 수 있습니다. 이는 일종의 통찰을 산출하며, 매우 유용합니다. 이 방법은 본질적으로 매우, 매우 쉽습니다.

수련이 진전되면, 당신이 관찰하는 현상 속에 '나'를 나타내는 것이 있는지, 어떤 고정되거나 움직이지 않는 것이 있는지, 모든 것이 어떤

---

5) 이 문제뿐 아니라 상좌부 전통에서 사마타와 위빠사나의 관계에 대해 *The Bridge of Quiescence: Experiencing Tibetan Buddhist Meditation*(Chicago: Open Court, 1988)에서 논의한 바 있다.

흐름의 상태에 있는 것은 아닌지를 살펴보라는 지도를 받을 것입니다. 이는 철학적 사변이나 분석이 아니라 일종의 탐구방식입니다. 위빠사나는 하나의 통찰수련이며, 전통적으로 실재의 본성(nature of reality)에 대한 탐구를 이야기하는 것입니다.

이와 달리 사마타는 호흡 알아차림과 비슷한 방법을 일부 사용하기는 하지만, 탐구를 포함하지 않습니다. 사마타는 주의라는 도구를 연마하는 것입니다. 안정감(선정)과 생생함을 개발하는 것입니다. 당신의 안정감이나 생생함이 흐려지기 시작하면, 해독제를 사용하게 됩니다. 위빠사나에서는 당신이 해이감이 일어나는 것을 알면 다만 그것을 알아차리면 됩니다. 그것에 대해 바로잡으려 한다거나 뭔가를 하려 하지 않습니다. 만일 마음이 점차 산란해지면, 당신은 '아하, 생각이 많구나.' 하고 알아차립니다. 그리고 기꺼이 받아들이며, 사마타에서처럼 하나의 주제에 대해 지속적으로 작업하지 않습니다. 이것이 두 종류 명상의 질적 경험의 차이라 할 수 있습니다.

위빠사나 수련이 진행되면 마음챙김과 통찰수련의 결과로 마음이 안정되고 생생함도 향상된다고 믿는 사람들이 있는데, 제 생각에도 이런 믿음에는 어느 정도 좋은 근거가 있다고 봅니다. 사마타가 통찰수련의 진정한 이점을 얻는 데 필요한 안정감과 생생함을 줄 수 있는 것처럼, 위빠사나도 사마타를 위한 훌륭한 토대가 될 수 있습니다. 어떤 사람들에게는 마음챙김을 지속적으로 하고, 정좌명상은 거의 하지 않는 것이 더 효과적일 수도 있습니다. 당신이 하루 온종일 지속할 수 있는 마음챙김을 개발할 수 있다면, 사마타 집중수련을 하고자 할 때 이미 상당한 투자자금을 가지고 있는 셈입니다. 그리고 당신이 이미 사마타라는 도구를 가지고 다른 위빠사나 집중수련에 들어가게 된다면,

이런 조합은 지극히 효과적일 것입니다. 위빠사나와 사마타는 서로 호환될 수 있는 것임이 틀림없습니다.

주의의 숙달: 마음챙김과 내성

우리의 주의는 대부분의 시간 동안 충동적으로 작용한다. 우리는 명상을 하는 동안 잡생각에 주의를 기울이지 않으려 하지만, 여전히 그렇게 한다. 알아차림을 지향하는 것은 상당 부분 의지로 하는 것이지만, 항상 의지가 주도하는 것은 아니다. 주의가 충동적일 때는 아마 주의가 대상에 끌려가는 것일 터이다. 예를 들어, 우리는 화가 나면, 우리를 화나게 한 것에 초점을 두기를 원하지 않을 수도 있지만, 바로 그것에 우리의 주의가 간다. 이는 어떤 외부적인 자극 때문이 아니다. 우리는 방에 혼자 앉아 있을 수 있지만, 마음은 여전히 화를 돋운 대상으로 자꾸 주의를 돌린다. 사마타는 단순히 주의에 대한 통제력을 기르기 위한 것이 아니라 주의로부터 자유롭게 되려고 고안된 것이다. 만일 우리가 호흡에 주의를 기울이고자 하면, 우리는 호흡에 주의를 기울이는 자유가 있다. 우리가 다른 무엇에 주의를 기울이고자 하면, 그것에 주의를 기울일 수 있는 자유가 있다.

주의의 숙달은 엄청난 위업이다. 내가 발견한 윌리엄 제임스의 주의에 대한 글은 매우 통찰력이 있는 것이다.[6] 하지만 불교도들도 이에 관

---

6) 특히 그의 고전적인 업적인 *The Principles of Psychology* (New York: Dover Publications, 1890/1950)와 *Talks to Teachers: On Psychology; and to students on some of Life's Ideals*, Intro. by Paul Woodring(New York: W. W. Norton & Co, 1899/1958)을 참조할 것.

해 많은 이야기를 했다. 불교의 맥락에서 주의숙달은 심리학적 성취 그 이상의 것이다. 주의의 숙달은 자신의 마음을 다루는 중요한 방법을 숙달했다는 것일 뿐 아니라, 당신의 환경에도 영향을 줄 수 있게 되었다는 것이다. 예를 들어, 산티데바(Śāntideva)는 모든 외부적인 위험은 자신의 마음을 능숙하게 다룸으로써 진압할 수 있다고 주장한다.[7)]

마음이 산란해지는 것을 알게 되었을 때, 전통적으로 효과가 입증된 해법은 그저 그 핵심 대상에 대해 더 큰 주의를 기울이는 것이다. 각각의 숨에 대해 전에도 없었고 앞으로도 다시는 돌아오지 않을 것으로 주의를 기울이는 것이다. 또 다른 숨이 있겠지만, 이는 또 다른 새로운 것이다. 그것에 대해 '숨이 두 번 연달아 깔끔했군! 세 번째 숨은 어떨까?' 하는 식으로 흥미를 가지고 가볍게 접촉하며 주의를 기울인다. 너무 무겁거나 가라앉지 않고 엄격하게 입술을 꽉 깨물지 않는 그런 방식으로 주의를 유지할 수 있는지 살펴보라. 때로는 숫자 세기도 재미있다. 호흡을 놓치지 않고 열까지 셀 수 있는지 살펴보라. 성공한 다음에는 더 이상 숫자를 세지 말고 계속해 보라. 개념적으로 분석하지 말고 놀듯이 해 보라. 각각의 호흡에 대해 더 많은 흥미를 느끼게 되는 한, 복잡한 것에 흥미를 가지는 것보다는 복잡하지 않은 것에 관심을 가지는 것이 더 낫다.

사마타 수행에서 계발하고자 하는 서로 다른 두 가지 알아차림이 있다. 하나는 마음챙김(smṛti)이고, 다른 하나는 내성(saṃprajanya)이다.[8)]

---

7) *A Guide to the Bodhisattva Way of Life*, V: 4-5.

8) 역주) 산스크리트어 표기다. 빨리어로는 sati, sampajanna로 표기한다. 이 두 개념에 대해 상좌부 전통과 티베트 전통의 의미가 달라서 다소 혼동스럽다. 특히 번역어로 옮길 때에는 더욱 그러하다. 예를 들어, 영어권에서 sati는 mindfulness로 대체로 통일되어 있고,

이 둘은 티베트 불교 맥락에서는 아주 특수하게 정의되는데, 상좌부불교 맥락의 정의와는 약간 다르다. 마음챙김은 호흡과 관련한 접촉감각처럼 어떤 익숙한 대상과 직접 관련된 알아차림의 양식 또는 능력이다. 이런 수련에서 마음챙김은 하나의 단절되지 않은 연속체로서 들숨과 날숨 그리고 둘 사이의 순간에까지 주의를 기울이는 것이다. 마음챙김의 유일한 과제는 대상에 대해 지속적으로 주의를 기울이는 것이다. 이는 심장박동과 마찬가지다. 당신은 심장이 항상 뛰기를 바란다. 만일 주의의 대상이 거기에 없으면 가능한 한 빨리 돌아오고자 한다.

내성은 마음챙김과는 전혀 다른 과제를 가지고 있다. 이것은 공장의 품질관리와 비슷한 일을 한다. 마음챙김이 명상 대상에 주의를 기울이고 있는 동안, 내성은 그 명상하는 마음에 주의를 기울이면서 일이 어떻게 돌아가고 있는지 점검한다. 예를 들어, '내가 아직도 호흡을 통제하려 하고 있나? 호흡을 바라보면서 호흡에 대해 수다를 떨고 있지는 않나? 지금 졸고 있는 것은 아닌가? 내가 멍하니 있지는 않나?'와 같은 작업을 한다. 내성은 현시점의 신체를 점검하는 과제도 한다. 어깨가 옷걸이에 달린 옷처럼 이완되어 있는지 자세를 점검한다. 얼굴이 굳어지지 않았는지, 눈가와 턱의 근육이 긴장하고 있지는 않은지 점검한다. 적절한 명상에 익숙해지면 스스로 안정된 자세를 취하고 있음을 알 수 있고, 그리 많은 내성이 필요하지 않게 된다. 명상이 초기 단계이거나 아니면 다른 자세를 시험하는 중이거나 하면, 신체에 대한 주의

---

sampajanna는 보통은 awareness로 번역하지만, 이 글에서 저자는 awareness를 sati와 sampajanna를 포괄하는 개념으로 쓰고 있고, sati는 mindfulness로, sampajanna는 introspection으로 쓰고 있다. 편의상 저자의 관점에 맞추어 awareness는 '알아차림'으로, mindfulness는 '마음챙김'으로, introspection은 '내성'으로 번역하였다.

는 더욱 중요해진다. 하지만 내성의 주요 과제는 마음을 감시하는 것인데, 이는 마음이 자세보다 훨씬 더 빠르게 변하기 때문이다.

내성이 항상 필요한 것은 아니라는 점을 주목하라. 조립라인을 따라오는 품목을 모조리 점검하는 품질관리를 할 필요는 없고, 중간중간 짚어서 점검하면 된다. 만일 마음이 산란해지면 이를 인지하는 것이 내성의 과제이고, 그렇게 되면 다시 마음챙김을 하려는 의지를 내게 될 것이다. 당신 자신이 명상에서 슬럼프에 빠지거나 생생함이 사라지고 잠에 빠지거나 할 때, 내성의 과제는 이를 알아차리고 또한 이에 대처하도록 하는 의지를 깨우는 것이다. 어쩌면 당신은 피곤해서 명상을 멈추고 좀 걷거나 뭔가 전혀 다른 것을 해야 할 시간일 수도 있고, 아니면 약간의 원기를 돋우어 다시 생생함을 회복할 필요가 있을 수도 있다.

수련 초기에는 몸과 마음에 대한 내성이 더 자주 필요하다. 결국은 안정된 자세에 머무는 것을 배울 것이고, 그리되면 신체에 대한 내성은 더 이상 필요치 않게 될 것이다.

진전됨에 따라 내성이 필요한 경우가 줄어들지만, 그 대신 내성이 훨씬 더 정교하고 빨라진다. 주의를 기울여야 할 문제의 종류가 점차 정묘해진다. 수련을 어느 정도 지속적으로 한다면, 수련을 더 잘할 수 있는 가능성이 더 커진다! 몇 달 후면 거친 흥분은 더 이상 문제 될 것이 없음을 알게 된다. 거친 흥분이나 거친 동요는 정신적인 산만함 때문에 명상의 대상을 잊게 될 때 나타난다. 호흡은 옛이야기가 되고, 이제는 아이스크림이나 피자를 생각하거나 아니면 5시에 가야 할 곳을 생각하는 것이다.

거친 흥분이 더 이상 나타나지 않는 시점에 도달하면, 여전히 정묘한 흥분을 경험하게 된다. 정묘한 흥분은 당신이 대상에 초점을 맞추고 있는 동안에도 주의의 가장자리 주변에 나타나는 배면의 재잘거림이다. 이는 정신적인 잡담이나 심상일 수 있다. 내성은 간헐적으로 유지되지만, 훨씬 더 향상되어 있다.

거친 흥분과 정묘한 흥분이 모두 사라지고, 갈수록 정교하게 마음챙김을 유지할 수 있는 지점까지 나아갈 수 있다. 알아차림의 순간을 일련의 도미노라 생각해 보자. 도미노 사이의 간격이 갈수록 좁아진다. 그 간격, 즉 마음챙김의 순간들 사이의 간격이 매우 클 때는 마음챙김 사이에 정묘한 흥분이 끼어들 여지가 있고, 그래서 두 가지를 동시에 하고 있다는 느낌이 들 수 있다. 하지만 당신이 도미노 간의 간격을 좁히기 시작하면, 다른 심상이 끼어들 여지가 없게 된다. 도미노 행렬은 대상에 대한 마음챙김의 표면에 아무런 이음새도 없는 외견상 부드러운 행렬이 된다. 더 큰 안정성을 개발함에 따라 거친 수준과 정묘한 수준 모두에서 흥분은 줄어들고, 그러면 해이감(laxity)이 거의 필연적으로 일어난다. 이는 마치 도취된 느낌이다. 당신은 그 대상에 머물고 있고 알아차림의 경계가 사라진다. 생생함과 비슷한 것을 이룰 수도 있지만, 그런 것이 아니다. 게을러진 것이다. 'laxity'에 해당하는 티베트어 'bying ba'의 문자적 의미는 '침몰하다'이다. 이를 탐지하기 위한 내성이 필요하며, 처방은 명상을 더 강하게 하는 것이다. 지금은 은유적으로 말할 수밖에 없지만, 거친 해이감에 맞서려면 좀 더 밀착해서 더 큰 불꽃으로 생생함을 높일 필요가 있다. 대상은 생생하게 남아 있지만, 강도가 온전치 않은 정묘한 정도의 해이감도 있다(지금 내가 하는 말을 알아듣는 유일한 방법은 가서 직접 수련하는 것이다. 그렇지 않으면, 초콜릿을 먹어 본 적이 없는 사람에게 그 맛을 설명하는 것과 같다.).

당신이 거친 흥분과 해이감 그리고 정묘한 흥분과 해이감을 모두 극복할 즈음이면, 당신은 이제 쉬운 길로 들어선 것이다. 이제부터는 내성이 필요치 않다. 사실 이때는 내성이 방해가 되며, 명상에서 벗어나게 한다. 이는 당신이 넘어야 할 선이라기보다는 점차적으로 옮겨 가야 할 단계라 할 수 있다. 명상에 들면 비교적 빠르게 '나는 여기서 아무것도 필요치 않다. 내성이 필요하지 않고, 그저 흐름에 맡기고 따라갈 수 있다.'고 말할 수 있는 경우가 생긴다. 하지만 아직 속단하기에는 시기상조다.

내성이 자동참조적인 일종의 내적인 감시라는 점을 알아야 한다. 내성할 문제가 전혀 나타나지 않아서 더 이상 내성이 필요치 않을 때인 바로 그 시점에 주관과 객관이라는 이원성의 분별감이 깨지기 시작한다. 당신은 그 경험에 그대로 머무르며, 마음챙김이라는 사건이 지속적이고 생생하게 일어난다. 실제 사마타의 성취로 들어가게 되는 것은 바로 거기서부터 비롯되는 것이다. 이는 더 높은 상태이지만, 당신은 사마타를 성취하기에 앞서서 그런 상태와 거의 유사한 상태를 경험하게 될 것이다. 최소한 아주 잠시 동안이라도 스스로에 관해 자신이 명상을 하고 있다는 느낌이 없는 그런 상태를 언뜻 경험하게 된다. 명상자와 명상 대상이라는 이원성은 주어진 관계가 아니라 구성되어야 하는 것이다. 우리는 구체적으로 개념화하고 하나의 형태로 짜 맞추는 식으로 구성한다. 즉, '저것은 대상이고, 이것은 주관적인 느낌이고, 이것은 명상이고, 나는 잘하고 있거나 아니거나다.' 하는 식으로 말이다. 그리고 이제 당신은 더 밀착된 주의를 기울이고 도미노의 간격을 좁혀서 '맞아, 나는 명상을 하고 있어.' 하는 식으로 말할 수 있는 공간이 없어지게 함으로써 이원성을 해체한다.

심리적 사건의 촉매제로서 사마타

결국 당신은 사마타에서 떠오르는 창의성을 경험하게 된다. 특히 비교적 안정적인 명상회기 동안에는 두서없는 생각의 방해를 받기보다는 진짜 가치가 있는 몇 가지 생각만이 나타나게 될 것이다. 이는 당신이 그간 해 오던 것이나 잡생각들과 함께 쓸어 버리고 싶지 않았던 것에 관한 혁신적인 것일 수 있다.

그런 일이 벌어진다는 것 자체가 흥미로운 것이다. 내가 암허스트 대학의 학부에서(14년간 학문세계를 나와 있은 후에) 물리학을 공부할 때 공중에서 세 부분으로 분리되는 포탄의 각 부분이 어디에 떨어질 것인가 하는 기초역학 문제를 풀려고 세 시간 이상 이를 갈고 있었던 적이 있다. 당시 나는 승려였고, 포탄 파편의 궤적 같은 것은 내 관심목록에서 하위순위에 있었다. 나는 트랙터로 화강암 벽을 밀듯이 씩씩 숨을 토하면서 좌절하는 수밖에 없는 상태로 빠져들고 있었다. 그래서 나는 잠시 멈추고 명상을 했다. 15분 후에 뭔가가 떠올랐는데, 완벽한 해결책은 아니었지만 드디어 조개껍데기 사이로 칼이 들어가듯이 어떤 실마리를 잡게 되었다. 사마타 명상이 불편한 문제를 해결하는 데에 도움이 될 수도 있고, 아니면 음악이나 예술 같은 창의적인 분야에서 아주 멋진 무엇인가를 열어 주기도 하는데, 과연 우리는 사마타로 무엇을 할 것인가?

매번 회기 때마다 많은 가치 있는 통찰을 얻지는 못할 것이고, 그래서 적어 놓은 것은 없이 기억만 남아 있을지 모른다. 내 경험으로는 그런 번득임을 유지하는 것만으로도 족하다. 명상을 마치고 나서 그런 번득임을 다시 회상할 수 있을 것이다. 물론 그것이 다루기에 너무 힘든 것이어서, 너무 흥분되어 명상을 할 수가 없게 되면 그런 통찰을 다루면 된다. 당신은 개별 파트 모두를 명확하게 들을 수 있는 제대로 된 심포니 오케스트라를 얻을 수도 있다. 모차르트는 마치 리포터나 필경사처럼 자신이 들은 것을 적어 내려가면서 작곡하는 경험을 말한 바 있다. 그 통찰로 당신이 좋아하는 것을 무엇이든 하고 나면 완벽한 느낌을 가지고 사마타로 돌아올 수 있을 것이다.

호흡 마음챙김은 이미지 지향적인 것은 아니지만, 마음이 조용해짐에 따라 수련은 과거에 경험했던 것과는 비길 수 없을 정도로 생생한 이미지와 기억들을 촉진하게 될 것이다. 시각적인 것을 넘어서 청각적인 것이나 기타 다른 감각인상을 포함하는 것이 될 수 있다. 심지어 심상이 마음속에서 전개되는 사건처럼 지속성을 갖게 될 수도 있다. 원한다면, 명상이 촉진한 이런 재료들을 유지할 수도 있다. 또한 스스로 놀랄 정도로 거기에 오래 머무를 수도 있다. 그걸 가지고 놀 수도 있고 연습을 할 수도 있다. 하지만 그 이미지는 스스로 떠오르게 해야지 일부러 찾아 나서는 것이 아니다. 또한 당신이 사마타에 정녕 관심이 있다면, 그런 이미지들을 인식한 후에는 스스로 갈 길을 가도록 놓아주어야 한다.

떠오르는 재료의 일부는 죄책감이나 공포, 분노 또는 깊은 후회감을 일으키는 기억과 같은 외상적인 것이어서 상당한 불안을 야기할 수 있다. 이렇게 나타나는 기억과 이미지, 정서는 당신에게 도전이 된다. 이런 일은 수련에서 발생하는 중요한 사건이다. 이를 귀찮은 일이나 문제로 치부하지 말고, 수련과정의 중요하고 특별한 국면으로 보아야 한다. 즉, 이것을 인정하고, 직면하고, 이해하고, 수용하고, 놓는 것을 배우게 된다는 의미다. 이는 당신이 거기에 매달리거나 당황하지 않는다는 것을 뜻한다. 우리는 삶에서 겪는 모든 나쁜 경험을 처리해야 할 필요가 없다. 우리가 끝낼 수 없는 것들이기 때문이다. 그저 놓아주는 게 가장 좋지만, 때로는 그 경험이 놓아 버리기에는 너무 끈질긴 것일 수도 있다. 예를 들어, 후회감이 마음의 문을 계속해서 두드린다면, 이를 해결하기 위해 자비수련을 좀 해야 할 수도 있다. 아니면 죄책감 같은 것이라면, 이를 풀기 위해 이해가 필요할 수도 있다. 하지만 그저 놓아주는 것으로 다룰 수 있다면, 그게 최고다!

사마타 수련의 문제 다루기

수련이 온전하고 즐거우며 웰빙의 느낌과 탄력감을 유지한다면, 사마타가 촉발한 문제들이 고질적인 것이 될 가능성은 거의 없다. 나는 그렇게 된 경우를 들은 적이 없다. 내가 들은 사마타 수련에서 꾸준히 부딪치는 문제들은 거의 대부분 쾌활함이 부족하고 엄격한 규율에 의존한다는 특징이 있다. 사마타 수련이 잘못되는 전형적인 경우는 그것이 점차 무거워지는 것, 즉 좌절과 고립감, 황량함과 어두움의 느낌을 갖게 되는 것이다. 당신은 힘으로 밀고 나가는 수밖에 없다고 느낄 수 있고, 이는 당연히 수련을 더 나쁘게 만든다.

신체적 긴장, 쑤시고 아픈 것이 꼭 어떤 문제가 있음을 신호하는 것은 아니다. 특히 초기 단계에서는 근육의 피로보다는 마음 때문에 몸의 긴장이 생길 수 있고, 아니면 그저 오로지 신체적인 요인 때문에 생길 수도 있다. 사람들이 명상하느라 아무런 움직임 없이 오래 앉아 있으면서 괜찮다고 느낄 때에도 무릎이 상할 수 있다. 마음 한구석에서는 핑계를 찾을 수도 있다. 만일 이런 마음 때문에 통증이 나타난 것이라면 선택을 해야 한다. 그 긴장감이 진짜로 심신을 약화시키는 것이 아님을 알게 되면, 그냥 지나가게 두면 된다.

문제들이 명상회기 사이에도 계속 남아 있고, 특히 신경계의 불균형을 시사하는 다른 일련의 증상들과 함께 나타나면, 훨씬 더 조심해야 한다. 이런 증상에는 긴장, 어두운 느낌, 가슴에 남아 있는 답답함, 우울에 빠지게 할 수도 있는 침울함, 짜증, 신경과민 또는 개운하고 깔끔한 울음이 아닌 슬픔에 겨운 울음 등이 포함된다. 이런 증상들 일부가 만성적인 양상으로 나타난다는 것을 인식하였다면, 이는 뭔가 일이 잘못되고 있는 것이다. 부담을 좀 덜어야 할 때이며, 자신의 명상 스승과 상의해서 해결해야 한다. 스스로 할 수 있는 일이 있다면, 첫 번째 할 일은 수련강도를 낮추는 것이다. 약간 게으름을 피우면서 좀 쉬는 게 좋다. 그런 목적으로 요가를 좀 하는 것도 좋다. 무엇보다도 경쾌함을 더 느낄 수 있고 마음에 긍정적인 기쁨과 생기를 회복할 수 있는 것을 찾아야 한다. 그렇게 해야 그 문제를 물리칠 수 있다. 마음의 기쁨과 경쾌함, 즐거움이 오래되어 기억이 가물가물할 정도가 되면, 그런 증상들이 지속적으로 나타나고 결국 문제가 되는 것이다.

특히 심장과 가슴 중앙 부위에서 빡빡하고, 어둡고, 조이고, 묵직한 느낌이 있다면, 즉시 중단해야 한다. 무릎 위에서 뱀을 발견한 것처럼 즉각 중단하라. 이런 일이 벌어졌을 때 명상을 중지하는 것이 정말 중요한데, 그렇지 않으면 심한 손상을 입을 수 있기 때문이다. 명상 대신에 뭔가 즐거운 일을 하라. 나가서 피자와 아이스크림을 먹으며 좋아하는 음악을 들어라. 밝음을 회복할 수 있는 것이라면 무엇이든 하고,

명상 장소를 빨리 벗어나는 것이 좋다.

왜 이런 일이 벌어질까? 가슴 중앙은 정신적인 의식과 밀접하게 연결되어 있다. 서구과학의 눈으로 볼 때 물리적인 것은 아닐지라도 신체에는 일종의 촉각과 같이 경험할 수 있는 생명 에너지(vital energy)가 있다[현대물리학에는 '생명 에너지'를 위한 장소가 없다. 나는 그런 장소를 발견할 수 있을 것이라 생각하지 않는다. 이는 다른 종류의 현상이기 때문이다. 이는 경험과 독립적으로 완전히 객관적으로 존재하는 무엇이 아니라 직접적 체험으로 경험하는 일종의 '감각질(qualia)'[9]이다.]. 하지만 그것은 여러 방법 중에서 당신의 가슴 부위에서 서로 다른 정서상태를 수반하는 신체 감각의 형태로 나타난다. 당신이 기쁨과 행복을 느낄 때, 흥분할 때, 무겁고 우울하다고 느낄 때, 더럽다고 느낄 때 가슴의 신체적 감각이 어떤지 점검해 보라. 가슴에 주의를 기울여 보면 마음의 주요 상태에 상응하는 생명 에너지를 느낄 수 있을 것이다.

사마타 수련에서 당신은 자신의 마음에 대해 그리고 마음과 함께 지극히 비일상적인 무엇을 한다. 당신은 마음이 한곳에 초점을 맞추고 있는지 그리고 그곳에 머물고 있는지 묻는다. 이는 당신이 어떤 의미에서는 자신의 주의를 압축하는 것이다. 당신은 주의의 방향을 트고, 모으고, 묶어 낸다. 마음을 모음에 따라 생명 에너지도 가슴으로 모으는 것이다. 당신이 압축한 알아차림에 후회나 죄책감, 우울, 슬픔이나 공포와 같은 부정적 요소가 있다면, 이런 것들이 가슴에서 무겁고 어

---

9) 역주) 감각질은 '퀄리아'로 쓰기도 하는데, 처음 현대적 의미로 사용한 사람은 철학자 Clarence Irving Lewis(1929)였다. 그에 따르면 대상이 야기한 의식경험에는 식별 가능한 질적 특징이 있는데, 직감적이며, 주어진 것이고, 순수하게 주관적이어서 오류의 가능성이 없는 것이다. 하지만 이 개념의 정의에 대해 많은 논쟁이 있다.

두운 느낌, 돌덩이를 삼킨 것 같은 느낌 등으로 나타나게 될 것이다.

티베트 사람들은 이를 '나쁜 에너지(rlung ngan pa)'라고 설명하는데, 말 그대로 나쁘게 느껴지는 것들이다. 이것이 위험한 이유는 그 에너지가 가슴에 스며들어 자리 잡을 수 있기 때문이다. 그리되면 만성적인 우울이나 그보다 더 나쁜 결과를 낳을 수 있다. 이는 불행한 일이며, 많은 명상가에게 불필요하게 나타난다. 그냥 그것들을 품은 채 수련할 수도 있지만 매우 어렵고, 처음부터 거기에 빠지지 않는 것이 훨씬 좋다. 만일 그런 일이 시작되면, 그것을 빨리 다룰수록 더 잘 다룰 수 있다. 어떻게 다룰 수 있을까? 자신의 삶에 더 많은 쾌활함과 밝은 빛을 가져올 필요가 있고, 명상을 너무 많이 하지 않아야 할 것이다. 만일 명상을 한다면 회기를 아주 짧고 가볍게 해야 하는데, 자애수련이 좋지만 이것도 어떤 식으로든 무겁거나 압박감을 주는 수준에 이르지 않도록 해야 한다. 삶에 밝은 빛을 유지할 필요가 있고 자신이 좋아하는 일을 하고 즐거운 사람들과 함께 시간을 보내는 것이 좋다. 영적 스승이 있으면 그 스승에 대해 많이 생각하라. 마음과 가슴에 가벼움과 달콤함과 따뜻함을 줄 수 있는 것이라면 무엇이든 하라. 이 문제의 어두움과 차가움과 무거움에 대항할 중요한 조치를 취해야만 하며, 어떤 종류든 강도 높은 명상으로 돌아오기까지는 많은 인내심이 필요하다. 명상과는 일정 기간 완전히 떠나 있어야 한다.

콧구멍에 초점을 맞추는 호흡 알아차림에서 너무 많은 에너지를 머리에 집중하는 경우 앞에서 말한 가슴 중앙과 관련된 것과 비슷한 문제가 일어나는 경우가 있다. 목 위에 호박이 달린 것처럼 머리가 꽉 차서 터질 듯한 느낌이 들 수도 있다. 아니면 두통이나 머리의 압박감을 경험할 수도 있다. 이런 일이 일어나면, 잠시 그 방법을 버리는 것이 좋다. 알아차림을 배로 내리거나 몸 전체로 부드럽게 확산시키되 머리에서는 빼 버려라. 이 경우 알아차림을 머리에 두는 것은 해로우며, 만일 계속 그 방법에 죽자고 매달리면 만성적인 문제가 될 터인데, 그렇게 할 이유가 전혀 없다. 명상수련의 결과로 두통이 일상화되지는 않는다. 잠깐 동안 그런 문제가 발생하는 것은 정상적인 것이다. 하지만 명상으로 인한 두통이 어느 정도이든 규칙적으로 발생한다는 인식이 일어난다면, 뭔가 잘못되고 있는 것이고 점검해 볼 필요가 있다. 두통이 조금이라도 일관성 있게 나타나면 꼭 좋은 스승과 상의해야 한다.

반면에 당신이 사마타 수련을 하는 동안 여러 가지 이상한 신체적 감각을 경험할 수도 있는데, 여기에 별 관심을 둘 이유는 없다. 사람들은 보통 물리적 공간에 대한 감각의 왜곡, 움직이거나 떨어진다는 착각, 사지가 뒤틀린 듯한 느낌이나 딸랑거리는 소리 같은 이상한 경험을 보고하곤 한다. 어쩌면 몸이 찐빵처럼 부풀어 오르거나 땅속으로 뿌리가 뻗는 느낌 같은 것을 느낄 수도 있다. 일반적으로 이런 경험이 몸 전체나 사지의 말초에 관한 느낌을 포함하는 것일 때는 위험한 징후가 아니며 실제로 해롭지도 않다. 이런 경험에 대한 전통적인 지침은 조금 어렵더라도 그냥 무시하라는 것이다. 어떤 감각에 주의를 기울이거나 거기에 고착되면 그런 현상을 영속화하는 셈이고, 결국 장애물이 될 수도 있다.

이런 경험이 일어나는 이유는 사마타가 신체의 생명 에너지 체계에 심원한 영향을 미치기 때문이다. 우리는 길들이기 어려운 마음에 대해 뭔가를 하는데, 마음을 붙잡아 놓고 '가만히 있으라.'고 말하는 것이다. 당신은 집중해서 마음을 생소한 방식으로 이끌며, 특히 과거와 다르게 훨씬 더 깊이 내려가는데, 이것이 생명 에너지에 영향을 미친다.

이들은 스스로 재정렬하기 시작한다. 이 과정이 사마타를 개발하는 전 과정 동안 지속적으로 누적된다. 그래서 당신이 드디어 사마타를 성취할 때는 생명 에너지의 급진적인 변화가 있게 된다. 이는 마치 집 안 전체의 배선을 바꾸는 것과 같아서 에너지의 기능이 달라지고 신체가 지극히 가볍고 경쾌하게 느껴질 것이다. 스스로 자신의 사마타를 약화시키지 않는 한, 이런 상태가 당신의 일상적인 신체상태가 된다. 실제 사마타의 성취에 앞서서 에너지가 바뀌면서 말하자면 여러 가지 가구의 재배치가 있게 된다. 그리고 이런 일이 일어남에 따라 당신은 이상한 신체감각, 예를 들면 몸이 빙글빙글 돈다거나 위아래가 바뀐다거나 하는 것 같은 감각을 느낄 수도 있다.

당신이 경험하는 것이 문제가 있는 것인지 아닌지 확실치 않다면 어떻게 해야 할까? 두 종류의 스승이 있다. 하나는 자신의 직관이며, 다른 하나는 외부의 정보나 전문가다. 뭔가 따져 봐야겠다는 아주 강력한 느낌이 든다면, 따져 보면 된다. 스스로 마음의 문을 열고 실험해 보면 된다. 그래서 문제가 있다면 돌아와서 외부의 정보나 전문가를 찾아본다. 재발성 두통이나 가슴이 묵직하거나 하는 문제가 자꾸 생기면 노련한 명상 스승에게 자문을 구하기를 권한다. 명상을 할 때 만성적인 피로감이나 긴장감 또는 만성적으로 마음에 어두운 느낌이 나타나기 시작한다면 명상을 중단하고 적절한 해결책을 취해야 할 시점이다. 스승에게 묻고 이야기해 보라. 일찍 다루어서 싹을 잘라야 한다. 그대로 눌어붙게 두어서 고질적인 문제가 되지 않도록 하라.

장기간의 사마타 수련을 집중적으로 할 수 있는 사람은 많지 않다. 마음이 불가피하게 무거워지면, 고무하고 고양시킬 필요가 있다. 사마타를 자애명상으로 바꾸는 것이 도움이 된다. 편안하게 기대앉아서 내가 왜 수련을 하는지 사색해 보는 것도 아주 도움이 된다. 마음이 장애물에 부딪히지 않도록 끌어올릴 방법을 찾아보라. 당신이 지극히 매력을 느끼는 사람을 생각하면 마음이 고양될 수 있지만, 그러면 갈망을 명상에 들이게 되고 그 자체가 문젯거리가 된다. 건강하고 유익한 방법을 써야 한다. 그냥 걷거나 잠시 친구와 대화를 할 수도 있다. 그 친구들이 당신과 같은 수련을 하고 있다면 정말 큰 격려가 될 것이다. 명상에 빛을 도입하는 간단한 기법이 지극히 큰 도움이 될 수 있다. 당신 자신의 몸이 매우 고요하고 부드러우며 투명한 빛의 몸체(body of light)라는 감각을 개발하라. 부드럽게 빛나면서 부유하는, 하지만 밀도가 높지 않아서 분자들 사이에 여분의 공간이 있는 것처럼 이 몸체는 모든 면에서 가벼워야 한다. 당신이 이런 빛 안에 있다는 느낌을 유지하면서 콧구멍에서 호흡의 감각에 주의를 기울이라. 그 안에서 이완될 수 있는지 살펴보라. 어떤 긴장이 나타난다고 느껴지면, 잠시 숨에 초점을 강하게 맞추는 것에서 물러나 충만한 빛 안에 머물면서 편안한 느낌이 퍼지도록 하라. 당신이 정말로 빛의 몸체를 가지고 있다면 얼마나 편안할까 상상하라. 거기 잠시 머물러서 편안함과 빛으로 쌓인 느낌을 가지고 호흡의 느낌으로 돌아오라.

특히 마음이 대부분 내면을 향하는 이런 종류의 집중수련에 관련해서 티베트 승려들이 권하는 또 다른 아주 실용적인 제안은 명상회기 사이의 시간을 아주 먼 지평선을 바라볼 수 있는 곳에서 보내는 것이다.

제3장

사마타로 가는 길: 개관

사마타로 가는 아홉 단계

티베트 불교전통은 사마타 수련의 시작에서부터 정점에 이르기까지의 모든 경로를 매우 분명하게 제시하고 있다. 이 경로는 당신이 발 디디고 있는 바로 여기에서—고매한 승려나 요기의 수준에서가 아니라—시작해서 사마타 성취에 선행하는 뚜렷한 아홉 단계의 진전을 구분해 주고 있다.[1] 진전을 아는 것은 도움이 되지만, 자신의 진전을 확인하거나 어떤 기준과 경쟁하거나 심지어 자신의 개인적인 최상 수준과 비교해야 하기 때문에 알아야 하는 것은 아니다. 그보다는 각 단계에서 일어나는 문제들이 서로 다르고, 그에 따라 서로 다른 처방이 필요하기 때문이다.

1. 내면에 주의를 고정시킴

첫 단계를 성취한다는 것은 당신이 당신의 대상을 확인할 수 있다는 것을 뜻한다. 가르침에 따르면 당신은 그것에 대해 들음으로써 확인할 수 있다. 즉, 당신이 무엇을 할지에 대해 들어 보고 나서 하는 것이다. 당신이 티베트 전통의 스승 밑에서 공부한다면, 불상을 선택해서 그것을 응시하고 시각화하라는 안내를 받을 것이다. 마음의 눈으로 그 이미지를 볼 수 있으면 첫 단계를 성취한 것이다. 호흡 알아차림에서는

1) 역주) 사마타 수행의 아홉 단계를 이르는 것으로 '구주심(九住心)'이라고 번역되기도 하였다.

콧구멍이나 윗입술 위에서 호흡이 지나가는 접촉감각에 주의를 기울이라고 안내할 것이다. 이것을 즉각 해내지 못하는 사람들도 있다. 이들은 아무런 감각을 느끼지 못한다. 당신이 그곳에 주의를 둘 수 있어서 어떤 감각을 느낄 수 있다면—즉, 숨이 나가는 것과 들어오는 것을 알아차릴 수 있다면—당신은 이 단계를 이룬 것이다.

2. 고정시킨 주의를 유지함

지속적인 고정은 당신이 거친 흥분이 없는 상태로 명상의 대상을 잊지 않으면서 1분 정도 주의를 기울일 수 있는가를 뜻한다. 티베트 사람들은 이를 묵주를 한 바퀴 돌리면서 옴마니반메훔을 낭송하는 시간이나 이 만트라를 108번 낭송하는 데 걸리는 시간으로 측정한다.

지속시간에는 아무런 신비한 것이 없고, 다만 이런 정도의 지속성을 유지하는 것이 하나의 지표다. 이는 당신이 실제로 어느 정도 주의를 지속시킬 수 있다는 의미다. 첫 단계에서는 사실상 아무런 지속성이 없었다. 한 번에 1~2초 동안 들락거리는 일종의 스타카토 명상이며, 그런 다음 5~10초 정도 지속한 것이다. 두 번째 단계는 아직도 주변의 잡음이 아주 많을 수 있지만 그래도 지속성이 나아진 것이다. 마음속에 잡다한 재잘거림이 있어서 대상이 아주 명료하지는 않을 수 있다. 아주 희미할 수는 있지만 그래도 당신은 최소한 그 이미지를 놓친 것은 아니다.

이 단계는 반영(reflection)의 힘으로 성취된다고 한다. 즉, 1단계에서 2단계로 넘어갈 수 있게 하는 핵심 요소는 마음챙김(mindfulness)이다.[2)]

이때 가장 중요한 문제는—나는 이 문제를 너무 강력하게 강조할 수는 없지만—이완이다. 특히 당신이 수련을 과도하게 목표지향적으로 하는 경향이 있다면(이것이 목표지향적인 것이라 말할 수밖에 없지만), 이를 악물고 '죽는 한이 있어도 이런 주의를 유지하고야 말아야지.' 하면서 명상대상에 돌진하기 쉽다. 당신은 지속성을 얻을 수는 있겠지만, 그런 식으로 사마타에 힘으로 접근하면 정말로 죽을 수도 있다. 당신이 이 수련을 즐길 수 있게 하는 편안함과 이완을 잃게 된다. 그래서 이를 평정심(quiescence)이라 하는 것이다.

첫 단계에서 두 번째 단계로 넘어가는 것은 점진적이면서 부드럽게 이루어진다(다른 단계들 사이에서도 마찬가지다.). 하룻밤 사이에 일어나거나 어느 날 갑자기 되는 것이 아니라 언덕을 오르듯이 이루어진다. 점차로 일정 시간을 유지하는 것이 통상적인 경우가 더 많아질 것이다. 이완한 상태에서 주의 유지를 위해 미묘한 노력을 함으로써 첫 주의단계에서 두 번째 단계로 넘어가는 것이다. 지속성은 이완을 포기해야 얻어지는 것이 아니다. 이 점을 잊으면 당신은 많은 시간을 낭비하게 되며, 솔직히 명상지도자가 필요한 단 한 가지 이유는 당신이 너무 많은 시간을 낭비하지 않기 위한 것이다.

두 번째 단계는 어떤 느낌일까? 그 느낌은 좋다. 그 느낌은 더없이 행복한 것은 아니어서, 가끔 잠시 동안 깊은 기쁨을 느낄 수는 있지만 그리 길게 가지는 않을 것이다. 하지만 두 번째 단계의 느낌에는 고요하고 부드러운 특징이 있다. 아주 조용한 즐거움이며, 더 이상 지루하지 않다. 아무런 지루한 느낌이 없이 한 시간 또는 두세 시간을 할 수도

---

2) 역주) 여기서 마음챙김은 일반적으로 서구의 학자들이 받아들이고 있는 의미의 마음챙김과는 다르다. 단순히 주의의 이탈을 알아차려 본래의 대상으로 돌려놓는 능력 정도로 이해하면 좋겠다.

있게 된다. 이것은 엄청나게 높은 경지가 아니며 아주 흥미로운 것이 아니라, 그저 조용한 즐거움인데, 그것이 뭔가 가치가 있는 것이다.

3. 때워서 고정함

세 번째 주의단계는 때워서 고정한다고 하는데, 주의가 천조각처럼 때워지기 때문이다. 이는 마치 여기저기 구멍이 난 곳을 때운 청바지와 같은데, 이 청바지의 대부분은 구멍 나지 않은 천들이고 구멍 난 곳은 때워져 있는 것이다. 이 시점에서 당신은 30~40분이나 한 시간 정도 주의를 대상에 머물게 할 수 있다. 그 시간 동안에 당신은 거친 흥분 때문에 대상에 대한 주의를 완전히 놓치거나 가끔 명상에 대해 잊게 된다. 하지만 아주 빠르게 돌려놓을 수 있게 되어 그리 오랜 시간 떠나 있지 않게 된다. 대상은 완전히 명료하지 않고 가끔씩 머릿속의 재잘거림이 있기는 해도 주의를 오랫동안 완전히 놓치지는 않는다.

4. 밀착해서 고정함

네 번째 주의단계인 밀착해서 고정하는 단계에 도달하면, 마음이 깊은 고요함에 잠기고 한 시간 정도는 대상을 놓치지 않는다. 당신은 필사적으로 매달리지 못해서가 아니라 배가 바위에 너무나 오래 안정되어 있어서 당신의 주의가 미끄러져 방심의 바다에 빠져 버리기 때문에 대상을 놓친다. 당신은 아주 훌륭한 균형추를 가지고 있다.

여기서도 당신은 주로 마음챙김의 힘으로 이 단계를 획득하게 되며, 이 시점에서는 거친 흥분이 일시적으로 극복된다. 어떻게 안정성을 개발하고 마음챙김의 머무르는 힘을 늘릴 수 있을까? 그저 수련을 하면 된다. 특별한 기법이 아니라 인내심이 필요하다. 대상으로 돌아가고, 돌아가고, 돌아가면 된다. 이 네 번째 단계에서는 마음챙김의 힘이 최고조에 달하며, 그 열매를 맺는다고 한다.[3] 여기까지는 비교적 단순한 수련이며, 이 단계에 이르기까지 이완을 놓치지 않아야 한다는 한 가지 함정만 있을 뿐이다. 너무 열심히 하려고 애써서 눈이 찌푸려진다거나 근육이 긴장되기 시작하거나 호흡이 불규칙해진다면, 당신은 각 단계의 유사품을 얻은 것에 불과하다. 아무런 기반도 없게 되고, 떨어져 나가서 수련과정에서 결국 탈진하게 될 것이다.

네 번째 주의단계에 도달하여 마음챙김의 지속성이 늘어나면, 특히 해이해지기 쉽다. 이럴 때가 명상과정을 감시하는 과정인 내성(introspection)이 특히 중요해지는 시기다. 당신은 이러한 해이감이 나타나는지를 알기 위해 가끔씩이라도 밀착해서 살펴볼 필요가 있다. 다섯 번째 단계로 나아가기 위한 네 번째 단계의 주요 과제는 거친 해이감(gross laxity)을 제거하는 것이다. 거친 해이감은 주의의 생생함이 흐려질 때 나타난다. 처방은 밀착해서 주의를 기울이는 것이다. 조금 더 노력하되, 너무 많은 노력을 기울여서 안정성을 해치고 다시 산만해지면 안 된다. 이는 균형잡기이며, 이 단계를 통달하려면 시행착오가 필요하다. 안정성을 유지하면서도 생생함을 향상시키는 딱 그 정도의 노력을 기울인다. 생생함을 향상시키는 것은 주의라는 렌즈의 초점을 점점 더 정교

---

3) 이것을 상좌부 명상문헌에서 말하는 제4선정, 즉 마음챙김의 청정함이 있는 단계와 혼동하지 않기 바란다. 인도 티베트 불교의 전통에서 네 번째 주의상태인 '밀착해서 고정함(Close placement)'이란 제4선정에 비하면 훨씬 더 초보적인 마음챙김 수준에 해당한다.

하게 맞추는 것과 같다. 이런 생생함의 특징은 더 세밀한 것을 볼 수 있게 된다는 것이다. 내 생각에 서구인들은 '노력'이라는 단어에 대한 이해가 티베트인들과는 다른 것 같다. 우리에게 노력이란 어떤 큰 것처럼 보이지만, 여기서 말하는 종류의 노력을 하는 의도는 더욱더 정묘해지기 위한 것이다.

네 번째 단계에서도 아직 상당량의 정신적 잡음이 있을 수 있다. 이것은 일상적인 잡다한 사고의 방황이 아니라 초점이 나뉜 것과 비슷해서, 당신은 호흡에 초점을 맞추고 있지만 동시에 마음속의 이런저런 이야기를 들을 수 있다. 이는 마치 당신이 대화에 낄 이유가 전혀 없는 다른 사람들의 대화를 등 뒤 너머에서 듣는 것과 비슷하다. 아니면 심상의 형태로 나타날 수도 있는데, 당신의 알아차림 주변부에서 슬라이드 쇼나 영화가 돌아가는 것처럼 경험될 수도 있다.

어느 정도 시간이 흘러 당신이 좋은 안정성을 이루었을 때, 자발적인 시각화 같은 정신적 이미지가 당신이 주의를 기울이고 있는 영역에 나타날 수도 있다. 이것은 보통 작은 빛이나 망사, 아니면 솜뭉치나 거미줄 같은 빛의 방사의 형태를 띤다. 처음에는 느닷없이 나타나는데, 그리 크게 주의를 기울이지 말고 차분하게 대하면 된다. 그러면 점차 안정되어 일상적인 것이 된다. 당신이 명상을 하려고 앉을 때마다 규칙적으로 그것이 스스로 떠오르면, 이제 주의의 초점을 옮길 시점이 된 것이다. 초점을 호흡의 접촉감에서 거두어 나타난 이미지로 옮긴다. 이 자연스레 떠오르는 심적 이미지 또는 '표상(니밋따, nimitta)'은 당신이 사마타에 도달할 때까지 명상의 대상으로 남는다. 이 니밋따가 언제 나타나는지 정해진 시간은 없지만, 빠르면 세 번째 주의단계에서도 가끔 나타나기 시작할 수도 있다.

5. 길들이기

네 번째에서 다섯 번째 단계로 나아갈 때 특히 중요한 것은, 안정성을 높이면서도 이완을 놓치지 않는 것이 중요한 것처럼 생생함을 높이면서도 안정성을 잃지 않는 것이다. 다섯 번째 단계인 길들이기에서 주로 강조하는 것은 생생함을 향상시키는 것이다. 당신은 이제 이런 주의훈련의 이득을 실질적으로 알기 시작해서 이 훈련에서 기쁨을 느끼게 된다. 이 단계로 들어오면서 당신은 이미 거친 흥분을 벗어났지만, 이제 할 일은 거친 해이감을 극복하는 일이다. 명상대상에 더 세심한 주의를 기울임으로써 주의의 생생함을 향상시킬 수 있고, 그 대상에 대한 더 밀도 높은 명료한 마음챙김의 순간을 성취할 수 있다.

이 수련에 관해 쫑카파(Tsongkhapa) 같은 위대한 스승들은 이 단계에서 해이감은 과거 많은 티베트 명상가들에게도 실제적인 함정이었음을 지적하였다. 이 수련에서 이론적 훈련이 부족하면, 이 단계를 성취한 것을 사마디(samādhi)의 성취로 오해하기도 하는데, 이는 이 단계에서는 더 이상 대상을 놓치지 않기 때문이다. 하지만 그들은 거친 해이감 상태에 있는 것이어서 생생함의 잠재력을 전혀 갖추지 못한 것이다. 쫑카파나 기타 다른 스승들은 만일 어떤 헌신적인 명상가가 하루에 이 수련을 10시간 이상이나 한 번에 몇 달 이상 한다면 지성이 고갈될 것이라 말한다.[4] 장기적인 업보는 더 해롭다. 그래서 해이감에 빠지

---

4) *The Bridge of Quiescence: Experiencing Tibetan Buddhist Meditation*, p. 136과 Karma Chagmé, *A Spacious Path to Freedom: Practical Instructions on the Union of Mahāmudrā and Atiyoga*, with comm. by Gyatrul Rinpoche; trans. B. Alan Wallace (Ithica: Snow Lion, 1998), p. 156 참조.

지 않도록 하는 것이 중요하며, 해이감을 알아차리고 물리치면서 주의의 생생함을 증진시켜야 한다.

6. 평안해짐

여섯 번째 단계로 넘어가는 핵심 주제는 평안해짐인데, 정묘한 흥분조차 제거하는 것이다. 이 단계를 성취할 즈음이면 당신의 감각은 상당히 줄어들고, 외부 환경에서 오는 자극이 있다 해도 아주 적어진다. 이 시점에서 명상에 대한 모든 정서적 저항은 사라지고, 주의의 지속성은 매우 견고하게 유지된다.

7. 완벽한 평안

여섯 번째 단계를 성취해도 아직 생생함과 정묘한 해이감이라는 측면에서 개선의 여지가 있다. 정묘한 해이감을 겪을 때는 그 대상이 명료하지만 아직 더 명료해져야 한다. 즉, 생생함을 더 끌어올릴 여지가 있는 것이다. 이제 당신이 보는 것이 엄청나게 생생해진다. 이 단계에 안주하기가 아주 쉬운데, 그래도 얻을 것이 남아 있다. 당신이 가장 정묘한 해이감까지 극복하면 일곱 번째 주의단계를 성취한 것이며, 이를 완벽한 평안이라 한다. 이제 당신은 콧구멍의 접촉감을 떠나서 호흡에 대한 정신적 '표상'에 초점을 두게 된다.

그래도 아직은 내성이 필요한데, 이는 당신이 이 단계에서 성취한 것이 변화될 수 있기 때문이다. 여전히 문제들이 여기저기서 나타난다. 해이감이나 정묘한 흥분이 때때로 일어난다. 이때 내성의 과제는 음향탐지기에 주의를 기울이는 것과 비슷하다. 깜빡임이 나타날 가능성은 거의 없지만, 만일 깜빡임이 나타나면 당신은 즉각 이를 알아차려야 한다.

8. 한 점 고정

'한 점 고정'이라는 여덟 번째 단계에 이르면, 어떠한 해이감이나 흥분이 일어날 위험은 사실상 없다. 당신은 명상을 시작할 때 별 노력이 필요치 않고, 일단 시작하면 아무런 노력 없이도 진행된다. 당신은 부드럽게 항해하며, 이 시점에서는 별로 내성이 필요치 않다. 이 시점에서 외부적 감각은 닫힐 것이고, 당신은 아무것도 듣지 못할 것이다. 당신은 안으로 잠겨 있고, 그저 그 상태를 지속한다. 시간이 느려진다. 당신은 이 상태에 익숙해지면서 더 깊고 깊게 침잠하고 싶어진다.

9. 평등고정

여덟 번째 주의단계에 익숙해진 힘으로 평등고정이라는 아홉 번째 단계를 얻는다. 이는 여덟 번째 단계와 거의 비슷하다. 차이는 아홉 번째 주의단계에서는 전혀 아무런 노력이 필요하지 않다는 것뿐이다. 당신은 명상상태로 미끄러지듯 들어가서 몇 시간이고 머문다. 이는 '식은 죽 먹기'다. 하지만 그래도 진전이 계속된다. 당신은 별로 지루하지 않게 그저 시간을 보내는 것처럼 생각할 수도 있다. 하지만 그저 이 상태에 머무르는 것만으로도 변성이 일어나게 된다. 에너지가 몸에서 이리저리 움직이며 새롭게 조정된다. 말하자면, 당신은 새로운 회로망을 얻게 되는 것이다.

사마타의 성취

사마타를 성취한다는 것은 거친 흥분과 정묘한 흥분, 거친 해이감과 정묘한 해이감에서 자유로워진다는 것이다. 당신은 선택한 대상에 대한 명상에 들어갈 수 있으며, 해이감이나 흥분 없이 무한히 유지할 수 있다. 당신의 마음은 대상에 고정되며 다른 감각들은 닫힌다. 당신은 대상에 몰두하지만 아무런 노력이 들지 않는다. 견고하게 붙잡을 필요도 없다. 노력이 필요치 않은 이유는 내성이 필요치 않으며, 문제에 대한 해독제를 쓸 필요도 없기 때문이다. 마치 아무런 돌기가 없는 얼음판 위를 하키 퍽이 미끄러지는 것처럼 힘쓸 필요가 없다. 이런 아무런 노력이 필요치 않은 사마디에 익숙해짐에 따라 드디어 사마타를 성취한다.

실제 사마타의 성취는 하나의 사건이며, 당신은 그게 일어났는지 아닌지 의심할 필요가 없다. 사마타는 특정 시점에서 성조기처럼 나타나며, 그처럼 확실하게 알 수 있다. 그러기 전에 당신은 완전히 정신적 영역에 몰두해 있다 해도, 사마타가 나타나면 당신은 급격한 신체적 변화를 느끼게 된다. 전혀 예상치 못했던 황홀경이 몸과 마음에서 밀려온다. 당신은 사마타 성취의 전조를 경험할 수도 있지만, 실제 사마타는 예측하지 못한 양상으로 온다. 온몸과 마음을 채우는 이런 황홀경은 별로 쓸모 있는 것은 아니지만, 하나의 분명한 표시인 것은 확실하다. 그것이 점차 줄어들면서 환희의 여운과 함께 마음은 아무런 노력

없이도 생생하고 안정되며 매우 확고한 상태로 정착된다. 몸도 이전과 다른 활기와 부드러움을 얻게 된다. 몸과 마음이 이제 최적의 상태로 정비되었고, 이에 수반하는 쾌감은 방해가 될 정도로 크지는 않게 된다. 이런 시점에서 당신은 사마타를 성취한 것이다.

사마타의 성취가 정말 가능한 것일까? 아무나 그럴 수는 없을 것이지만, 일반적으로 그리될 수 있다. 티베트 명상가인 젠 람림빠(Gen Lamrimpa)가 이끌었던 1988년의 1년짜리 집중수련에 참가했던 사람들의 경험은 매우 고무적이다. 그것은 내게 만일 우리가 아주 전통적인 방식으로 접근하고 선결요건과 환경적인 원인들과 조건들에 세심하게 주의를 기울이면, 현대의 서구에서도 500년 전 티베트에서 그리고 2500년 전 인도에서 그랬던 것과 똑같이 사마타를 성취할 가능성이 있다는 믿음을 주었다. 그들은 당신이 선결요건을 갖추어야 하고 또한 천재성이 있어야 한다고 말하지 않는다. 그들은 단지 '선결요건을 행하고, 적절한 환경을 만들라. 그러면 여기 방법이 있다.'고 말한다. 이는 아주 확실한 것이다.

당신이 자신에게 정직하게 인내심을 가지고 적용하면 가능하다. 잠시 찔러 보는 것은 효과가 없다. 그래서 많은 것이 개개인이 어떻게 접근하는가에 달려 있으며, 만일 내가 도달할 수 있다고 믿지 않았다면 귀찮게 그것을 가르치지도 않을 것이다. 나는 당신이 말만 하는 것이나 수련과 성취를 할 수 없는 이유를 대는 것에는 관심이 없다.

당신이 결코 사마타를 성취하지 못한다 해도 그런 목표를 향해 나아가는 것은 가치 있는 일이다. 또한 사마타를 향한 모든 진전은 다른 일에 활용할 수 있다. 예를 들면, 연민계발이나 기타 다른 가치 있는 덕목의 계발에 쓸 수 있다. 이 과정을 통해 창의성도 상당히 열린다. 티베트 사람들은 창의성 같은 것을 말하지 않는데, 그래서 이 점은 이런 수련으로 얻을 수 있는 갑작스러운 보너스나 마찬가지다. 또한 이 수련은 자기를 통합적으로 이해할 수 있게 하는 엄청난 영향을 끼치는 경향이 있다.

당신이 진정으로 사마타를 성취하고자 한다면, 오랜 세월에 걸쳐 검증된 처방이 있다. 일정 기간 당신의 삶을 혁명적으로 단순화하고, 온 삶을 바쳐 사마타 명상에 집중하는 식으로 일정 기간 수련하라는 것이다. 이렇게 하면 많은 경우 성공할 수 있으며, 사람들은 그것이 효과적이라는 것을 안다. 아직 확실히 검증된 것은 아니지만 매우 흥미로운 다른 방법도 있다. 어떤 티베트 승려는 최근에 일상생활을 하면서도 사마타를 성취하는 것이 이론적으로는 가능하다고 말했다. 하지만 이는 매우 통상적이지 않은 생활이어야 한다. 만일 통상적인 삶을 산다는 것이 당신의 마음이 활동하면서 흐트러지고, 기복이 있고, 불안하고, 과거나 미래로 왔다 갔다 하는 것을 뜻한다면, 이런 삶으로는 사마타가 가능하지 않다. 만일 당신이 고요하고 꼭 필요한 것만을 하는 현재에 머무르는 마음으로 활동을 할 수 있다면, 일상적 삶을 살면서도 사마타를 성취할 수 있다. 하지만 당신이 하루 중에 사마타를 위한 시간을 할애하고 당신의 활동이 충동적이거나 부산하거나 짜증 나지 않게 하기는 매우 어렵다. 하나의 접근법으로 이 방법은 위험하며, 성공적이라고 검증된 경우도 별로 없다. 하지만 아주 모험적인 사람들에게는 일상생활에서 사마타를 성취한다는 것이 신문의 헤드라인 뉴스가 될 수 있을 정도로 중요한 현대사회의 깨우침일 것이다. 혼자서 전통적인 방법을 따라 사마타를 성취하는 것 또한 환상적인 것일 수 있다. 많은 서구인이 그렇게 하는 것을 보고 싶은데, 그것은 중요한 변성을 야기할 것이기 때문이다.

내가 1973년에 처음 어떤 티베트 사원에서 훈련을 받을 때 전망이 지극히 어두웠다. 우리가 궁극적 지혜(omniscience)로 가는 다섯 가지 길에 대해 자세하게 배우기 시작할 때였다. 첫 번째 길은 당신이 보살이 되어야 시작한다. 이는 궁극적 실재에 대한 최초의 비매개적 경험을 하는 것이며, 그런 다음에 아홉 단계가 있다. 우리는 이 다섯 가지 길과 열 개의 단계에 대해 자세하게 배우는 6년짜리 프로그램에 착수하려고 했던 것이다. 그런데 이 프로그램은 당신이 궁극에 대한 비매개적 경험을 가진 다음에야 시작할 수 있는 것이다! 내게는 이런 상황을 받아들이는 것이 불가능했다. 나는 내가 실제로 할 수 있는 수련을 원했다.

사람이 어떤 목표를 얻기 원하든지 항상 자신이 할 수 있는 범위의 목표로 돌아오는 것이 좋다. 명상을 지속하는 일상적 삶을 산다는 것에는 감당하기 힘든 요구가 있게 된다. 나는 나 자신의 삶에서 이런 경우를 많이 겪는데, 특히 여행을 해야 하는 경우에는 필수적인 명상수련을 유지하는 것이 어렵다. 나는 하루 서너 시간 명상하기를 좋아하는데, 비행기를 타거나 여기저기 돌아다니면서 그러기는 정말 어렵다. 내가 여행을 많이 하던 시기였을 때, 나는 내가 어디서든 명상을 할 수 있을지 의심스러워지기 시작했다. 하지만 내가 무엇을 하고 있는지 바라보고 나 자신에게 이런 모든 활동이 가치 있는 것인지 묻게 되었다. 그리고 나는 '그래, 이런 모든 것들이 의미 있는 활동이야.' 하고 생각했다. 어느 것 하나 사소하지 않았다. 나는 비교적 명상을 좋아하지만, 하루 중 깨어 있는 시간 대부분은 공식적인 명상을 하지 못했고, 그렇게 활동적으로 보낸 시간들이 내 삶의 터전인 것이다.

사마타 성취의 선결요건

우리의 일상적인 삶과 사마타 성취의 간극을 어떻게 연결할 수 있을까? 사마타의 전통적인 선결요건을 살펴보는 것이 실질적인 출발점이 된다. 당신이 사마타에 특별한 관심이 없더라도 이 선결요건은 의미 있고 균형 잡힌 깨어 있는 삶의 좋은 지침들이다.

1. 적절한 환경

첫 요건은 적절한 환경이다. 이것은 여섯 가지 요건 중에서 가장 쉽고 일상적인 것이며 돈도 거의 안 든다. 적절한 환경이란 아주 명확한 요건이지만, 자세히 살펴보면 이 또한 매우 독특한 것이다.

전통적으로 말하는(집중수련을 가정하는) 적절한 환경이란, 예를 들면 조용하고, 낮에 사람들이 떠드는 소리도 없고, 밤에 개 짖는 소리도 없는 그런 환경이다. 또한 안전해서 강도나 도둑, 독사나 사자, 호랑이, 코끼리를 걱정할 필요가 없는 곳이어야 한다. 편안함을 느낄 수 있는 깨끗하고 건강한 환경이어야 한다. 집에 있는 것처럼 편안해야 한다. 외계인 같은 느낌이 드는 적대적 환경이 아니어야 한다. 음식과 의복, 거처와 같은 기본적인 욕구를 쉽게 충족시킬 수 있는 곳이어야 한다. 수련에 초심자로 나선 사람들에게는 완전히 격리되지 않으면서도 사람이 버글거리지 않는 곳이 가장 좋다. 서너 명의 친구가 있는 것도 좋다. 꼭 같은 방에서 명상을 할 필요는 없지만 가까운 것이 좋다. 몇몇 친구와 함께하면 좋은 이유는 쉬는 시간에 여유를 가지고 편한 대화를 할 수 있어서다. 깊은 외로움은 아주 무거운 것일 수 있고, 그래서 따뜻한 인간적 친구와 함께 동료의식을 가지고 수련하는 것이 균형을 잡는 데 도움이 된다. 이것이 당신의 공동체인 승가(Sangha)다. 넓은 수평선을 바라볼 수 있는 곳이 있는 장소라면 아주 좋은 환경이다. 이는 그저 하늘을 볼 수 있는 곳이 아니라 먼 광경에 주목할 수 있는 곳을 말한다.

티베트가 놀라울 정도로 수련자(yogi)의 비율이 높다는 것을 생각하면 흥미롭다. 뭔가 적절한 환경이라서 그런 것이 아닐까 싶다. 고도가 높은 것이 도움이 되는 것은 아닐까 하는 생각도 든다. 티베트에서 온 어떤 수련자들은 인도로 내려올 때 많은 고초를 겪었다. 하지만 당신이 아시아로 집중수련을 떠날 생각을 한다면 재고할 필요가 있다. 인도에는 8억의 인구가 살고, 조용한 장소를 얻는 것이 정말 어렵다. 건강은 항상 문제가 되고, 음식이나 비자, 문화적 차이도 문제다. 젠 람림빠가 말했듯이 "가르침을 다 배웠는데, 왜 고향으로 돌아가지 않는가? 여기보다는 북미가 훨씬 더 명상하기 좋은 곳이다." 그래서 적절한 장소를 찾는다는 것은 쉽지 않다. 하지만 그럴 의도가 있고 그렇게 할 수 있는 사람이라면 가능하다. 그리고 그런 점에서 미국인인 우리는 운이 좋다. 미국은 땅이 넓다. 나는 특히 남서부의 장대하고 광활한 공간에서 집중수련을 하고 싶다.

2. 자 족

두 번째 요건은 자족이다. 자족이란 주어진 것, 즉 음식과 옷, 거처의 질 같은 주어진 것에 주의를 기울이고 그것에 만족하는 것을 말한다. 다시 말하면, 당신이 가지지 않은 것에 대한 환상을 버리고 지금 가지고 있는 것에 주목하며 만족하는 것이다. 이는 매우 구체적이며, 도달 불가능한 이상이 아니다.

3. 욕망의 최소화

자족을 뒤집은 것이 욕망의 최소화다. 물론 어떤 욕망은 가질 필요가 있다. 예를 들어, 음식이 떨어졌다면 더 구할 필요가 있다. 하지만 최소화하고 단순화하라.

4. 윤리적 원칙

네 번째 요건은 순수한 윤리적 원칙이다. 이는 당신더러 성인(saint)이 되라는 것이 아니다. '순수'가 꼭 완벽한 윤리적 원칙을 가져야 한다는 것을 뜻하지는 않는다. 십불선이 좋은 준거다. 즉, 살생을 피하는 것, 옳지 못한 성적 행동을 하지 않고, 주지 않은 것을 갖지 않으며, 거짓말이나 이간질, 쓸데없는 말을 하지 않는 것, 해치려는 의도를 갖거나 탐욕을 부리거나 잘못된 견해를 갖지 않는 것이다.[5] 이런 계율에 주의하며, 만일 어겼을 때는 이를 가능한 한 빨리 알아차린다. 그것이 해로움을 알고 장차 이런 해로운 행위에 빠지지 않도록 하는 해결책을 마

---

5) 역주) 원문은 아홉 가지만을 쓰고 있다. 십불선은 행동에 관한 세 가지(살생, 투도, 사음을 피하는 것)와 말로 하는 네 가지(거짓말, 이간질하는 말, 나쁜 말, 쓸데없는 말을 피하는 것), 의도에 관한 세 가지(자신이 가지려는 욕심, 남을 해치려는 마음, 잘못된 견해를 믿는 것을 피하는 것)로 대별할 수 있다.

련한다.

5. 관심의 최소화

다섯 번째 요건은 관심을 최소화하는 것인데, 일상생활에서 사마타를 성취할 수 있는가에 관한 문제에서 실제로 부딪히게 되는 것이다. 전통적으로 관심을 최소화하는 방법은 생활방식을 혁신적으로 단순화하는 것이다. 이는 실제 실시해서 검증된 방식이다. 하지만 직업에 종사하고 사람들을 만나는 좀 더 보편적인 생활을 하면서도 여전히 마음을 단순하게 유지하는 것이 가능할까? 만일 사람이 엄청나게 많은 소소한 사건들과 문제에 충동적으로 마음이 쓰이지 않게 할 수 있다면, 원칙적으로 일상생활의 맥락에서 사마타를 개발하는 것이 가능할 것이다. 나 자신의 생활을 돌아보면, 언뜻 보기에 이런 것이 가능해 보인다. 그리고 내 경험에 비추어 보면 여기서 활동의 양은 사실 핵심 문제가 아니다. 비교적 할 일이 적었던 때가 있었는데, 여전히 내 마음은 믿을 수 없을 정도로 이런저런 관심으로 흩어져서 마치 거미줄에 걸린 파리처럼 휘말렸다. 그런가 하면, 해야 할 일이 무척 많은데도 마음이 건강하고 균형 잡혀서 아주 평안했던 때도 있다. 이럴 때 내 마음은 흩어지지 않고 단출해서, 한 가지 일을 마치고 다음 일로 제대로 넘어가서 하루를 마칠 때에는 필요한 모든 일을 잘 마칠 수 있었다. 그런 점에서 마음은 전혀 많은 활동을 하지 않고 오직 한 가지 활동, 즉 지금 하는 일에 집중된다. 이런 식으로 한 가지를 끝내면, 그다음에 다른 일을 한다. 하지만 항상 그런 것은 아니다. 이런 마음은 서로 경쟁적인 여러 활동을 동시에 하지 않는다. 그저 꼭 필요한 일만을 하는 것이며, 그것이 매우 실용적인 생활법이다.

6. 충동적인 생각을 피하기

여섯 번째 요건은 충동적인 생각, 특히 욕망에 관한 충동적인 생각을 없애는 것이다. 이러한 충동적인 생각에는 맛있는 음식, 섹스, 재물, 명성과 같은 것에 대한 갈망이 포함된다. 한 수련자가 이를 멋지게 표현했는데, 수련이 잘 되어서 상당한 평정심을 갖게 되었지만 말도 안 되는 충동적인 생각이 떠올랐다고 한다. 집중수련 중 마음속에 '아마 내가 사마타를 성취한 최초의 서구인이 될지도 몰라. 그리되면 자니카슨 쇼에 나가게 될지도 모르지!' 하는 웃기는 생각이 떠올랐다. 그 사람은 그 말을 하면서 스스로도 웃었지만, 이런 것이 충동적인 생각의 좋은 예가 된다.

내 생각에는 이것이 요건들 중에 가장 어려운 것 같다. 충동적인 생각을 완전히 제거한다는 것은 상당히 어려운 요구다. 하지만 하루 종일 우리 마음에 떠오르는 많은 일상적인 것은 사실 별로 생각할 필요가 없는 것들이다. 그런 생각에 대해 할 것이 무엇이 있는가? 위빠사나 또는 마음챙김 수련이 이 문제에 특히 도움이 된다. 이 수련은 깊은 사마디가 필요로 하는 엄중한 초점이나 정밀한 집중을 요구하지 않는다. 하지만 마음을 고요하게 하고 현재의 감각에 머물러야 한다. 이는 아주 좋은 수련법이며, 어디서든 할 수 있다. 대화를 하거나 음식을 만들거나 즐거운 시간을 보내는 중에도 수련할 수 있다. 뉴욕 시가지 한복판에서도 짧은 시간만 내면 할 수 있다! 이런 명상은 공식적인 정좌명상과는 다르다. 그보다는 세상에 더 개방적인 태도로 현재에 마음을 여는 것이다. 우리가 특히 눈을 감고 마음을 모으려 하면, 바로 두서없는 생각들에 빠져들기 쉽다. 밖으로 나가는 것이 좋은 해독제일 수 있다. 나는 밖으로 나가 의자에 조용히 앉아 꽃을 찾는 벌들을 그저 바라보는데, 한 시간 정도는 쉽게 그리 할 수 있다. 하지만 이것은 게슴츠레하게 보는 것이 아니라 주의를 기울이는 것이다. 사실 이는 바로 지금, 현재에 머무르는 것이다. 이 방법은 토대가 탄탄한 좋은 수련법이다. 당신이 꽃 주위를 나는 벌이나 나무를 바라보거나 아니면 조용히 걷는 것을 정말 잘하는 사람이라면, 주의를 그런 것에서 돌려서 조용히 앉아 자신의 신체에 현존하는 것은 아주 쉬운 일이라는 것을 쉽게 알 수 있다. 그렇게 해서 자연스럽게 자신의 숨에 주의를 기울이는 쪽으로 전환하고 비사념적인 명상으로 나아갈 수 있다.

나 자신의 현재 생활방식을 살펴보면, 사실 그러고 싶지만 공식명상을 할 시간이 많지 않다. 하지만 일상생활을 하면서 여섯 가지 선결요건을 기를 수 있다. 어느 날, 내가 또 다른 전통적인 사마타 집중수련을 하기로 결정한다면, 그 집중수련으로 이미 계발한 선결요건들을 쉽게 확장하여 내 삶의 일부로 만들 수 있다. 내가 집 안에서 해야 할 일이 여전히 많더라도 사마타 집중수련을 하느라 통째로 1년을 보낼 수 있겠지만, 그래 봐야 남는 것은 좌절뿐일 것이다. 여섯 가지 선결요건은 구체적인 목표가 아니며, 성취했다 못 했다 말할 수 없는 것이다. 그보다는 당신의 삶에 이런 요건을 적용함으로써 삶이 더 의미 있게 되는 것이다.

사마타 수련의 다섯 가지 방해물

사마타에 대한 전통적 가르침은 수련의 진전에 대한 다섯 가지 방해물 또는 장애가 있다고 한다. 이에 대해 알 필요가 있다. 당신이 만약 사마타로 가는 길에서 사고가 생겨 미끄러지면, 그게 어떤 장벽 때문에 생긴 것인지 알면 도움이 된다.[6]

1. 적개심

적개심(ill will)은 당신이 사마타로 향하는 것을 방해하는 첫 번째 장애물이다. 당신은 적개심을 그대로 간직하면서 동시에 사마타 계발의 진전을 이룰 수는 없다. 당신이 수련을 하려고 앉았을 때 '아무 문제가 없다. 나는 어떠한 적개심도 없고 행복하다.'고 말하는 것은 얼마든지 그럴 수 있다. 하지만 당신이 마음속 깊은 곳으로 내려가면 당신은 마치 잠수부가 진흙을 파헤친 것처럼 이것저것 흔들어 놓기 시작한다. 만일 거기 조금이라도 적개심, 즉 어떤 해묵은 분노가 어른거린다면 사마타는 그것이 산 것인지 죽은 것인지 확인하려고 파헤칠 수도 있다. 그래서 만일 그것이 살아 있는 것이라면 튀어 오를 것이고, 당신은 이것을 제거해야만 한다. 만일 당신이 그것에 말려들게 되면, 즉시 잠수부의 잠수벨트를 벗어 버리고 수면으로 되돌아 올라오게 된다.

---

6) 역주) 한자권에서는 이를 오개(다섯 가지 뚜껑)라 하며, 진에, 탐욕, 혼침, 도회, 의심으로 번역하기도 한다.

사마타로 들어가는 모험이 가능한 한 복잡하지 않아서 당신이 반복적으로 멈추거나 더 많은 수련을 해야 할 필요가 없으면 아주 좋을 것이다. 자애와 연민 수련의 한 가지 목적이자 이점은 바로 사마타 수련을 하기 전에 방해물을 가능한 한 많이 제거하는 것이다.

2. 감각적 욕망

두 번째 장애물은 감각적 욕망이다. 이는 당신이 명상을 하지 않을 때에도 소리나 냄새, 시각적 자극이나 멋진 음식과 같은 당신이 누릴 수 있는 감각들을 즐기지 말라는 얘기는 아니다. 하지만 명상을 하는 동안 이런 것들을 탐하게 되면, 이런 욕망이 더 이상의 진전을 막게 된다. 어떤 사원에서 여러 승려들과 함께했던 5주짜리 집단수련이 기억난다. 한 승려가 명상을 하다가 강렬한 성욕이 촉발되어 심하게 괴로워했다. 그는 승려였고, 그래서 그런 성욕을 행동으로 옮기려 하지는 않았지만, 결국 그것 때문에 더 이상 진전할 수가 없어서 매우 힘든 시기를 보내야 했다.

그러니 그런 감각적인 것들을 찾아 즐겨도 좋다. 하지만 그것이 있을 때 즐기는 것과 그것이 없을 때 갈망하는 것 간의 명확한 차이를 인식해야 한다. 우리는 식사를 즐길 수 있고, 식사가 끝나면 그 식사는 완전히 끝난 것이다. 만일 우리가 만족감과 단순함을 느낀다면, 그것으로 충분하다. 이는 삶에서 우선순위의 문제이고 지향성의 문제다. 만일 당신이 자신의 삶에서 감각적 만족에 우선순위를 둔다면, 즉 행복이 더 나은 음향기기나 더 빠른 자동차에 있다고 여긴다면 그것이 바로 당신의 주제다. 하지만 그것은 사마타의 주제는 아니며, 이 두 가지를 동시에 가질 수는 없다. 이는 정말로 선택의 문제이지 폭압적 교조주의의 문제가 아니다. 더 단순하게 말하자면, 당신이 조용히 명상을 하는데 감각적 욕망에 대한 생각이 일어나 거기에 마음이 사로잡히면 당신의 사마타는 끝난 것이다. 감각적 욕망은 놓아야 할 필요가 있다.

3. 무력감과 졸림

세 번째 장애물은 무력감과 졸림이다. 다시 말하지만, 결코 무력감이나 졸음을 느껴서는 안 된다는 그런 어리석은 말이 아니다. 하지만 명상을 하는 동안 마음이 대체로 무력감과 졸림으로 차면, 당신은 사마타를 끝낼 때가 된 것이다. 그러니 충분히 자라. 명상을 하기 전에 충분히 자도록 하라. 졸음과 사마타를 동시에 다루려 하지 말고, 그냥 잠을 조금 자는 것이 낫다.

4. 흥분과 불안

네 번째 장애물은 두 가지로 구성된다. '흥분'은 일종의 정서적 혼란 또는 욕망에 그 뿌리가 있는 짜증이다. 두 번째는 불안을 함축하는 것인데, 특히 죄책감에 기인한 것이다.

감각적 욕망의 경우와 마찬가지로 이것도 삶에서 우선순위나 지향성의 문제다. 자신의 삶을 단순히 불안 지향적으로 사는 사람들이 있다. 이런 사람들은 좋은 일이 생기면 그냥 그런 일이 생긴 것이고, 나쁜 일이 생기면 일을 더 나쁘게 만든다. 항상 불안의 근거가 있다. 만일 당신이 충분한 돈을 가질 수 없을 것이라고 걱정한다면, 지금 은행에 예금이 얼마나 있는가는 전혀 중요하지 않은 것이다. 만일 당신의 삶이 불안 지향적이라면, 명상을 하는 동안 대체로 불안에 사로잡히지는 않겠지만 언제든 불안이 불쑥 나타날 가능성은 지극히 높다. 이런 문제를 '아, 불안이 나타났구나! 그리고 사라지는구나.' 하는 식으로 단순한 에피소드로 여길 수 있기를 바란다. 바로 내려놓지 않으면, 그것이 사마타 수련을 막을 것이다.

5. 의 심

마지막 장애물은 의심이라 번역할 수 있지만, 이 역시 당혹감, 망설임, 모호함을 함축하는 말이다. 당신은 삶이 불확실성에 사로잡혀서 어떤 방향으로도 나가지 못하는 사람들을 알고 있을 것이다. 모든 것이 잠정적이고, 두려움을 타고나서 어떤 것도 확실한 것이 없다. 이것이 삶을 지배하면 이 역시 명상을 하는 중에 튀어나와서 냉정하게 막아선다. 심지어 명상이나 수련에 초점을 맞추는 것에 의해 촉발될 수도 있다. 그래서 당신은 '이걸 해서 기회가 있을까? 쓸모가 있는 것일까? 무슨 뜻이 있는 것일까?' 하며 방황하게 될 수도 있다. 이런 당혹감은 순환하게 되며, 유일한 해결책은 수련으로 돌아오거나 다 포기하는 것이다.

이런 불확실감이나 회의주의는 영적 여정에서 결코 비할 바가 없는 엄청난 도움이 되는 그런 종류의 비판적인 의심과는 전혀 다르다. '사후에도 의식의 영속성이 있을까? 진정 우리가 무한한 연민의 잠재력을 가지고 있을까?'와 같은 생각은 우리가 자동적으로 믿도록 하는 것이 아니다. 우리는 이런 생각을 듣고 검증한다. '어떤 증거가 있는가?' '반대 증거는 무엇인가?' '그 이론은 논리적 일관성이 있는가?'를 점검한다. 이런 종류의 의심은 결코 방해물이 아니다. 이는 지혜와 통찰의 계발에서 매우 핵심적인 부분이다. 만일 이러한 의심이 없다면 당신은 그저 멍청한 신념만을 가지고 있는 것이다. 방해가 되는 그런 종류의 의심은 더 이상 나아가지 못하고 무력하게 멈춰서 '흠……. 모르겠어. 잘 모르겠어.' 하는 것과 같다.

다섯 가지 방해물을 다루는 간단한 해결책은 우리의 삶의 지향성을 그런 것에 두지 않는 것이다. 그것들이 일어나면 알아차려라. 우리가 완전히 놓아야 할 것은 아무짝에도 쓸모없는 적개심이다. 나머지는 일어나도록 두고 그걸 평가절하하는 것이다. 감각적 즐거움은 타당한 역할이 있지만, 감각적 욕망은 아무런 여지가 없다. 당신의 삶이 이들 다섯 가지의 주위를 맴돌지 않도록 하는 것이 사마타 수련을 해 나가기 좋은 자리에 당신을 있게 하는 것이다.

희소식이 있다. 사마타 수련 그 자체가 이들 다섯 가지 방해물을 제거하는 데 도움이 된다는 것이다. 사마타 수련은 이들 다섯 가지 방해물에 대한 효과적인 해독제인 다섯 가지 정신적 특성을 개발하는 데 도움이 된다. 이를 명상적 안정(dhyana, 선정, 禪定)의 다섯 요인이라 하며, 사마타는 진정한 명상적 안정으로 가는 기회 또는 문턱이다.[7]

---

7) 역주) samadhi와 dhyana. 사마디는 오직 하나의 정신적 요인, 즉 의식이 하나의 대상에 집중된 상태를 말하지만, 디야나는 의식상태 전체를 포괄하는 개념이다(위키피디아). 이에 반해 헤네폴라 구나라타나(Henepola Gunaratana) 스님은 두 개념이 매우 밀접한 것이어서 구분이 힘들다고 한다.

다섯 가지 안정요소[8)]

1. 의도적 주의

의도적 주의(applied attention)란 주의의 방향을 의식적으로 정하는 것을 말한다. 말하자면, 당신은 앉은 상태에서 자신의 마음에게 '내가 주목하려는 것은 이것이야. 거기에 초점을 맞추자.' 하고 말하는 것과 같다. 의도적 주의는 무력감과 졸림에 대한 직접적인 처방이 되기도 한다. 당신은 의도적 주의를 가지고 멍하니 있지 않고 뭔가 할 일을 갖게 되는 것이다.

2. 밀착된 주의

일단 대상에 주의를 기울이면, 조금 더 밀착함으로써 주의를 높일 수 있다. 이는 당신이 어느 정도의 안정성을 가지고 더 큰 생생함으로 나아갈 수 있을 때 가능하다. 더 밀착해서 주의를 기울이는 것, 즉 밀착된 관찰은 의심의 해독제로 작용한다. 그래서 불확실성이나 회의주의의 여지를 없앤다. 매 순간에 대한 주의의 이어짐이 매우 촘촘해진

---

8) 역주) 선정의 다섯 요소를 말한다. 위딱까(vitakka)는 '일으킨 주의' '일으킨 생각' 등으로, 위짜라(vicara)는 '지속적 생각' '머무는 생각' 등으로, 삐띠(piti)는 '희열' '기쁨' 등으로, 수카(sukka)는 '행복' '즐거움' 등으로, 에까가따(ekaggata)는 '한 정점' '집중' 등으로 번역된다. 그 의미에 관해서도 학자들 간에 해석의 차이가 많다. 여기서는 영문 표현의 의미에 따라서 번역하였다.

다. 이 시점에서 당신은 딱 한 가지에 밀착해서 관찰하기를 하고 있는 셈이다.

3. 열 정

대상에 대한 밀착주의에 이어 그다음 안정요소인 열정(zest)이 일어난다. 이것은 호기심으로 나타나는데, 당신은 점차 흥미를 가지고 주의를 기울이게 된다. 점차 흥미가 커진다. 당신의 명상이 진전하면 할수록 더욱더 흥미가 커지고, 결국 열정으로 자라게 된다. 이런 열정은 일종의 환희(ecstasy) 상태로까지 커지며, 그래서 적개심이나 악의의 해독제로 작용한다.

4. 기 쁨

호기심에서 흥미로, 흥미에서 열정으로, 열정에서 환희로, 그리고 결국 기쁨(joy)이라는 웰빙의 느낌이 일어난다. 이런 기쁨은 흥분과 불안 모두의 해독제로 작용한다. 이는 마음에서 욕망에 의한 흔들림과 후회와 죄책감에 의한 불안 모두를 사라지게 한다.

5. 집 중

붓다는 "사람이 기쁨을 느끼면 마음이 집중된다."라고 했다. 뭔가 멋진 일을 생각하거나 즐거운 자극 때문에 일어나는 것이 아닌 마음 자체의 균형 잡힌 본성에서 우러나는 기쁨은 집중(concentration)이나 사마디의 원천이다. 그리고 집중은 결국 마지막 남은 장애물인 감각적 욕망을 없애 준다. 마음이 사마디 상태가 되면, 감각적 욕망은 사라진다. 이는 당신이 엄청난 도사가 되어서 그런 것이 아니라 어떠한 감각적 욕망이 제공하는 것보다 더 나은 것을 발견했기 때문에 그런 것이다.

그래서 당신이 이런 다섯 가지 장애에 최소한 사마타 수행을 방해받지 않는 정도로만 대처할 수 있으면 수련 자체가 이런 장애를 제거해 준다는 것은 희소식이 아닐 수 없다. 실제로 사마타를 성취하면 이들 다섯 장애는 사라진다. 이들은 꼭 영원히 근절해야 할 것은 아니지만 환영받지 못하고 쫓겨난 손님들처럼 당분간은 멀리해야 할 필요가 있다.

사마타 수련에서 대상 선택

티베트 전통의 사마타 수련에서는 호흡의 접촉감 같은 것보다는 보통 붓다의 이미지 같은 어떤 이미지를 집중의 대상으로 삼는다. 티베트 수련에서는 시각화가 매우 강한데, 이는 거의 모든 티베트 수련이 금강승(Vajrayāna)을 지향하기 때문이다. 시각화와 상상의 창조적 힘은 금강승에서 매우 강력한 역할을 하며, 티베트 수련은 초기부터 이를 위한 준비가 잘 되어 있었다. 호흡 알아차림(breath awareness)은 서남아시아에서 훨씬 더 일반적인 수련법인데, 이 수련법은 상상보다는 마음챙김을 더 강조한다.

어떤 이미지가 아니라 호흡 알아차림을 사마타의 대상으로 하는 것의 한 가지 큰 이점은 쉽게 시작할 수 있다는 점이다. 많은 사람에게 시각화와 그 유지는 상당한 노력이 필요한 일이다. 사마타의 대상을 찾아내면 되는 것이 아니라 스스로 만들어야 하기 때문이다. 나는 어떤 시각적 이미지를 상당한 시간 동안 유지할 수 있고, 그리하느라 지치지 않은 서구인을 거의 본 적이 없다. 시각화 수련에서 실제 사마타를 성취한다면, 그 안정성과 생생함은 마치 이미지가 아니라 실재가 눈앞에 나타난 것처럼 명료하게 드러날 정도로 향상된다. 게다가 그 이미지는 스스로 빛을 발하며, 당신은 어떤 신체적 불편감도 없이 수 시간 동안 아무런 노력 없이도 그 이미지를 유지할 수 있다.

사마타 명상의 대상으로 쓸 수 있는 또 다른 것은 마하무드라와 족첸 전통[9]에서 말하는 것처럼 마음 그 자체다.[10] 이를 힘들어하는 사람들도 있는데, 대상이 지극히 잘 사라지기 때문이다. 하지만 할 수만 있다면, 이는 매우매우 보상이 큰 방법이다. 호흡 알아차림으로 시작해서 마음이 매우 안정되면 거기서 알아차림 자체로 대상을 바꿀 수 있다. 이는 위빠사나에서 '나'를 보는 것과는 다르며, 그보다는 알아차림 그 자체의 본성을 바라보는 것이라 할 수 있다. 알아차림은 하나의 현상이며 사건이다. 알아차림이 색깔이나 생각, 정서, 기타 다른 많은 사건들과 구분되는 독특한 특징은 무엇일까? 알아차림은 틀림없이 존재하는 것인데, 그렇지 않다면 우리는 아무것도 듣고 볼 수 없을 것이다.

---

9) 역주) 티베트에는 역사적으로 네 가지 불교종파가 확립되어 오늘에 이르고 있다. 현 14대 달라이 라마가 속한 최대 종파인 겔룩빠는 티베트 불교의 중흥조로 일컬어지는 쫑카파가 확립한 종파로, 현교 수행론인 보리도차제론과 밀교 수행론인 밀종도차제론 등이 있다. 그 밖에도 까규빠의 마하무드라, 닝마빠의 족첸 등 각 종파에 특징적인 수행법이 있다.

10) 이 수련에 관한 깔끔한 설명을 보려면 Padmasambhava의 *Natural Liberation: Padmasambhava's Teaching on the Six Bardos*, with comm. by Gyatrul Rinpoche; trans. B. Alan Wallace(Boston: Wisdom, 1998), pp. 105-114 참조.

하지만 알아차림의 대상이나 알아차림의 내용, 사고 등과 다른, 알아차림 그 자체의 특성은 무엇일까? 이런 종류의 수련에서 당신이 기대하는 것은 알아차림의 투명성과 발광성의 경험이다.

물론 이런 것들은 그저 말에 불과하지만, 온 우주에서 알아차림과 같은 것은 아무것도 없기 때문에 우리 모두는 은유로 시작할 수밖에 없다. 젠 람림빠(Gen Lamrimpa)는 지금까지 내가 본 것 중 가장 완벽한 비유를 제공한다. 바닥이 모래인 샘에서 순수하고 맑은 물이 햇볕을 받아 반짝이며 솟아 나오는 것을 상상해 보라. 이제, 물 가운데 부유물이 떠다닌다고 상상해 보라. 이런 상황에서는 그 부유물도 매우 반짝여 보인다. 알아차림 그 자체는 물웅덩이와 같은데, 그 특징 중 한 가지는 생생한 발광성이고, 또 다른 한 가지는 투명함이다. 그 투명성은 포착하기가 매우 힘들지만, 그런 투명성의 영역 내에 뭔가가 나타난다면 그것은 매우 선명하게 보일 것이다. 그래서 이런 비유를 계속하자면, 호흡 알아차림에서 시작해서 비교적 평온해지면 당신은 한 생각, 즉 '마음이란 무엇인가?'와 같은 생각을 자유롭게 마치 물속의 부유물을 톡 쳐서 떠오르게 하듯이 떠올릴 수 있다. 어떤 생각이든 가능하다. 그런데 당신이 "그 팝콘을 이리 좀 주세요."라고 말한다면, 아마도 금방 팝콘에 대해 생각하기 시작할 것이다. 따라서 이런 식으로 한 생각을 떠올리는 목적은 마음의 본성에 대해 깊이 생각하기 시작하기 위함이 아니라 그저 그 생각에 대한 당신의 알아차림을 겨냥하여 그 생각의 존재를 통하여 그런 생각이 알아차림의 발광성이라는 환경에 존재한다는 것을 인식하기 위함이다. 당신은 그 생각을 볼 수 있다. 그러면 마치 먼지가 물속에 녹아 버리듯 그 생각이 사라지지만, 그 투명성과 발광성은 남아 있다. 그렇게 하려면 시간이 좀 걸리고, 또 그렇게 하려면 지극히 정묘한 마음을 가져야 한다. 하지만 만일 당신이 그렇게 할 수 있다면, 문이 열릴 것이다.

여기까지는 아직 사마타 수련이다. 첫 단계는 사마타이고, 두 번째 단계는 통찰이다. 문제는 너무 멍해지기 쉽다는 점이다. 당신이 숨에 주의를 기울이고 있을 때 대상이 무엇인지 알 수 있고, 또한 그 대상을 놓쳤을 때도 알 수 있다. 당신이 마음 자체를 사마타의 대상으로 할 때는 그냥 거기 앉아서 텅 빈 마음으로 멍하니 앉아 있기 쉽다. 이렇게 멍하니 앉아 있는 것과 대상을 두고 사마타를 하는 것은 같은 것이 아니다. 이런 사마타는 다만 그 대상이 지극히 정묘한 것일 뿐이다.

예를 들어, 숨과 같은 하나의 대상에 대한 사마타를 개발했다면, 다른 대상에 대한 사마타 개발을 시도하는 데 처음 사마타를 할 때만큼 많은 작업이 필요하지는 않다. 당신이 바꾼 대상이 당신이 처음 사마타를 성취한 대상에 비해 더 미묘한 것이라면, 조금 더 많은 작업이 필요할 수도 있다. 미묘한 정도가 비슷한 다른 대상에 대해 사마타를 성취하고 싶다면 약간의 노력이 필요할 수도 있고, 아니면 별다른 노력이 필요하지 않을 수도 있을 것이다.

많은 권위자는 실제적인 사마타 성취에 관해, 하나의 심적 대상에만 초점을 맞출 때에 사마타를 성취할 수 있다고 한다. 당신이 음악이나 꽃 같은 하나의 감각적 대상에 주의를 기울여서 상당한 수준의 집중을 얻을 수도 있다. 하지만 당신의 집중은 하나의 심적 대상에 초점을 맞출 때 도달할 수 있는 깊이에는 이르지 못할 것이다. 그런 이유로 사마타 수련이 진전됨에 따라 당신의 초점을 호흡에서부터 심적인 것으로 옮겨야 한다는 것이다.

질의응답: 사마타 성취에 관해

질의: 보통 사람이 사마타를 성취하려면 얼마나 걸릴까요?

응답: 보통 사람이 누군지 발견할 수 있다면 말씀해 드릴 수 있을 것 같은데요. 필요한 선행요건을 갖춘 잘 준비된 사람이라면, 사마타 수련에 모든 시간을 할애할 수 있다면 그리고 지능과 능숙함을 갖추고 수행에 적절한 환경 속에서 한다면, 아마 6개월 정도면 사마타를 성취할 수 있을 것입니다. 일반적으로 말해서 당신이 진정으로 사마타 성취를 원한다면, 삶을 극도로 단순화하고 일정 시간을 정해서 사마타 수련만을 하는 것이 최선입니다. 보통 정말 빼어난 자질을 가지고 있다면, 3개월이면 사마타를 성취할 수 있다고 합니다. 준비는 잘 되어 있지만, 자질이 조금 떨어진다면 1년 정도 걸릴 수도 있습니다. 물론, 이런 것들은 대략적인 어림짐작이지요. 같은 측면에서 아띠샤(Atīśa)는 당신이 만일 선결요건에 면밀한 주의를 기울이지 않고 덜커덕 집중수련에 들어가 해 보기로 급한 결정을 했다면, 천 년을 명상해도 사마타를 얻기 어려울 것이라 말합니다. 그래서 선결요건을 살펴보는 것이 당신에게 도움이 될 것입니다.[11)]

다양하게 많은 변수가 있습니다. 붓다의 제자 중 한 사람인 사리부트라(Sāriputra, 사리불)는 사마타뿐 아니라 색계 4선정과 무색계 4선정

---

11) 역주) 아띠샤(Atiśa Dīpaṃkara Śrījñāna)는 인도의 성인으로서 티베트 불교의 종파인 까담빠의 창시자다. 까담빠는 금욕적 수행과 가르침의 의미에 대한 완벽한 이해를 강조하였다. 수행자 대부분이 은둔자이고 사원을 세우지 않아서 종파적 성향은 엷어졌지만, 이후 겔룩빠와 까규빠의 모태가 되었다.

을 며칠 만에 성취하였습니다. 당신이 자신에 대해 알고 있는 것을 토대로 얼마나 걸릴지를 예측할 수 있는 길은 없는 것입니다. 어떤 사람이 이미 전생에 이 수련에 돌입하였는데, 캘리포니아에서 다시 태어났다고 가정해 보세요. 그런데 사마타 계발을 격려받지 않고 우리 사회가 권장하는 축구나 수학 같은 것만 배우거나 우리 사회가 중요한 것으로 받아들이도록 권장하는 여러 가지 것들에 매어 있었다고 합시다. 그래도 이 사람이 수련을 하러 와서 올바른 방법으로 적절한 선행요건을 갖추고 생산적인 환경에서 수련을 한다면, 6개월도 안 걸릴 수도 있습니다.

전생에 이룬 것의 혜택을 받는다는 이런 이상한 주장을 하는 근거는 무엇일까요? 라마 조파 린포체(Zopa Rinpoche)는 유명한 **투르쿠**(tulku) 또는 전생에 높은 수준의 깨달음을 얻은 환생자입니다. 그분이 두세 살 때 가족이 살고 있던 네팔에서 동네 너머의 동굴을 향해 아장아장 걸어갔다고 합니다. 어머니께서 쫓아가 데리고 왔지만, 다음 번에 또 그 동굴로 걸어갔지요. 이런 일이 너무 잦자 가족들은 한 영험한 승려에게 아이가 왜 이런 일을 하는지 물었답니다. 가족들은 아이가 전생에 40년간 살았던 동굴로 돌아가려고 그러는 것이라는 얘기를 들었지요. 그래서 가족들은 그분이 본디 타고난 명상가임을 알게 되었답니다. 그분은 다섯 살쯤 승려가 되어 훌륭한 훈련을 받았습니다.

어떤 사람들은 자발적으로 동굴로 향하게 하는 타고난 강력한 선호가 있습니다. 독일 승려인 고빈다(Govinda)는 자신의 저서인 『The Way of the White Clouds』에서 자신의 스승인 드로모 게쉐 린포체(Dromo Geshe Rinpoche)의 죽음에 관해 묘사하였습니다. 그 내용이 아주 감동적입니다. 그분은 돌아가시기 전에 제자들에게 자신이 돌아올 것이니 기다리라고 말했다고 합니다. 제자들은 전통에 따라 수년간을 기다린 후에 조사단을 보냈는데, 그 정도 시간이면 다시 어떤 어머니의 태에 잉태되어 태어나 2~3년간 자랄 수 있는 시간이었습니다. 일반적인 조사지역은 예후와 신통력에 따라 결정되는데, 이 경우 조사단은 남부지역 시킴(Sikkim)의 중심지인 강톡(Gangtok)으로 보내졌습니다. 일군의 승려들은 상인으로 신분을 위장한 채 조사를 계속하다가 적당한 나이 또래의 작은 소년을 만나게 되었습니다. 이 소년은 상인들이 오는 것을 보고는 집으로 뛰어가 엄마한테 "나를 내 사원으로 데려다주려고 사람들이 오고 있다."라고 소리쳤다고 합니다. 승려들이 이 소리를 듣고 자신들을 알아본 그 소년이 아닌가 추측하게 되었습니다. 승려들이 그 소년을 사원으로 데려왔을 때, 소년은 사원의 건물들이 변한 것을 알아보았다고 합니다. 이런 종류의 인물들이 명상을 매우 잘하는 것은 전혀 놀라울 것이 없는데, 이미 잘 계발해 두었던 능력이 다시 깨어날 것이기 때문입니다.

질의: 서구인들로서 사마타를 성취한 사람들이 많이 있습니까?

응답: 그렇지 않습니다. 아마 거의 드물지 않을까 합니다. 하지만 왜 그런지 그 이유를 생각해 봅시다. 그냥 그런 사람이 거의 없다고 해 버리면, 아마 실망스러울 것이기 때문입니다. 이제 막 시작하는 초심자가 적절한 환경을 찾기는 너무 어렵습니다. 그것은 정말 평범한 것이지만, 많은 경험을 바탕으로 이야기하자면 당신이 적절한 환경에서 하지 않으면 사마타 성취가 불가능한 것은 아니지만 정말 힘든 일이 될 것입니다.

두 번째로, 그런 적절한 환경과 함께 충분한 자질이 있는 스승을 발견하기가 어렵습니다. 완전히 책에만 의지해서 혼자 해낸다는 것은 지극히 어려운 일입니다. 적절한 스승이 드문 또 다른 이유는 시도하는 사람이 별로 없다는 점입니다. 제가 아는 티베트 명상가들은 툼모(tummo, 몸에 열을 내는 명상)나 족첸(Dzogchen), 마하무드라(Mahāmudrā), 람림(Lamrim) 등을 수련하는데, 이들은 사마타 수련을 거의 하지 않습니다. 좀 이상한 일이지만 사실입니다. 서남아시아에서는 모두들 위빠사나를 수련하고, 동아시아의 선 전통에서도 실재의 본성에 대한 통찰을 겨냥하는 수행을 합니다. 사마타의 주제는 주의를 모으고 안정성과 생생함을 가져온다는 점에서 다른 수련들과는 다릅니다. 따라서 불교전통의 세 가지 큰 지류에서 이제 사마타를 하는 사람들은 거의 없습니다.[12] 과거 티베트에서 안정된 문화였을 때는 꽤 많은 사람이 사마타를 수련했습니다. 사람들은 다양한 명상을 했는데, 사마타도 그중 하나였습니다. 지금은 아주아주 드문 형편입니다. 하지만 달라이 라마는 승려들에게 사마타에 먼저 도전하는 것으로 시작하도록 권장합니다.

하는 사람들이 너무 없다는 이유로 이제 더 이상 사마타 수련을 하는 것이 불가능하다고 말하는 것이 편하지는 않습니다. 적절한 환경과 적당한 스승을 찾고, 자신의 선행요건을 갖추고 한다면, 서구에서도 사마타를 성취하는 것이 드문 일은 아닐 것입니다. 그런 실험은 아직 이루어지지 않고 있습니다. 우리는 1988년에 북서쪽 태평양 연안에서 1년짜리 집중수련을 통해 선구자적 시도를 했었습니다. 제가 아는 한, 이는 서구사회에서는 이런 식으로 행해진 적이 없는 최초의 집중수련이었습니다. 우리는 많은 것을 배웠고, 우리가 했던 실수를 반복할 이

---

12) 역주) 여기서 세 가지 큰 지류란 상좌부불교, 대승, 금강승을 말함.

유는 없죠. 만일 사람들이 전통에 진심으로 주의를 기울이고 거기서 엄청난 경험들을 이끌어 낼 수 있다면 사마타의 성취가 가능할 것이라고 생각합니다. 이렇게 생각하는 것이 지금까지 얼마나 많은 서구인이 사마타를 성취했는가 하는 측면에서 생각하는 것에 비해 훨씬 더 쓸모가 있다고 봅니다.

수련을 한다 해도 사마타를 성취하는 것은 비교적 드뭅니다. 가장 공통적인 한 가지 문제는 사람들이 너무 열심히 한다는 것이죠. 티베트인들과 서구인들 모두 더욱 깊게 이완하여 이런 이완에서 안정성이 저절로 나오도록 하는 것을 배울 수 있습니다. 다른 곳에서도 말했지만 티베트인들은 이런 점을 별로 강조하지 않으며, 오히려 견고한 주의와 대상을 잠시라도 놓치지 않는 것을 강조합니다. 만일 당신이 지극히 평화로운 곳에서 왔고, 그래서 이미 마음이 아주 넓어져 있다면 이런 말이 좋은 조언이겠지만, 그게 아니라면 이런 주의는 아주 큰 문제가 될 수 있습니다. 스스로 자신을 탈진시키거나 신경증적 피로를 야기할 수 있고, 그래도 밀어붙이면 정말 실질적인 손상을 입을 수도 있습니다. 서구인들, 특히 미국인들은 티베트인들에 비해 그렇게 할 가능성이 높고, 유럽인들도 그보다 덜하긴 해도 그럴 가능성이 있다고 봅니다. 요즘에는 아시아인들도 마찬가지로 힘든 시기를 보내고 있는 것 같아요.

사마타 너머

호흡 알아차림 수련으로 실제로 사마타를 성취한 바로 그 시점에서 그동안 명상의 대상이었던 호흡의 심적 단서는 사라지고 그 자리에 다른 더 정묘한 심적 표상이 나타난다. 당신이 사마타를 넘어서 네 가지 선정이라 알려진 상태로 넘어가고자 하면, 이제는 이렇게 새로 떠오른 심적 표상이 대상이 된다. 당신은 그 표상에 주의를 기울이게 되고, 구체적인 첫 선정과 그 이후의 선정으로 넘어가는 특수한 기법들이 있다. 제4선정에 이르면 당신의 호흡은 멈추고 마음은 심원하고 궁극적인 무한한 평안의 상태로 넘어간다. 그 이후 당신은 그 심적 표상(니밋따)을 놓고 소위 말하는 무색계로, 무한한 공간의 차원으로 들어가게 된다. 이 시점에서 명상하는 당신의 모든 신체감각은 사라진다. 그 너머로 당신은 무경계인 의식감각으로 들어가고 그 너머로 공의 감각(sense of nothingness)으로 들어간다. 그 너머로 당신은 의식도 아니고 비의식도 아닌 어떤 상태로 들어가게 된다.

이상은 상좌부(Theravāda) 전통에서 말하는 것이다. 티베트인들은 조금 다른 각도에서 본다. 우선 티베트 전통에서는 오랫동안 호흡 알아차림을 사마타에 이르는 도구로 간주하지 않았다. 많은 티베트인이 사마타에 도달하지만, 이들은 알아차림을 위해 시각화기법과 명상을 활용해 왔다. 또한 티베트인들은 일반적으로 사마타 너머의 선정을 성취하는 것에 흥미를 가지지 않았다.

금강승을 강조하는 티베트에서는 첫 선정의 성취를 바라지 않는데, 거기에는 합당한 이유가 있다. 사마타를 넘어서 실제 첫 선정을 성취하면 선정 성취의 다섯 장애 중 하나인 감각적 욕망이 일시적으로 완전히 억제된다. 자극이 음식이든 음악이든 성적인 것이든 마치 사자에게 샐러드를 준 것과 마찬가지가 된다. 당신이 상좌부불교의 전통을 따른다면, 이런 것들은 모두 아주 잘되고 있는 것이다. 당신이 욕망에서 벗어나고자 한다면, 반은 성공한 셈이다. 이제 당신은 위빠사나 수련을 하면 되고, 욕망을 그 뿌리까지 잘라 낼 수 있게 된다.

이와 달리 금강승에서는 모든 감각적 욕망을 송두리째 눌러 버리려 하지 않는다. 그런 욕망에 압도되지 않기를 원할 수는 있지만, 완전히 없애 버리려 하지는 않는다. 의지에 따라 욕망을 부릴 수 있기를 원하고, 욕망을 불러내어 목적에 따라 변환시키는 능력을 갖고자 한다. 공식적인 수련에서 이런 것들이 면밀하게 다루어진다. 자신의 감각경험이라는 맥락 속에서 지복감을 만들어 낸다. 예를 들어, 먹는 중에 또는 소리를 경험하면서 아니면 성적인 행위를 하는 동안 당신은 그 경험을 변환시킨다. 하지만 금강승 수련에서는 외적인 감각경험에서 행복을 추구하는 불행한 거지처럼 구는 것이 아니라 훨씬 더 깊은 원천에서 나온 지복감이 일상적인 감각경험의 쾌락에 퍼져 들어 변화하게 한다. 이것이 여러 다른 방식으로 오용되거나 하찮은 것이 될 수도 있지만, 여기서 핵심은 당신의 감각적 경험에 대해 아주 지극히 깊은 의식상태의 지복감을 가져옴으로써 어떤 초월적 특성을 갖도록 한다는 점이다.

티베트인들은 수 세기 동안 더 높은 수준의 선정을 수련하지 않았던 것으로 보인다. 하지만 수련자를 색계(form realm)의 문턱으로 안내하는 사마타에는 관심이 있었다. 수련자가 바로 그 문턱에 머물고 있는 한, 욕망에 압도당하지 않으면서도 욕망에 접근할 수 있는 것이다.

다른 세계로 들어가는 것은 어떤 이점이 있는가? 이 문제는 탐구해 보아야겠지만, 정화가 일어난다. 상좌부불교는 망상과 집착, 분노로 고통받는 마음에 대해 다소 평이하게 접근한다. 목표는 이런 모든 고통을 뿌리까지 완전히 소멸하여 다시는 돌아오지 않도록 제거하는 것이다. 다시 말하면, 이는 전면적인 근절이며, 선정의 정화는 이런 접근법에서 가치가 있다.

모든 불교전통에 공통적인 또 다른 접근법은 사마타를 통찰 계발의 도구로 보는 것이다. 즉, 사마타를 성취했다는 것은 실재의 본성을 탐구할 수 있는 완벽한 최고의 도구를 얻은 것이다. 사마타를 최적으로 활용하는 모든 수련과 탐구법에서 사마타는 급격한 변성력을 발휘한다. 사마타 없이도 수련할 수 있지만, 잘하기가 어렵다. 또한 이러한 지극히 쓸모 있는 마음을 자비심의 계발에 활용할 수 있다. 이는 엄청나게 가치 있는 것이다.

제 4 장

자애심

자애(loving-kindness)는 '친구' 라는 말과 관계가 있는 산스크리트어의 maitri, 빨리어의 metta를 번역한 말이다. 이 단어를 직역하면 '친절함'이 된다. 영어에서 friendliness란 친구 대하듯 행동하는 일종의 행동양식을 말한다. 여기서 말하는 자애라는 말에도 분명히 그런 의미가 담겨 있어서 자애는 당연히 행동으로 표출되는 것이기는 하지만, 자애란 본질적으로 마음의 특질을 말한다. 자애의 본래 특징은 우리가 마음으로 주목하고 있는 사람이 편안하고 행복하기를 바라는 열망이다. 우리는 이런 열망을 내가 오랫동안 해 왔던 다음과 같은 기도로 확장할 수 있다.

당신이 증오에서 자유롭기를. 당신이 괴로움에서 자유롭기를.
당신이 불안에서 자유롭기를. 당신이 편안하고 행복하기를.

자기 자신이나 다른 인간, 동물 또는 모든 살아 있는 존재를 자애의 대상으로 삼을 수 있다. 또한 괴로움은 정신적인 것일 수도 있고 신체적인 것일 수도 있다.

붓다의 가르침을 집약한 붓다고사에 따르면 자애수련은 먼저 자신을 대상으로 삼아 시작한다. 붓다는 "자신을 사랑하는 사람이라면 누구든 다른 존재를 해치지 않는다."[1]라고 선언했다. 붓다고사가 15세기에 기록한 이 말은 현재 우리 사회에도 놀라울 정도로 적절한데, 우리가 낮은 자존감과 자기비하로 괴로움을 겪고 있는 것 같기 때문이

---

1) Udāna 47.

다. 이는 특히 미국 사람들한테는 아주 흔한 현상이다. 이런 종류의 괴로움은 유럽에서도 전혀 이야기되지 않는 것은 아니지만, 미국에 비하면 덜한 것으로 보인다. 티베트처럼 이 같은 사고방식이 상상하기 힘든 기이한 것으로 여겨지는 문화도 있다. 내가 다람살라의 한 사원에서 공부할 때 그 사원의 최고승려는 나에게 "그럼요. 우리는 자신의 결함에 대해서는 전혀 생각하거나 말하지 않습니다. 우리는 다른 사람의 결함에 대해서만 말하지요."라고 말했다. 나는 나 자신의 결함에 대해 매우 많이 생각하고 이야기하며, 그것이 나에게는 가장 큰 문제라고 대답했다. 그는 내 말을 믿지 못하는 것 같았다. 그는 내가 자신을 놀리는 것이라 생각했고, 나는 그를 이해시킬 수가 없었다.

정서와 사고방식이 치유에서 하는 역할을 주제로 열렸던 1990년의 제3회 Mind and Life 학회에서 위빠사나 지도자인 샤론 살즈버그(Sharon Salzberg)가 달라이 라마(Dalai Lama)에게 이 문제를 거론했다.[2)] 그녀는 자애수련을 가르칠 때 학생들에게 먼저 자신을 대상으로 하도록 한다고 했다. 먼저 자신에 대한 자애심을 개발하고, 그다음에 사랑하는 사람, 중립적인 사람, 마지막으로 자신과 힘든 관계였던 사람의 순으로 대상을 넓히는 것이다. 자애심을 확장시키되, 일단 자기 자신에 대해 먼저 시작하라는 것이다. 그녀는 미국인들에게 자기혐오라는 문제가 너무 만연해 있기 때문에 이렇게 하는 것이 불가피하다고 설명했다. 만일 자신에 대한 자애심 개발이라는 이 단계를 거치지

---

2) 이것은 *Healing Emotions: Conversations with Dalai Lama on Mindfulness, Emotions, and Health*, ed. Daniel Goleman (Boston: Shambhala, 1997), pp. 189–196에 기록되어 있다.

않으면, 사람들은 '나는 괜찮지 않은데 그래도 당신이 행복하기를 바란다.'는 처지가 되고, 이는 기초를 단단히 하지 않는 셈이다. 샤론은 달라이 라마에게 미국 학생들의 낮은 자존감 문제를 거론하면서, 자애 수련을 이런 식으로 시작하도록 하는 것이 자칫 보살(Bodhisattva)이라는 이상과는 상반되는 자기중심성으로 잘못 해석될 가능성이 있다는 점에서 성공적인 좋은 방법인지 물었다.

달라이 라마는 마치 '내가 가르치는 학생들은 머릿속에 치즈만 잔뜩 들어 있다.'는 말을 들은 것처럼 샤론을 바라보았다. 그분은 문장은 알아들었지만, 그녀가 무엇을 말하는 것인지 전혀 몰랐다. 세계 각지를 여행하면서 대통령이나 국회의원, 사회단체들을 만났던 분이지만, 이런 주제를 제기한 사람은 없었던 것이다. "자신들의 낮은 자존감에 대해 이야기하는 사람들은 없었지요." "그러니까, 사람들이 정말 자신이 행복할 만한 가치를 못 느낀다는 말입니까? 자신에 대해 혐오감을 느낀다구요?" 샤론은 그렇다고 답했다. 갑자기 회의장이 조용해졌다. 달라이 라마는 이 문제를 정말 이상한 주제로 여기는 것이 확실했다. 몇 차례 대화가 오간 후에 그분은 대부분 서구인인 장내의 20명 정도의 사람들을 둘러보면서 얼마나 많은 사람들이 그런 경험을 하는지 손을 들도록 했다. 거의 모든 사람이 손을 들었다. 티베트 문화에서 이런 현상은 매우 낯선 것이다. 남태평양 사람들이 500년 전 천연두를 처음 접했을 때처럼 이 문제는 티베트 문화에서는 그동안 한 번도 접해 보지 못했던 것처럼 보였다.

달라이 라마는 드디어 눈여겨볼 만한 이야기를 꺼냈다. 그분은 자존감이 낮은 사람들도 행복을 발견하려고 애쓰지 않느냐고 물었다. 대부분의 응답은 '그렇다'였다. 사람들은 자신이 그럴 가치가 있다고 느끼지는 않지만, 그래도 행복하려고 노력한다. 이렇게 해서 달라이 라마는 연민이 바로 핵심적인 정서라는 자신의 기본 전제를 알렸다. 우리는 그래도 자신에 대한 자애심을 느낀다. 자애심은 마치 자괴심, 자기혐오, 자기비판, 죄책감이라는 두꺼운 외피 아래 묻혀 있을 뿐이다(티베트어에는 죄책감에 해당하는 말이 없다!). 그래도 자애심은 이런 두꺼운 외피를 뚫고 나와 '그럼에도 여전히 나는 행복을 원한다. 나는 여전히 고통에서 벗어나기를 바란다.'라고 외친다. 내가 티베트에서 들은 다르마에 대한 무수한 설법은 모든 생명 있는 존재는 행복을 추구하며 괴로움에서 벗어나기를 원한다는 말로 시작한다. 이 단순한 진리를 전면의 중심에 놓을 가치가 있다. 모든 개별적 존재는 행복과 괴로움의 극복을 원한다. 불교는 이것을 결코 잘못된 것이라 하지 않는다. 이것이 바로 우리가 시작해야 하는 기점이다.

행복을 향한 염원과 괴로움에서 벗어나려는 염원이라는 바로 그 뿌리가 불성(佛性, buddha-nature)의 핵심적인 표현이다. 우리가 더 멋진 차나 더 큰 집을 사거나 더 나은 직업을 얻는 등 행복을 찾으려 노력하듯이 우리는 때로 수많은 허튼 방법으로 눈을 돌리지만, 그럴 때 행복하기를 바란다는 기본적인 소망으로 돌아오기만 하면 행복을 위한 열망의 원천이자 그 스스로 구현되고자 하는 불성을 발견할 수 있다. 이는 마치 햇볕 속으로 뚫고 나오고자 하는 하나의 씨앗과 같은 것이다. 나 자신의 행복을 위해 다른 사람을 해치고자 할 때처럼 가끔은 심각하게 왜곡되기도 하지만, 이 근본적인 열망은 기꺼이 환영해야 할 무엇이다.

확고한 증거가 없더라도 우리는 최소한 직감적으로 의식 자체의 본성이 자애심의 마르지 않는 원천이라고 믿을 만한 좋은 이유가 있다.

불성이라는 그 특성은 바로 무한한 사랑이며, 이미 그곳에 있다고들 말한다. 다시 말하면, 당신은 그것을 종교나 스승 등 다른 어떤 것에서 찾을 필요가 없다. 그것은 이미 존재하는 것이며, 다만 묻혀 있을 뿐이다. 그래서 자애심이 우리의 천부적 권리이며, 우리의 삶에 쓸 수 있는 역량이라면, 이런 멋진 마음의 특성을 어떻게 기를 것인가를 강조하는 대신에 오히려 어떻게 하면 이런 천부적인 권리와 역량을 가로막는 행위를 중지할 수 있을까 하는 쪽으로 생각을 달리할 수 있다. 말하자면, '어떻게 하면 내가 진정 최고로 훌륭한 자애심 계발 기법을 배울 수 있을까?'가 아니라 '내가 이미 나에게 잠재해 있는 자애심을 억누르는 짓을 하고 있음을 어떻게 하면 알아차릴 수 있을까?'다.

명상: 자신을 위한 자애

자애심을 기르는 첫 단계는 사념적 명상에 시간을 쓰는 것이다. 지금까지 우리가 사마타 수련에서 한 것은 비사념적인 명상, 즉 마음을 가라앉히고 의식을 명료하게 하는 명상이었다. 이런 비사념적 명상은 사념적 명상의 보완으로 더욱 그 가치가 높아진다. 붓다가 "나는 사방을 다 가 보았다."라고 한 말은 바로 자신의 마음을 말한 것이었다. 이와 같이 우리는 은유적으로 우리 마음의 사방을 둘러보면서 세상과 우리 자신의 경험, 우리의 과거, 우리가 아는 사람들 그리고 다른 사람들의 경험을 탐구해 본다. 사념적 명상을 할 때에도 마음을 안정시키고 시작하는 것이 도움이 된다. 호흡을 알아차리는 것으로 시작할 수 있다. 스스로 편안하고 균형 잡힌 것으로 느껴진다면 자세는 그리 중요하지 않다.

자애수련은 자신을 대상으로 시작한다. 불교에서 자애는 우리가 마음속으로 떠올리는 사람이나 생명 있는 존재들이 편안하고 행복하기를 진실하게 기원하는 것을 말한다. 그저 편안하고 행복하기를 원하는 이 사람의 소망과 염원이 이루어지기를, 이 사람이 행복을 찾기를. 이렇게 수련의 시작을 우리 자신을 대상으로 먼저 하는 것은 특히 우리가 자란 문화에서는 지극히 중요한 이유가 있다. 그렇게 하는 것이 항상 적절한 것은 아니긴 해도, 우리에게는 그렇게 하는 것이 좋다.

자애수련의 본질에 대한 비전을 생각해 보자. 이 수련의 핵심은 무엇인가? 이 수련으로 얻고자 하는 것은 무엇인가? 마치 영적인 의식인 것처럼 마음에 어떤 이미지를 떠올려 보라. 인간의 충만함과 행복이 무엇인가에 대한 비전을 갖는 것이 도움이 된다. 당신 자신의 인간적 만개를 가능케 하는 것은 무엇인가? 그것을 어떻게 상상할 수 있을까? 이런 비전을 간직하면서 우리는 자신을 위해 행복을 빌어 주며, 수련을 통해 이런 성품을 기를 수 있다. 우리가 그렇게 될 수 있기를. 우리의 수련이 바라던 대로 열매를 맺고, 혼자서든 다른 사람과의 관계에서든 우리 자신의 웰빙을 이룰 수 있기를. 우리 스스로 수련에 매진하도록 독려하여 그 열매가 실현될 수 있게 하자.

이렇게 시작해서 우리 자신이 사마타 수련의 이득과 축복을 누릴 수 있기를 소망하는 식으로 자애계발과 사마타 수련을 통합할 수도 있다. 즉, 우리 자신을 위한 자애의 기원에서 시작해서 사마타 수련 자체로 나아갈 수 있다. 사마타 수련으로 마음에서 피어오르는 고요함과 행복감, 자유로운 주의, 나 자신이 마음에 의해 조작되고 오용되는 것이 아니라 내가 바라는 대로 마음을 쓸 수 있다는 마음의 가치감 등과 같은 큰 축복을 얻을 수 있다. 마음을 쓸모 있는 좋은 도구라 말할 수 있다는 것은 얼마나 큰 축복인가!

우리는 자애명상을 사념적인 맥락에서 진행하면서 자애를 가리고 있는 미움의 역할을 살펴볼 수도 있다. 당연히 자애를 가리는 것들이 여럿 있지만, 붓다의 경험에 따르면 자애심의 가장 큰 장애는 미움이다. 미움의 또 다른 표현은 경멸 또는 우월감을 토대로 하는 혐오로서 '당신은 어떠한 행복이나 웰빙을 누릴 가치가 없을 뿐 아니라 열등하다.'는 생각과 관련이 있다. 이는 우리가 상상할 수 있는 한, 자애심과 가장 대조가 되는 마음이다. 미움과 악의, 경멸, 무시 등이 마음에 있으면 자애심은 있을 자리가 없다. 자애심이 있으면 이들 중 어떤 것도 마음에 있을 수 없다.

미움이 인류 공동체와 개인의 삶에 미치는 영향은 무엇일까? 우리 자신이 이런 감정에 굴복했을 때 우리 자신의 삶에 어떻게 영향을 미쳤던가? 우리는 세심한 개인적 수련을 통해 자신과 타인의 개인적, 사회적, 전 지구적 삶에 관해 우리가 알고 있는 것을 모두 회상함으로써 그 영향을 살펴볼 수 있다. 증오는 어떤 영향을 미치는가? 그 본성과 특징은 무엇인가? 꼼꼼히 살펴보라. 이때 당신은 어떠한 설명도 받아들일 필요가 없다. 스스로 그에 관해 생각해 보자.

그리고 대안적인 경우를 살펴보자. 자신의 삶이나 타인의 삶 또는 공동체의 삶에서 있었던 사례를 생각해 보자. 부당한 것이 있었고, 사람들은 그에 대해 관용과 인내 그리고 강인함으로 반응했다. 그들은 공격성을 배제하고 용기로 대응했음을 알게 된다. 미움과 두려움의 관계에 대해 생각해 보자. 관용과 인내는 공포나 불안의 정반대는 아니지만, 아마도 그 방향은 매우 다를 것이다. 에리히 프롬(Erich Fromm)

은 "사랑이란 두려움이 없는 것"이라 했는데, 이 짧은 말에는 엄청난 신뢰가 들어 있다.

관용에는 나약함이 없다. 관용의 마음은 용기와 굳셈을 포함하는 매우 강력한 성질이다. 그리고 두려움 없는 굳셈이 자애심 계발의 토대다. 이를 곰곰이 숙고하는 것이 강력한 보호를 위한 단계를 갖추는 것이다. 그러면 당신은 자애를 안전하게 계발할 수 있는 보호막을 만들고 그 안에 머무를 수 있는 것이다.

그런 다음 수련은 심상화의 단계로 나아간다. 가슴을 열고 자애심이 네 가지 형태로 흘러 나가게 한다. 나 자신이 미움에서 자유롭기를. 나 자신이 고통에서 벗어나기를. 나 자신이 불안에서 벗어나기를. 나 자신이 편안하고 행복하기를.

이 네 가지 중 첫 번째인 '나 자신이 미움에서 자유롭기를' 에 집중해 보자. 그리고 '나 자신이 악한 의도에서, 증오에서, 분노와 짜증, 억울함과 화남의 고통에서 벗어나기를' 로 더 확장해 보자. 이것이 그저 수동적이거나 아니면 모든 상처와 어려움을 그저 받아들이라는 것은 아니다. 오히려 이러한 마음의 괴로움에서 자유로워지는 것을 뜻한다. 이는 열정과 에너지, 힘과 같은 인간정신을 손상시키지 않고 오히려 이런 인간정신으로 어려움에 반응한다는 것을 함축한다.

우리가 '나 자신이 미움에서 자유롭기를' 과 같은 갈망을 읊조리면서 과거에 이런 미움이나 그 비슷한 적대감 같은 것을 일으켰던 상황을 회상해 보자. 그런 다음 기억이 아니라 상상의 힘을 빌어서 비슷한 상황이라면 지금이나 또는 장래에 자신이 어떻게 반응할지를 상상해 보자. 다만, 이제는 미움의 고통이 아니라 인내의 힘으로 그런 상황 속에서 자신을 세워 보자. 당신의 기억뿐 아니라 상상의 지혜와 창의성을 총동원해 보자.

산티데바는 힘든 일이 생겨 괴로움을 겪을 때 "치료법이 있다면 낙담할 필요가 있는가? 만일 치료법이 없다면 슬퍼하는 것이 무슨 소용이 있겠는가?" 하고 말했다.[3] 산티데바는 우리가 할 수 있는 것이 없음을 분별의 지혜를 통해 인식한다면, 우리는 그저 인식할 뿐 스스로 불행해지거나 분노에 빠져서 자신을 괴롭히지 않을 수 있다고 알려준다.

당신은 이런 부정적인 측면에 사로잡히기를 바라지 않을 것이다. 어떤 심리학자들은 부정적인 것이 없다는 것에 주의를 기울이는 것은 아직도 계속 부정적인 것에 사로잡혀 있는 셈이라고 말한다. 이런 관점에서는 당신이 원하는 긍정적인 것에 초점을 맞추는 것이 당신이 원치 않거나 벗어나려는 것에 초점을 맞추는 것보다 낫다. 나는 두 관점이 모두 가치가 있다고 생각한다. 그저 적개심이나 불안, 괴로움에 빠져 있지 않는 것도 그 자체로 좋지만, 그것도 삶의 실재의 일부이기 때문에 마음에 담는 것도 나쁘지 않다. 우리 자신의 경험으로 그런 역경들을 마음에 가져와 아무런 미움 없이 그런 역경들에 반응한다면 어떻게 될까를 상상해 볼 수 있다. 어떻게 될까? 자신이 괴로움에 굴복하지 않도록 하면 어떻게 될까? 그런 역경을 겪을 때 용기와 창의성, 강인함으로 자신을 세운다면 어떻게 될까?

불안은 이렇듯 치명적인 골칫거리다. 모든 것이 완벽해도, 즉 당신이 멋진 배우자와 좋은 직업, 아름다운 환경, 탄탄한 건강을 유지하고 있다 해도, 무엇인가는 변할 것이라는 불안에 의해 이 모든 것이 다 날

---

3) *A Guide to the Bodhisattva Way of Life*, VI: 10.

아가 버릴 수 있다. 사실 실제로 모든 것은 변하며, 그래서 당신의 불안은 그 뿌리가 확고한 것이다! 따라서 항상 불안할 수 있는 확실한 근거가 있으며, 불안은 언제나 하나의 질병이다. 불안은 없을 수 없으며, 언제나 쓸모가 있다. 불안은 단지 하나의 괴로움에 불과하다. 위험이나 역경, 고통의 가능성에 대해 아무런 불안이 없이 직면한다면 어떻게 될까?

마지막으로, '나 자신이 편안하고 행복하기를.'이다. 상상력을 동원해서 비전과 창의성을 발휘해 보자. '나 자신이 편안하고 행복하기를.', 이게 도대체 무슨 말일까? 이것은 하나의 문구다. 우리는 어떤 문구가 실현되라고 기도하는 것은 아니다. 우리는 원하는 쪽으로 마음의 방향을 잡는 것이다. 이것이 실현되기를, 그렇게 되기를. 당신에게 평안함이란 어떤 느낌인가? 이는 지극히 개인적인 것이지 어떤 공식이 아니다. 이는 당신의 체화된 삶에, 당신의 가족과 친구, 동료, 일 그리고 환경이라는 맥락 속의 삶에 들어 있는 것이다. 이런 것들이 모두 바뀐다는 가능성을 전제하면, 당신의 평안함이란 무엇인가? 이 질문을 염두에 두자.

내가 원하는 대로 평안하려면 나는 어떤 종류의 사람이어야 하는가? 나는 어떤 종류의 사람처럼 되어야 하는가? 여기서 강조하는 것은 주관성이다. 상상하건대, 나는 로스앤젤레스 중남부의 돌집에 살거나 아니면 어딘가 야생의 광활한 곳에서 살면 행복할 수 있을지 모른다. 핵심 질문은 '나 자신이 그런 상황에 무엇을 가지고 가는가?'다. 내가 평안하려면 나의 자각과 행위가 어떠해야 하는가? 내가 어떻게 해야 편안하고 행복한가?

한편, 우리는 개인이며 한 환경에서 다른 환경으로, 한 공동체에서 다른 공동체로, 한 상황에서 다른 상황으로 옮겨 다니는 연속성이 있다. 다른 한편으로 우리는 맥락적 존재다. 나는 단순히 앨런 월리스가 아니다. 나는 캘리포니아 사람 월리스이며, 어떤 대학의, 어떤 가족의 월리스다. 우리가 단순히 환경의 희생물이라는 것은 우리 대부분에게 사실이 아니다. 우리는 어떤 의미를 따라 환경을 선택한다. 내가 살고 있는 바로 그 맥락에서 편안하고 행복하다는 것은 어떤 의미인가? 나는 내가 원해서 받아들인 이 환경 속에서 어떻게 해야 편안하고 행복할까? 어떻게 지금 이 순간에 평안할 수 있을까?

우리가 지금 현재에 있을 때조차도 우리는 움직인다. 그래서 어떤 이상적인 것을 명상에 들여오는 것이 도움이 된다. 이런 이상은 고귀한 것이거나 예외적이거나 무량한 것일 수 있다. 이런 것들도 현재 삶의 일부다. "나 자신이 더더욱 이런 이상을 체화할 수 있기를."과 같은 것들을 마음에 담아 보자. 이것 또한 자신을 위한 자애의 매우 풍요로운 부분이다.

자애수련의 확장

자신을 향한 자애는 모든 존재를 위한 자애를 키우는 것의 기초다. 그 이후에 자애수련의 핵심을 시작하는 다양한 방법이 있다. 하지만 사람들이 시도해 본 좋은 방법은 자신이 존경하거나 사랑하는 사람에 초점을 먼저 두는 것이다. 단순히 친한 친구가 아니라 정말로 그 사람의 빼어난 삶에 대해 존경과 칭송이 우러나는 사람을 말한다. 이 여성(어떤 여성이라고 치자.)에게 초점을 맞추고 마음속으로 생생하게 떠올린다. 당신이 스스로에게 그랬던 것처럼 이 여성에 대해 마음을 열고 그녀가 편안하고 행복하기를 기원한다. 그녀의 구체적인 욕구와 열망을 생각하면서 그녀가 잘되기를 빌어 준다. 그녀의 염원이 이루어지기를. 그녀가 만족하기를. 이런 바람은 개인적인 것일 수도 있고 그보다 좀 더 범위가 넓을 수도 있다. 예를 들어, 달라이 라마는 티베트가 핵실험과 전쟁무기가 없는 평화지대가 되기를 바란다. 나는 이런 점에서 그가 그런 소망을 이루기를 기원한다.

다음 단계는 매우 가까운 친구에게 초점을 맞추는 것이다. 자신을 위한 것과 마찬가지로, 타인을 위해 '그가 편안하고 행복하기를' 기원한다. 물론 친한 친구는 당신이 아주 잘 아는 사람이어서 그의 소망과 목표, 그의 불안과 번민을 잘 알고 있을 것이다. 당신 자신에게 했던 것처럼 이제는 배우자와 자녀에게 자애심을 가지고 주의를 기울인다. 자애수련을 하는 내내 당신과 가까운 사람들은 전혀 생각하지 않고 자신에 대한 자애만을 키운다는 것은 창피한 일이다. 이런 점을 염두에 두고 네 가지 소망을 기원한다. '당신이 증오에서 자유롭기를. 당신이 괴로움에서 자유롭기를. 당신이 불안에서 자유롭기를. 당신이 편안하고 행복하기를.' 당신이 가슴으로 그들과 만나게 하자.

이제 다음 단계의 수련은 중립적인 사람, 어떤 식으로든 별로 생각해 본 적이 없는 사람에 초점을 둔다. 그 사람이 교통사고로 죽었다거나 복권에 당첨이 되었다거나 하는 소식을 듣는다 해도 당신의 마음은 기본적으로 별 동요가 없을 것이다. 당신에게 이런 부류에 속하는 사람이 하나도 없다면, 이는 매우 훌륭하고 고귀한 것이다. 하지만 그런 사람이 있다면 바로 그 사람에게 초점을 맞춘다. 그 사람은 동네 시장에서 가끔 보는 계산대의 직원일 수도 있다. 그에게 초점을 맞춘다.

그리고 "나 자신이 그런 것처럼 당신도 고통에서 벗어나기를 바라며 행복을 찾기를 바라고 있습니다. 부디 그리되기를. 당신이 편안하고 행복하기를." 하며 기원해 준다. 당신 자신과 친한 사람들에게 느끼는 자애심이 당신이 별 관심을 두지 않던 그 사람에게 흘러들어 가도록 한다.

물론 각 수준에서 한 사람이 아니라 여러 사람을 정해 반복적으로 수련한다. 그렇게 하는 것이 좋은 이유는 구체적인 개인을 염두에 두는 것이 '나는 인류를 사랑하지만, 인간은 싫다.'[4]와 같이 아무 대상도 없는 상투적인 사랑을 피할 수 있기 때문이다.

이 수련의 또 다른 방법이 있는데, 마음의 방향성을 달리해서 자애심을 동서남북으로 보내는 것이다. 당신의 자각을 마치 광선이라 상상하고, '남쪽에 사는 사람들 모두 증오에서 벗어나기를, 괴로움을 벗어나기를, 불안에서 벗어나기를, 당신들이 편안하고 행복하기를' 기원하는 것이다. 이런 식으로 네 문구를 자애심과 함께 확산시킨다. 또 다른 방법은 기본 방위를 정하는 것이 아니라 내 앞과 뒤, 옆에 있는 모든 존재에 초점을 맞추는 것이다. 이렇게 하는 것은 매우 간편하다. 이는 좋은 수련법인데, 개별 수련을 보완하는 방법으로 특히 효과적이다. 하지만 배타적으로 수련하는 것은 상투적이거나 유리된 '사랑'이라는 함정에 빠질지도 모른다.

자애수련은 아주 단순하고 별 설명이 필요치 않다는 것을 알 수 있을 것이다. 물론 우리가 어떤 감정을 느끼는 사람들을 다루는 것에 대

---

4) 역주) 아인슈타인(Einstein)이 했던 말로, 인간의 본성에 대한 긍정적 태도나 말과는 달리 구체적인 다른 인간에 대해 부정적인 행동을 하는 속성을 지적한 말이다.

해서는 더 할 말이 있을 수 있다. 우리가 미워하는 사람을 마음에 들여 올 때는 처음부터 미움을 싹 쓸어버릴 수는 없다. 분명히 뭔가가 깊이 내재해 있을 수 있고, 그래서 이 문제를 다시 다루는 경우에는 그런 미움을 제거하기 위한 이해와 지속적인 작업이 필요하다.

자애수련에서 일반인을 다루는 것의 이점

존경하는 스승 중 한 분인 돌아가신 타라 린포체는 위대한 학자이자 명상가일 뿐 아니라 대단히 따뜻한 분이셨는데, 자애심의 계발과 관련해서 이 문제에 대해 이야기한 적이 있다. 이분은 어린 시절 승려가 된 이래 일반적인 경로와는 달리 자애심 계발을 위해 사원을 활용하는 다음과 같은 방법을 알게 되었다고 한다. 출가자가 가족을 떠나 혼자가 되려는 동기 중 하나는 가까운 사람이나 먼 사람을 차별 없이 동등하게 대하는 태도를 개발하려는 것이다. 이는 모든 사람에 대한 동등한 친밀감을 개발하는 것인데, 가족을 보호하고 돌보는 것 같은 특별한 책임감을 갖는 것과는 정반대다. 따라서 공평한 자애심을 계발하는 한 가지 방법은 그저 개인적 애착으로부터 자신을 떼어 놓는 것이다. 당신은 사원에 들어감으로써 자신을 물리적으로 떼어 놓을 수 있다. 그런 다음, 그 중립적인 장소에서 자신의 가족뿐 아니라 모든 다른 존재에 대해서 친밀감과 자애심, 연민심을 개발하면 된다.

타라 린포체는 많은 일반인에게 이러한 말을 하면서 또 다른 효과적인 방법을 제시했다. 배우자와 아이가 있는 보통 사람들의 경우 배우자에 대해서는 다른 남녀와 달리 특별한 의무를 가지고 있다. 또한 자신의 아이들에 대해서도 다른 아이들과 달리 자신이 돌보아야 할 의무가 있다. 사실 자기 아이를 다른 집 아이처럼 취급했다면, 이는 아마 형편없는 부모일 것이다. 그리고 이런 상황은 어떤 사람들에게는 아주 좋은 기회인데, 이는 배우자나 자식과 이런 친밀한 관계를 시작하는 것은 그런 관계가 아니었다면 결코 일어나지 않았을 자애심을 끌어내는 하나의 기회이기 때문이다. 주변에 사랑할 사람이 아무도 없는 조금 뻣뻣한 승려들이 있다. 나 자신은 14년간의 승려생활을 포함해서 오랫동안 혼자 사는 외로운 생활을 했는데, 당신이 만약 여러 달을 혼자 외롭게 산다면 당신의 주변 환경에 대해 상당한 수준의 통제력을 가질 것이라 말할 수 있다. 당신은 깡통 속에 먹을 것이 얼마나 남아 있는지 정확히 알 수 있다. "먹을 것을 다 먹어 버렸다고? 그럼 나는 어떻게 하지?" 하며 당신을 놀라게 할 사람은 아무도 없다. 당신은 원하면 히터를 켜면 되고, 다른 사람들이 너무 덥지 않을까 염려할 필요가 없다.

두 길에 모두 장단점이 있다. 하지만 타라 린포체가 말했듯이 가족이라는 상황은 배우자나 아이들이 있어서 다른 조건에서는 기대할 수 없는 애정과 따뜻함, 부드러움과 같은 마음을 낼 수 있는 조건이다. 그런 마음이 일어나면 거기에는 따뜻함과 친밀함 그리고 깊은 배려감이 있게 되며, 그런 만큼 아이들이나 배우자를 위해 기꺼이 자신의 삶을 희생할 수 있을 것이다. 누군가에게 이런 종류의 배려심을 느낄 수 있다면 이는 매우 바람직한 것이다. 자신의 혈육과 연대감을 개발하게 되면 그것을 다른 사람들에게 확장해서 '당신도 나의 가족과 같다. 나의 형제와 같다.'는 식으로 점차 더 넓은 유대감을 개발할 수 있다. 목표는 같지만, 이런 방법에서는 평등심이 개발되기 이전에 먼저 자애와 사랑이 있게 된다. 즉, 자애와 사랑이 처음에는 차별적이지만 그래도 그것은 좋은 것이다.

미운 대상에 대한 자애심

이제 당신은 우리가 자연히 적대감이나 미움을 느끼는 사람에 대해 진정한 자애심을 키우는 것을 목표로 할 수 있음을 추측했을 것이다. 그 사람의 실직이나 질병 또는 죽음과 같은 불행이 오히려 우리에게 만족감을 줄 수도 있는 그런 사람도 있을 수 있다. 반대로 이런 사람이 뭔가 찬사를 받거나 유명해지거나 뭔가를 잘하거나 하면 우리 마음은 불만족할 수도 있다. 세상일은 원칙대로 돌아가지 않는다. 나쁜 사람이 이기기도 한다. 붓다는 이 점을 지적하면서 우리의 적대감의 일곱 가지 측면을 이야기했다. 그는 매우 직설적이다.

> 적은 그의 적에게 이와 같이 원한다. '이자가 참으로 흉한 꼴이 되기를!'이라고. 그것은 무슨 이유인가? 적은 자기 적의 아름다운 모습을 기뻐하지 않기 때문이다. 이제 이 화난 사람은 화의 포로가 되고, 화에 정복된다. 비록 목욕을 하고 향수를 뿌리고 이발과 면도를 하고 하얀 옷을 입더라도 그는 화에 압도되어 흉한 꼴이 된다. 이것이 적을 즐겁게 하고 적에게 도움이 되는 첫 번째 것으로 여자거나 남자거나 간에 화난 자에게 찾아오는 것이다. 심지어 적은 그의 적에게 이와 같이 원한다. '이자가 괴롭게 잠들기를……!' '이자에게 행운이 따르지 않기를……!' '이자에게 부가 따르지 않기를……!' '이자에

게 명성이 따르지 않기를……!' '이자에게 친구가 없기를……!' '이 자가 몸이 무너져 죽은 뒤 좋은 곳이나 천상에 태어나지 않기를!'[5)]

이어 붓다는 다음의 은유를 설한다.

마치 화장터에서 사용된 나무토막이 있어 양 끝은 불타고 중간은 악취가 난다면 마을에서도 그것을 장작으로 사용하지 않을 것이고, 숲에서도 장작으로 사용하지 않을 것이다. 사람도 마찬가지일 것이다. …… 그러므로 그대가 이와 같이 화로 앙갚음하면 처음 화를 낸 사람보다 더 나쁜 자이며, 승리하기 어려운 싸움에서 승리하지 못하리라. 그대의 적이 지은 일들을 그대 스스로 자신에게 지을 것이고, 화장터에서 사용된 나무토막과 같은 사람이 될 것이다.[6)]

붓다고사는 이 말을 명상하면 누구에게도 적대감을 느끼지 않을 수 있다고 말한다. 이는 멋진 일이다. 그렇게 할 수 있다면 수련을 할 필요가 없을 것이다. 하지만 그렇게 못한다면 해야 할 일이 있는 셈이다. 하지만 수련은 조금씩 진전되어야 한다. 붓다고사는 당신이 꺼리는 사람을 대상으로 자애명상을 시작하지 말라고 권한다. 이는 아마 매우 버겁고 고통스러울 것이며 위선적일 수도 있다. 그 대신 가장 쉽고 자연스러운 것부터 시작하자. 즉, 자신을 대상으로 하는 것이다. 그런

---

5), 6) *The Path of Purification*, trans, Bhikkhu Nanamoli(Kandy: Buddhist Publication Society, 1979), IX: 15.
역주) 한국어 번역은 『청정도론』(대림스님 역, 초기불전연구원)을 따름.

다음 당신이 존경하고 사랑하고 경애하는 사람에 대한 자애심을 개발한다. 이어서 친한 친구, 중립적인 다른 사람을 향해 자애심을 개발한 다음에 당신의 적을 향해 '이 사람은 적이다. 이 사람은 행복할 가치가 없다. 이 사람은 모든 불행을 겪어야 한다.'는 태도를 줄이는 것으로 진행한다.

자애수련의 뒷 단계에서 우리는 의식적으로 우리에게 트라우마와 상처 또는 불행을 가져다준 개인(또는 집단)을 마음속에 떠올린다. 이 명상의 목적은 여기에도 자애심을 가질 수 있게 하는 것이다. 이는 매우 힘들고, 많은 작업이 필요하며, 수년이 필요할 수도 있지만, 그만한 가치가 있다.

자애심을 기르는 데에 장애물을 만났을 때, 한 가지 방법은 이를 알아차리고, 인정하고, 물러서는 것이다. 그런 다음에 마음을 더욱 깊은 자애심으로 채울 수 있는 곳으로 돌아오는 것이다. 당신이 개인을 대상으로 하고 있다면, 자애심의 대상은 사랑하는 사람, 지극히 존경하는 사람 그리고 자기 자신으로 향한다. 이렇게 되돌아와서 어떤 계기를 만든 다음에 다시 그 자애심을 문제가 되는 사람에게 확산시킬 수 있는지 살펴본다.

영적 성숙을 위한 소중한 요소는 강인함, 관용, 인내와 같은 용기를 배양하는 것이다. 이러한 방향으로 충분한 잠재력을 개발하지 않고 깨닫는 것은 불가능하다. 자애심도 마찬가지고, 통찰이나 사마타도 마찬가지로 실행에 필요한 또 하나의 자질이 용기다. 이는 영적 각성이라는 모자이크의 한 부분이며, 당신은 예외일 수도 있지만, 우리 대부분에게 필요한 것이다. 빈털터리나 거지가 우리의 열린 마음과 관대함을 기르는 데 도움이 되는 것과 마찬가지로—당신을 필요로 하는 사람이 전혀 없다면, 어떻게 당신이 관대해질 수 있는가?—우리에게 괴로움을 주는 사람이 우리의 깨달음을 위한 또 다른 소중한 요소다. 이들은 우리가 정말로 원하는 지혜와 관용 그리고 이 둘 모두의 통합성을 키우는 데에 도움이 되는 존재다. 이런 특별한 의미에서 우리는 심지어 고마움을 느낄 수도 있다. 너무 성급하게 고마움을 느끼려 하지 말라. 그렇게 하면 위선이 될 수도 있다. 이것이 때로는 성공적인 방법일 수도 있다. 하지만 그렇게 할 수 없다면, 이를 환영할 수 없다면, 그저 그것을 인정하고 내버려 두어라.

평등한 자애심을 기르는 과정에서 우리는 작은 응어리가 남아 있을 수 있다. 우리가 자애심을 느낀다는 과제를 성취하기 어려운 사람이나 공동체, 상황이 있을 수 있다. 마음 한구석에서는 '미안하지만, 그들은 그럴 가치가 없다.'고 속삭일 수 있다. 우리는 그들이 우리에게 준 상처나 다른 사람들에게 준 상처를 떠올리거나 그들이 터무니없이 못되거나 난폭하거나 공격적이거나 불쾌한 존재라고 생각할 수도 있다. 그러면 우리는 어떻게 할 것인가? 내가 언젠가 들었던 적이 있는 말, 그 맥락 때문에 엄청난 힘을 가지고 있는 이야기가 금방 떠오른다.

텐진 쵸닥(Tenzin Choedak)은 1950년대에 티베트에 머물던 달라이 라마의 주치의였다. 그는 승려였고, 뛰어난 의사이자 치유자였다. 달라이 라마가 티베트를 떠날 때 그는 중국 공산주의자에게 체포되었다. 그는 거의 18년간 수용소에 수감되어 꿀꿀이죽으로 연명했다. 그들은 결국 마오쩌둥 사후에 그를 풀어 주었다. 그 후에도 그는 티베트를 오랫동안 빠져나오지 못하다가 나중에 달라이 라마를 만났고, 즉시 그의 주치의로 복귀했다. 그는 수감되었던 18년 동안 한 번도 중국인에 대한 미움과 분노, 적개심을 품은 적이 없다는 말로 나에게 큰 감동을 주었다. 나는 그의 말을 전적으로 믿는다.

당시 그가 분노를 느끼거나 삶을 갉아먹는 화나 억울함을 느꼈다면 이것은 정당한 것이었을까? 순전히 일반적인 관점에서는 그것이 당연하다. 그는 중국인들에 대해 아무런 짓도 하지 않았는데 단순히 티베트가 중국의 일부가 아니라는 문서에 담대하게 서명을 했다는 이유로 18년간이나 괴롭힘을 당했던 것이다. 만일 그것이 정당한 분노가 아니라면 나는 무엇이 정당한 분노인지 알 수가 없다. 하지만 만일 당신의 분노가 정당한 것이라 항변한다면, 이 승려는 당신이 쓸모없는 말을 한다고 여겼을 것이다. 그게 무슨 의미가 있는가? 정당한 암이라는 것이 있는가? 정당한 AIDS라는 것이 있는가? 정당한 뇌종양이 있는가? 이것들은 그저 질병일 뿐이다. 미움은 질병일 뿐이며, 하나의 괴로움일 뿐이다. 우리를 아프게 하는 것일 뿐이다.

미움을 다루는 데 매우 유용한 통찰명상 기법이 있다. 이는 질병에 대한 해독제다. 이 해독제 대부분은 연민을 지지하는 지혜를 사용하는 것이다. 연민이나 자애심으로 담대하게 나아가 장애물에 대적할 때, 이런 장벽을 허물어 버리는 통찰이 있다. 붓다고사는 지혜로 무장한 사람의 경우 통찰명상을 적개심의 대상에 적용하는 것은 장애물을 제거하는 데 효과적이라고 말한다.

한 가지 기법은 분노나 적개심을 일으키는 사람에 초점을 맞추는 것이다. 아마 당신이 해치고자 하거나 전에 당신에게 상처를 주었던 사람일 수 있다. 붓다고사는 당신이 미움에 휩싸이면 당신 자신이 해를 당할 것이라고 말한다. 분노는 다른 사람에게 해를 입히거나 해를 입히지 못할 수도 있지만, 당신의 마음에 미움이 솟아나면 당신은 이미 스스로 상처를 입은 것이며 그래서 당신의 적이 원하는 목적을 이루게 한 셈이다. 참 이상하지만 사실이다. 그러니 이 점을 명심하라.

적개심이나 미움이 일어나면 강박적이게 된다. 그래서 어떤 집단이나 개인의 부정적인 특징이나 행동에 강박적으로 초점을 맞추게 된다. 자신의 이런 어려움이 어떤 느낌인지에 주의를 기울이지 못하게 된다. 붓다고사는 그것이 어떤 느낌인지를 관찰하라고 권한다. 그것이 당신에게 어떤 영향을 미치는가? 최근 의사들은 미움과 분노의 순수한 생리적 효과에 대해 갈수록 더 많은 이야기를 하고 있는데, 분노와 미움은 그것을 표현하든 억압하든 모두 다 부정적이라 말한다. 이는 심장을 파괴하는 좋은 방법이며, 그 자체만으로도 수면과 소화, 정신적 안녕을 파괴한다. 그런 감정은 고통을 야기할 뿐이다. 그러니 그런 감정을 제압할 수 없다면 그저 그것에 주의를 기울이고 인정하는 것이 좋다.

이제 다시 윌리엄 제임스의 말 "당신이 주의를 기울이면 그것이 당신의 현실이 된다."로 돌아가 보자. 분노가 나타나면 불편함이 있게 된다. 이를 단지 알아차리기만 하면, 이미 그 힘을 빼 버리기 시작하는 셈이다. 이는 억압의 문제가 아니라 관여하지 않는 것이다. 이것이 한 가지 반응방식이다.

미움은 그 대상을 단순화하고 희화화하는 경향이 있다. 미움은 그 대상이 가지고 있는 복잡성을 인식할 수 없게 한다. 미움은 그 대상의 가족이나 환경이라는 역사적인 전체 맥락이 갖는 다양한 측면에는 아무런 관심도 갖지 못한다. 여기에 대응하는 한 가지 가능한 방법은 내가 미움을 느끼는 사람에 주의를 기울이고 그 사람에게 부정적인 측면 외에 다른 측면은 없는지 살펴보는 것이다. 뭔가 밝은 측면이 정말 없는가? 그것에 주의를 기울이고 머물면서 마음을 열어 보자. 이는 마치 바위 위에 벌어진 틈과 같다. 그 틈을 열면서 추상적인 인물이 아니라 사람과 만나 보라.

지혜를 적용하는 또 다른 방법은 우리가 어떤 사건에 대한 억울함에 어떻게 초점을 맞추는지를 알아차리는 것이다. 이렇고 저런 날에, 이렇고 저런 장소에서 그 사람이 이렇게 저렇게 했다고 치자. 우리가 그 사람을 회상할 때마다 그 사건이 떠오른다. 어쩌면 마음은 모든 지적인 능력을 발휘해서 비슷한 종류의 다른 사건을 찾아 기억에 떠올릴 수도 있다. 우리는 그 사람이 전에 이러저러했음을 알며, 그래서 현재나 미래의 그 사람에 대해서 비슷한 특징이나 행동을 붙이게 되고, 그 결과 우리는 한 가지 사건이나 일련의 사건을 토대로 하나의 일관성 있는 혐오감 덩어리를 형성하게 된다.

붓다고사는 우리 자신의 존재를 되돌아보게 한다. 우리는 예를 들어, 사마타 수련을 통해 우리 자신의 삶에서 우리의 상태가 끊임없이 달라진다는 것을 알게 된다. 한순간에는 가슴이 열리고, 15분 후에는 마음상태가 금방 바뀌어 전혀 다른 어떤 불편감에 사로잡힌다. 이렇게 서로 다른 두 태도가 어떻게 이웃하게 되는지 의아해할 수 있다. 하지만 태도들은 비교적 빨리 바뀔 수 있고 또 바뀐다. 그 작은 불편감은 난처하게 했다가 사라지며, 마음이 개운했다가는 다시 뭔가 떠오른다. 상황이 끊임없이 변한다. 때로는 유익하고 때로는 해롭다. 하지만 분노는 이런 변화에 주의를 기울이지 않는다. 분노는 한 사건에 고착되거나 아니면 그 사람의 어떤 기질적 특성에 들러붙는다. "이 사람은 이런 사람이야. 내가 겪어 봐서 알아."

내가 한때 전혀 동감하지 않았던 사람이 있다. 우리는 개인적으로 만난 적이 없었는데 이상하게도 그 사람은 몹시 불쾌한 방식으로 나를 공격했다. 당시 나는 좀 예민했고, 상당히 상처를 받았다. 힘든 감정이 올라왔다가 사라졌다. 아마 나는 이 사람을 다시 만날 일이 없을 것이지만, 그 사람과 관계한 일이 그것이었기 때문에 그 사람의 이름을 듣거나 사진을 볼 때마다 그 일만이 마음에 떠오를 것이다. 나는 그가 여자 친구가 있는지 모르며, 그의 부모님이 살아 계신지 아닌지도 모른다. 만일 그가 내가 생각했던 것처럼 진짜 나쁜 사람이었다면, 그의 부모는 그가 태어나자마자 어딘가에 버렸을지도 모른다. 하지만 그는 어떻든 살아남았고, 그래서 그에게는 내가 보지 못한 무엇인가가 있을 것이다. 이는 고전적인 예다. 나는 결코 그 사람을 모른다. 내가 가지고 있는 것이란 하나의 카툰(cartoon, 만화)일 뿐이다. 또한 지금 내가 그 사람에 대해 가지고 있는 생각에는 아무런 근거가 없음이 확실하다. 나는 하나의 생각을 가지고 있지만, 내 생각에 상응하는 것은 아무것도 없다. 내가 하고 있는 것은 내 마음속에 작은 쓰레기 뭉치를 만들고 있는 것에 불과하며, 이는 기껏해야 시간낭비일 뿐이다.

우리가 왜 이런 사건에 매달려 있을까? 아무런 가치도 없고 이익도 없는데도 우리는 종종 그럴 가치가 있다고 생각한다. 나는 분노를 도덕적으로 옳다고 정당화하며 방어하려 하는 사람들을 본 적이 있다. 하지만 약간의 지혜로도 그게 말이 안 된다는 것을 알 수 있다. 분노는 합리적이지도 않고 그저 강박적인 것일 뿐이다. 그 맛은 쓰디쓴 쓸개즙과 같지만, 당신에게 결코 좋은 것이 아니다. 나아가서 그것은 그저 시간을 잡아먹는 것이며, 여러 면에서 파괴적인 것이다.

일반적으로 사람들은 자신의 자기(self)를 찾기 위해 통찰수련을 시작한다. 그들은 자신에게 "나는 누구인가? '나' 라는 인식의 참조물은 무엇인가? 그것은 내 몸인가, 마음인가, 정서, 느낌, 의지, 욕구인가?

아니면 이들 모두가 그것인가?" 당연히 당신은 '나'라고 할 만한 아무런 근거가 없음을 알게 된다. 우리가 보통 붙들고 있는 '나'라는 정체감은 마치 내가 나폴레옹이라고 주장하는 것처럼 거짓이다. 이런 거짓된 자기감은 항상 작동하는 것은 아니지만, 때로 그것은 지독하게 나타난다. 이에 관해 내가 좋아하는 티베트의 가르침에 따르면, 당신이 부당하게 비난받을 때 그런 경험을 한다. 아는 사람이 당신에게 자기 지갑을 훔쳐 갔다고 심하게 비난한다고 가정해 보자. 즉각적으로 자기감이 나타난다. "내가 그러지 않았다." 그리고 이때 '나'는 표적처럼 두드러진다. 하지만 그 '나'란 무엇인가? 당신의 몸도 아니고 마음도 아니다. 아무런 참조물이 없다. 그것은 모든 부분의 집합이 아니고, 또 어떤 초물리적 물질도 아니며, 당신의 뇌를 조작하는 어떤 존재도 아니다. 그런 것은 결코 존재하지 않는다.

우리가 이유 없이 비난받을 때 초점을 기울이게 되는 '나'에 관해 아무런 참조물이 없는 것처럼 우리가 직접적으로 대놓고 미워하거나 모르게 미워하는 사람에 관해서도 아무런 참조물이 없다. 다른 말로 하면, 우리는 순수한 허구를 다루고 있는 것이다. 이는 허구가 아무 근거가 없다는 말은 아니다. 망상은 보통 어떤 근거를 가지고 있다. 하지만 그 근거가 망상과 동일한 것은 아니다. 그 근거란 그저 실재를 넘어서 그 자신의 환상세계로 빠져드는 망상의 디딤대일 뿐이다.

권장하는 수련법은 지혜를 이용해서 분노를 극복하는 것이다. 당신이 미움을 느끼는 사람이나 집단에 초점을 맞추어 그 사람이나 집단에 면밀하게 주목한다. 당신의 적대감의 대상은 정확하게 무엇인가? 예를 들어, 당신이 당신의 미움이 20년이나 끈 것임을 알게 되면, 그것은 이미 그 대상이 존재하지 않을 수도 있다는 결정적 증거일 것이다. 하지만 그것에 주목하라. 그것은 어디에 있는가? 당신이 어떤 누군가에 화가 난다면, 당신이 화를 내는 대상은 무엇인가? 그것은 신체인가? 당신이 미워하는 사람의 머리털인가? 아니면 몸의 다른 부분인가? 모든 가능한 요소를 찬찬히 하나씩 점검해 보라. 그럴 만한 것이 하나도 없다는 것을 알게 될 것이다.

우리가 목표로 하는 결론은 분노의 대상이 되는 사람이란 없다는 것이 아니다. 하지만 그 사람을 신체나 마음의 어떤 특징, 즉 감각이나 정서, 생각, 의지와 같은 것에서 찾아낼 수 있을까? 아니다. 그 사람을 이런 모든 것의 총합과 같은 것이라 할 수 있을까? 이 문제는 논란의 여지가 있지만, 내 생각에는 세밀하게 살펴보면 그 총합은 모든 부분의 합과 같지 않다는 결론을 낳으리라는 것이다. 개별적인 부분들이나 이런 부분들의 총합 모두 그 사람은 아니다. 그렇다면 이것이 '자기'가 존재하지 않는다는 것을 뜻할까? 아니다. 그런 의미는 아니다. 그래도 재닛이나 크리스티나, 마이런은 의미 있는 존재다. 우리가 불교에서 자주 듣는 '비자기(no self)' 라는 주제는 자기라는 생각의 타파를 뜻하는 것이 아니다. 그보다는, 아무런 참조물이 없는 '자기' 를 인식하는 방법으로서 '자기' 라는 바로 그 개념에 도전하여 뿌리를 뽑는 것이다. 그리고 마음이 적개심이나 비난과 같은 여러 감정에 휩싸일 때, 이런 감정은 보통 아무런 참조물이 없는 자기감을 일으킨다. 이번에는 어떤 참조물이 있는 자기감이라는 반대의 경우를 생각해 보자. 누군가가 나에게 "이 방에 캘리포니아 사람이 몇 명이나 있습니까?" 하고 묻는데 내가 캘리포니아 사람이라고 가정하자. 대답이 쉽게 나온다면 이는 완전히 정확한 것이며, 타인과의 관계 속에서 내가 누구인가 하는 생각은 완벽하게 정당한 것이다. 이때 '비자기' 란 아이디어는 앨런(Alan)이라는 이름의 캘리포니아 사람이 존재한다는 것을 부정하는 것이 아니다. 오히려 자주적인 독립체로서 어떤 종류의 개념적 명칭과는 분리되어 존재하며, 어떠한 관계와도 독립적인 자기충족적인 존재다.

나는 이것을 한 탐색의 문제라고 본다. 이는 탐색으로서는 매력적인 것이지만 도그마로서는 따분한 것이다. 탐색을 위해 당신이 만일 분노하거나 화가 날 때, 당신의 분노나 화의 대상을 어떻게 보는지에 주의를 기울여서 그 사람이 당신의 마음에 어떻게 그려지는지 관찰해 보라. 당신의 마음에 이 사람이 삶의 역사가 있고 맥락적이며, 나쁜 면뿐 아니라 여러 좋은 면도 가지고 있는 다양한 측면이 있는 사람으로 나타나는지 살펴보라. 그리고 당신 자신의 맥락과 상호연결되어 있음을 느낄 수 있는지 살펴보라. 당신이 자신의 역사를 그 사람에 대한 당신의 인식에 어떻게 끌어들이는지 살펴보라. 상호연관성의 전체적인 그림이 어떻게 명료해지는지 지켜보라. 그리고 적개심이 일어날 때 당신이 여전히 맥락적 관련성과 접촉하고 있는지 살펴보라. 내 경험상 적개심은 급격한 탈맥락화를 통해 하나의 확고한 표적을 만들어 낸다. 적개심은 '이 사람은 게으름뱅이다.'와 같은 하나의 낙인이나 단선적인 판단을 필요로 한다. 이 역시 아무런 참조물이 없다. 이는 시간낭비이고, 에너지 낭비이며, 거의 쓸모가 없다.

이 문제에 관한 붓다고사의 최종 답변은 아주 소박하다. 모든 해독제를 써 보아도 화가 난다면, 그래서 모든 방법이 실패하면 그 사람에게 선물을 주거나 받을 수 있는지 살펴보라. 그냥 그에게 뭔가 좋은 일을 해 주거나 뭔가 좋은 것을 받으라. 그리하여 그 사람을 둘러싼 딱딱함을 제거하기 시작할 수 있다.

수련을 하다가 때로 절벽에 부딪히면 그냥 물러서라. 분노와 적개심 그 자체의 순수한 고통을 인식하라. 그런 다음에 당신 자신의 삶에서 가슴이 활짝 열렸던 경우를 회상해 보라. 아무런 희생한다는 느낌도 없이 자신의 옷을 벗어 다른 사람의 어깨를 덮어 주었던 경우처럼 우리는 누구나 마음속에 온화한 공간이 있었던 경우가 있다. 그럴 때가 가슴이 진정으로 열렸던 경우다. 거기에는 착한 사람인 척하는 위선적인 느낌이 없다. 서구인들이 가지고 있는 문제 중 하나는 선행을 둘러싼 지나친 끈적거림이다. 진정한 선행은 결코 그런 것이 아니다. 그것은 여유롭고 건강한 웰빙이다. 거기에는 힘과 탁월함, 강인함이 있다. 건강하게 살아가는 방식이다. 여유로움과 개방적인 자애심은 거칠 것 없는 마음의 부드러움이다.

도덕적으로 정당한 분노의 문제

나는 지금까지 말한 것이 진실이라는 확신이 있지만, 그것이 전부가 아님을 안다. 세상에서 아주 잘못된 무엇인가를 보게 되면 공격성과 미움이 생길 수 있는데, 이는 우리의 분별없는 반응일 수 있다. 뭔가 끔찍한 일을 만나면 격한 감정이 일어나는데, 그리되면 시야가 좁아져서 얼마나 많은 선택의 여지가 있는지 잘 모르게 된다. 대중매체는 그래서는 안 되는 많은 일을 보여 주고 있으며, 우리의 불성은 즉각 격한 감정과 함께 무엇인가 해야 한다는 순수한 요청을 불러일으킨다. 하지만 이런 요청이 우리의 정신에, 조건화에, 시야에 스며들면 비틀어져서 급기야 하나의 울부짖음으로 나타나게 된다. 이는 당연히 상처를 입힐 뿐 아무런 해결책이 아니다. 우리의 제한된 세계관으로는 다른 선택지가 있었음을, 이러한 에너지의 소용돌이를 인식할 수 있는 다른 방법이 있었음을 알지 못했다. 분노는 대단히 강력하지만 그보다 더 강력한 것이 연민이다. 연민은 분노와 같은 원천에서 나오지만, 분노는 뒤틀리고 휘어진 것이다. 그래서 분노는 겉으로 보이는 것과 달리 본래의 힘을 잃는다. 분노보다 훨씬 더 강력한 힘이 있는데, 이는 아무런 왜곡이나 비틀림이 없는 불성에서 나오는 연민이다. 이 힘은 헤아릴 수 없는 무량한 것이다.

어떤 잘못이든 수동적으로 받아들이는 것은 악을 용인하는 것이다. 두 가지 중요한 진실이 있다. 우리가 자신을 위해 할 수 있는 최선은 아마도 더 큰 선택에 다가서는 것이다. 아리스토텔레스는 이라(ira), 즉 분노라는 인간 정신의 특질을 밝혔는데, 이 단어는 활발함으로 번역되기도 한다. 즉, 분노는 그 자체에 불과 같은 특질을 가지고 있다. 아리스토텔레스는 만일 우리가 우리 자신의 이라를 억압하면 인간성이 말살될 것이라 말한다. 우리는 뭔가 가치 있는 것, 인간으로서 우리의 온전함에 중요한 무엇인가를 없애 버리는 것이다. 아퀴나스(Aquinas)는 이러한 아리스토텔레스의 주장을 더 정교하게 심화하였다. 우리는 모든 이라를 억제해서는 안 되며, 만일 그렇게 한다면 커다란 불의에 냉담해져 굴복하게 될 것이라 말한다.

공격성은 깨달음에서 어떤 역할을 할까? 아무런 도움이 안 된다. 공격성은 완전히 반대 방향으로 내달린다. 하지만 이것도 같은 뿌리에서 나온다. 이라의 뿌리는 불성이다. 이는 하나의 열정이며 연민심이나 열정적인 사랑, 심지어는 잔인함에서도 찾을 수 있는 불꽃이지만, 악의적인 왜곡된 증오감이 없는 열정이다.

티베트 불교에서는 잔인함도 쓸모가 있는 것으로 보지만, 이는 아마도 인간이 쓸 수 있는 가장 위험한 도구일 것이다. 더 자세히 살펴볼 필요도 없이 이미 세상에는 끔찍한 잔인함이 넘치고 있으며, 최소한 99%는 잘못 사용되고 있다. 하지만 그렇다고 이를 완전히 제거해야 하는 것은 아닌데, 왜냐하면 잔인함이 괴로움을 줄이거나 부조화를 바로잡거나 세상에 커다란 이익을 주는 가장 효과적인 반응인 경우가 드물게나마 있기 때문이다. 하지만 잔인함은 거의 언제나 잘못 사용되고 있다.

나의 개인적 경험을 되돌아보면, 분노를 표현하는 것이 가장 최적의 반응이었다고 할 만한 경우는 내 전 생애를 통틀어서 한 번도 없었다. 도움이 된 경우가 있다 해도 그것이 최적의 반응은 아니었다. 매번 다른 방법이 더 효과적이었다. 원칙적으로 나는 잔인함이 적절한 반응일 수 있다고는 생각하지만, 나는 내 한계를 믿을 수가 없다. 분노가 일어나기 시작할 때 이를 누르지 않고 그냥 아무런 방해 없이 표현되도록 허용할 수 있을 정도로 나의 불성이 충분한지 모르겠다. 나는 이런 일이 일어나기 전에 자비수련의 열매를 얻어서 친구와 적을 차별하지 않는 것을 배우고 싶다. 만일 내가 친구나 적에게 아무런 장애물 없이 자애를 보낼 수 있다면 나 자신의 분노에 대해 두려워할 필요가 없을 것이다. 하지만 이런 장애물이 없어지기 전까지는 나의 분노는 좋은 영향보다는 나쁜 영향이 더 많을 것이다.

괴로움의 원천에 대한 반응으로서 열정과 인내

악의와 마주치면 열정으로 반응하는 것이 적절하다. 무관심으로 반응하면 그 자체가 괴로움이다. 열정으로 반응하는 것은 원칙적으로 바른 것이지만, 의문이 남는다. 어떤 종류의 열정인가? 그 열정이 적의나 공격이라면 그것이 사람을 향하든 행위를 향하든 아무런 차이가 없다. 그것은 그저 괴로움일 뿐이며, 우리의 마음과 정신에 대단히 파괴적인 해를 끼친다. 나는 환경과 사회적 문제나 이런 것에 매우 세심하게 주의를 기울이는 똑똑한 사람을 알고 있는데, 이 사람은 다음과 같은 세 가지를 경험한다.

하나는 절망이다. 도심의 폭도들에게 내가 할 수 있는 것이 무엇인가? 먼 나라의 인권문제에 대해 내가 할 수 있는 것은 무엇인가? 환경재앙에 대해서는? 오존층 문제에 대해서 내가 할 수 있는 것은? 이런 일은 끝도 없이 많은데, 거기에 초점을 맞추는 것은 무력한 절망을 낳을 수 있다.

두 번째로 말할 수 있는 것은, 이런 모든 것을 누가 저지르는가다. 새가 그러는 것이 아니다. 원숭이나 개나 고양이가 그러는 것이 아니다. 화산이나 태풍이 저지르는 일이 아니다. 이런 것들도 뭔가 피해를 주지만, 여기서 말하는 피해란 그런 것이 아니다. 인간이 저지르는 일이며, 그래서 강렬한 염세감을 낳으며, 회피하고 싶게 한다. '인간이라는 종은 한심하다. 망해 버려라! 나는 이 행성을 떠나고 싶다.' 처럼 말이다.

세 번째 반응은 냉소다. 좌절과 염세, 냉소는 지능이 좋은 사람들이 겪는 괴로움이다. 요즈음 인간 조건의 분석에는 탁월하지만 부러진 나무처럼 좌절과 냉소, 염세주의에 빠진 사람들이 매우 많은 것 같다. 나는 그런 사람이고 싶지 않다. 그렇게 된다면 문제다. 사람들이 나에 관해 "저 사람을 보세요. 그는 누구든 미워해요. 냉소적이고 절망적입니다. 얼마나 한심한 사람인지……." 하고 말하게 된다면, 그런 나는 누군가의 좌절과 냉소, 염세의 대상이 되는 셈이다.

그래서 우리는 이 고리를 벗어날 필요가 있다. 내가 다 알지는 못하지만, 한 가지 방법은 우리 자신의 가슴과 머리에 초점을 두어 그게 무엇이든 어떤 대상에 대한 적대감과 염세주의를 모조리 인식하는 것이다. 그 대상이 어떤 행위이든 사람이든, 아니면 어떤 사회나 인종, 성별, 종교나 종교집단, 정치집단이든 아무런 차이가 없다. 문제가 되는 것은 대상이 아니라 괴로움이라는 주관적인 측면이다. '여기 자애심의 적이 있다. 여기 나 자신의 행복과 웰빙의 적이 있다.'라고 인식하는 것이다. 이것이야말로 공공의 적 1호인데, 왜냐하면 이것이 나의 영적 각성 추구를 어렵게 만들기 때문이다.

'미움과 질투, 적개심과 공격성의 본성이 무엇인가?' 하고 정신적인 사건 그 자체의 본성에 주의를 기울이자. 그것은 어떤 느낌인가? 이때 어떠한 교조적인 것도 필요치 않다. 우리는 자신만의 감각을 가지고 있으며, 자신의 경험을 통해 스스로 자신을 관찰할 수 있다. 이런 작업의 한 가지 측면은 개인적 역사를 검토해서 다른 사람이나 집단과 그저 공존하기 힘들었던, 우리가 연루되었던 가장 심각한 갈등이 무엇이었는지 들여다보는 것이다. 그때 미움이 하나의 요소였는가? 우리 스스로 이것을 점검해 볼 수 있다. 그런 다음, 우리가 아는 다른 사람으로 이 질문을 확장해 본다. 두 사람이 갈라서는 것을 보았을 때, 미움이 하나의 요소인가? 공동체가 균열할 때, 미움이 하나의 요소인가? 미움의 대상 자체는 관계가 없다. 미움 그 자체가 삐뚤어진 인간 정신인 것이다.

부정적인 측면에 관해 괴로움을 괴로움으로 인식할 가치가 있다. 이는 판단이지만 당신을 죽이는 바이러스를 인식하기 위해 좋은 의사의 판단이 필요한 것은 아니다. 그러고 나면 이런 괴로움의 반대가 되는 것이 있음을 알 수 있다. 물론, 우리는 여기서 자애심의 계발을 이야기하고 있지만, 거기에는 어떤 기본적인 토대, 즉 자애심의 계발에 보호막을 제공하는 견고한 성채와 같은 것이 있다. 크샨티(kṣānti)가 그것인데, 가끔 '인내'로 번역된다. 인내라는 단어는 마치 남자다운 대담함이 없는 것 같은 뭔가 겁쟁이 같은 함의도 있을 수 있다. 크샨티의 또 다른 측면은 참을성, 의연함, 용기, 즉 우리 자신의 것이든 타인의 것이든 역경에 맞서서 쓰러지거나 무너지지 않는 능력이다. 이것은 하나의 강력한 마음상태다. 붓다는 다음과 같이 말했다.

> 불교의 가르침에서 인내보다 더 높은 것은 없다. 또한 어떠한 열반(nirvāna)도 참을성보다 높지 않다. 견고하게 인내하는 자, 그를 일러 브라민(Brahmin, 성인)이라 한다. 인내보다 더 위대한 것은 없다.[7)]

---

7) 역주) 이 문단은 냐나몰리(Nāṇamoli) 스님의 영역본 인용문을 번역한 것이다. 하지만 한국어판 『청정도론』(초기불전연구원)은 냐나몰리 스님의 영역본에 오류가 있음을 지적하고 있다. 분노와 적개심이라는 열정의 폐해를 막는 방법으로서 인내의 중요성을 강조한 것 정도로 이해하면 좋겠다.

인내 또는 참을성은 정신적 수행의 위대한 방패다. 당신의 웰빙과 만개를 위한 최고의 보호막이다.

티베트 사람들은 인내의 세 가지 다른 면을 이야기한다. 첫째는 역경을 기꺼이 받아들여 함께하는 것이다. 어떤 어려움이든 무조건 마주치려 하지 않는 태도가 있을 수 있다. 만일 어려움이 나타나면 이런 정신상태는 '이것은 불편해. 그러니 피할 테야.' 하며 움츠러들거나 도망치는 것이다. 물론 나는 가상의 예를 드는 것이지만, 때로 우리는 그런 식으로 산다. 이러한 마음의 상태로는 아무런 소득이 없다. 힘든 상황을 용기 있게 직면할 수 있는 마음이 훨씬 더 생산적이다.

또 다른 유형의 인내는 자신을 수동성으로 드러낸다. 가끔 신체적 상해를 입거나 모욕을 당할 때, 인내란 아무것도 하지 않는 것을 말한다. 어떤 사람은 으스대는 말을 하거나 우리를 얕잡아 보거나 상처 입힌다. 이럴 때 우리는 그에 대해 다른 생각을 붙이지 않고, 그저 내버려 두고 "괜찮아." 하고 말해 준다.

세 번째 인내는 정신수행의 과정에서 특히 중요하다. 수행 그 자체는 불가피하게 어려움을 낳는다. 이것은 당신이 잘못 수행해서가 아니라 당신이 어려움을 끌어내어 밝은 곳으로 가져오기 때문이다. 이는 마치 정원에서 흙을 갈아엎는 것과 마찬가지인데, 당신이 그리하는 것은 채소나 꽃이 잘 자라도록 하려는 것이다. 그러다 보면 자연히 돌멩이도 나타난다. 당신이 땅을 갈지 않았다면, 그 돌멩이는 그 자리에 그냥 있었을 것이다. 그런 돌멩이를 마주하지 않으려 했다면, 채소나 꽃을 볼 수도 없었을 것이다. 돌멩이를 다루는 것은 제대로 땅 갈기의 일부인 것이다. 불법의 수행은 땅을 가는 것과 같다. 사마타는 특히 돌멩이를 자주 만나게 하며, 그것이 항상 즐거운 것은 아니다. 이를 극복하고 나아가야 하는 것이다.

당연히 상처를 입었을 때 수용하거나 '괜찮아.' 하고 말하는 것 이상의 어떤 반응을 하는 것이 적절한 경우가 있는데, 우리가 뭔가 해야겠다고 인식하는 경우다. 또한 우리가 '관계없다.'고 말하며 내버려 두는 것이 더 나은 경우도 있다. 인내가 그저 상호의존적인 착취가 아니라 적절한 반응인 경우를 어떻게 알 수 있을까? 산티데바는 아주 쓸모 있는 쉬운 방법을 제안한다. 그는 인내에 관한 장에서 괴로움을 열정적 반응을 일으키는 상황으로 활용하는 것에 대해 설명하면서 이런 답을 내놓는다. 당신의 열정 또는 반응하려는 강력한 욕구가 괴롭거나 공격적임을 알게 되면 이런 주관적인 감정들이 사라질 때까지 가만히 있으라. 그 대상을 잊지는 말라. 내버려 둔다는 것은 어떤 반응도 할 필요가 없다는 의미는 아니다. 그저 그 반응이 꼭 불편한 반응일 필요는 없다는 의미다. 우리가 알듯이 이런 반응은 거의 언제나 일을 더 악화시킨다. 하지만 마음이란 불편한 상태로 영원히 남아 있지 않는다는 점에서 멋진 것이다. 그러니 그 상황에 주의를 기울여 마음이 더 이상 불편하지 않게 되면, 본래 온전하고 강력한 마음의 특성을 당신의 의도대로 쓸 수 있게 된다. 그럴 때, 행동을 개시하면 열정을 가지고 할 수 있게 된다.

뭔가 끔찍한 일이 일어났을 때, 그 상황은 우리가 가진 최고의 것을 필요로 한다. 우리의 분노와 상처, 좌절과 절망은 필요한 것이 아니다. 상황이 어떤 반응을 요구한다면, 첫째는 당신의 마음을 최고의 상태로 만들고 결의를 가지고 돌아오면 된다. 하지만 이런 결의는 불법(Dharma)에 의지하는 것이어서 폭력을 담지 않는다.

자애심 북돋우기

붓다고사는 자애심에 관한 설법 말미에 이렇게 묻는다. "자애심을 일으키는 가장 가까운 원인은 무엇인가?" 이에 대한 답은 자신이 주목하는 사람 안에서 사랑스러움을 관찰하는 것이다. 지금 이 순간에 당신이 자애심을 발견할 수 있는 사람을 마음에 떠올리는 것이다. 당신이 좋아하는 사람이거나 어린아이 또는 친구나 존경하는 스승과 같이, 누구든 그 사람의 존재가 너무나 사랑스러워서 그 사람이 문을 열고 들어서는 것을 보는 것만으로도 숲 속의 사슴을 보듯이 가슴이 뛰고 반갑고 기쁨이 차오르는 그런 사람을 떠올린다. 가까운 친구에게 그런 느낌을 가질 수 있다면, 이번에는 중립적인 사람을 대상으로 그에게 자애심을 느낄 만한 것을 찾아본다. 그런 다음 당신이 모든 장애물을 깰 수 있게 되었을 때, 당신에게 상처를 주었던 사람에게서 자애심을 느낄 만한 것을 찾아보라.

비록 적대적인 사람이라 할지라도, 그에게서 사랑할 만한 무엇인가를 발견할 수 있느냐 하는 것이 중요한 열쇠다. 이것이 잘못이나 선하지 않음을 조장하거나 받아들이는 것과는 다름을 명확하게 인식해야 한다. 여기서 핵심은 유능한 외과 의사처럼 세밀하게 쪼개 볼 수 있어야 하며, 그래서 우리가 완전히 없애 버렸으면 하는 악덕 행위와 그런 행위를 저지르는 사람을 별개로 인식해야 한다는 점이다. 의사는 낙관적일 수 있다. 치료가 가능하기 때문이다. 그 사람이 곧 그 행동이나 기질 자체는 아니다. 또한 여기에는 우리가 정서적으로 견지할 수 있는 무엇인가가 있는데, 바로 따뜻함이다. 이것이야말로 최종적인 장애물을 걷어 내고 수행을 완성할 수 있는 진정한 만능열쇠인 것 같다.

그 방법 중 하나는 당신이 혐오하는 사람을 보면서, 그 사람이 혹시 당신이 깊이 숭배하고 존경하는 사람과 비슷한 특성을 하나라도 가지고 있는지 찾아보는 것이다. 정말 그 사람한테는 진정으로 위대한 영적인 존재가 보여 주는 것 같은 그런 고상한 것이 전혀 없는가? 당신이 사랑할 수 있는 무엇인가가 있는지에 초점을 기울이라. 그 외에는 모두 바람에 쉽게 날아가 버리는 쭉정이와 같으며, 아무에게도 도움이 되지 않는 것들이다. 이는 마치 겉으로는 별것 아닌 것이지만 실제로는 훨씬 더 깊고 밝은 원천이 있음을 인식하고 그 사람한테서 아주 작은 미약한 한 줄기 빛을 발견하는 것과 같다. 그 한 줄기 빛에 주의를 기울여야 한다.

다시 말하지만, 우리가 주의를 기울이는 것이 우리의 세상이 된다. 자애수련에서는 정말로 그렇게 된다. 우리가 어떤 사람의 부정적인 측면에 초점을 맞추면, 그 사람이 얼마나 긍정적인지는 아무런 영향력이 없게 된다. 많은 사람을 면밀히 살펴볼 수 있겠지만, 결국에는 누구에게서든 부정적인 뭔가를 발견할 수 있다. 그리고 내가 한 가지 부정적인 사연에 주의를 기울이면 그보다 훨씬 더 많은 고상한 측면들을 무시하게 되고, 점차 그 사람은 내 마음에 기본적으로 부정적인 사람으로 나타나게 될 것이다.

그렇다고 지나치게 순진해지라는 것은 아니다. 부정적인 측면의 존재를 인식하되, 그 사람과 그의 부정적인 행동특성이 같은 것이 아님을 알아야 한다. 긍정적인 측면을 찾아내어 거기에 주의를 기울여라. 어떤 사람의 뛰어나고 건강한 측면에 주목하는 것은 그런 특성을 발휘하게 하는 데 도움이 되기도 한다. 능숙한 부모는 이 점을 잘 알 것이다(그리고 나에게는 능숙한 부모가 된다는 것이 기념비적인 성취다.). 만일 어떤 부모가 자녀의 부정적인 측면에 계속 주목하면, 아이는 자신이 어떤 존재로 파악되는지 정확하게 안다. 우리는 다른 사람이 나에게 어떻게 반응하는가 하는 관계 속에서 자기정체감을 형성한다. 우리가 부모나 친구, 선생님으로부터 점점 문제적 존재로 취급된다면, 불량스럽거나 쓸모없는 나쁜 존재라고 우리 자신의 정체감을 형성하기에 딱 좋을 것이다.

우리는 자신의 삶에서 어떤 점에 주목하고 있을까? 우리는 자신을 어떻게 파악하고 있을까? 우리는 무엇을 중요한 것으로 여기고 있을까? 우리 자신의 삶을 돌아볼 때, 혼자서든 아니면 사회적 관계에서든 나 자신의 어떤 행동사건들이 내 삶의 역사에서 두드러져 보일까? 모든 것을 다 중요하게 여길 수는 없으니 어떤 선택과정이 일어날 것이다. 이때 우리가 중요하게 여기는 것이 우리의 실재(reality)가 된다. 주의를 조절하는 것을 배우는 것은 진짜로 현상학적 함의가 있다. 적대적인 상대를 위해 자애심을 키우는 것을 통해 우리는 부정적인 것에 초점을 맞추는 시간낭비를 반복하지 않고 이런 미묘한 현상학의 경험을 시작하는 것이다.

집착과 자애심의 혼동

자애수련에 대한 전통적인 불교적 설명에서 자애심의 가까운 적과 먼 적이라는 이야기가 있다. 먼 적, 즉 극단적인 반대편은 미움과 적개심이다. 가까운 적은 애정 어린 감정이 탈선해서 겉으로는 자애심과 비슷해 보이지만 실제로는 전혀 다른 것이 될 때 나타난다. 이런 가까운 적은 갈망 또는 애착이다. 자애심은 다른 대상에 관한 것이며, 우리와 마찬가지로 다른 존재들도 행복을 원하며 고통에서 벗어나기를 원한다. 정신적으로 왜곡된 애착은 결코 다른 사람의 행복에 관심을 두지 않는다. 이는 원하는 대상을 바라보며 '나는 나 자신이 행복하고 싶어서 그것을 원한다.'고 말하는 것과 같다. 어떤 남자가 어떤 여자에게 "당신을 사랑해요."라고 말할 때, 그가 뜻하는 것은 '당신이 무척 매력적인 것을 알게 되었어요. 이리 와서 나에게 뭔가 기쁜 것을 주세요.'다. 여기에는 그 여자의 웰빙에 관한 것이 하나도 없고, 정말 이상하게도 영어에서는 이런 말이 '나는 아이스크림을 사랑한다.'는 식으로도 쓰인다. 이 말은 "내게 뭔가 즐거움을 주세요. 내 입 안으로 들어와 줘요." 하는 것과 같다. 당신이 주의를 기울이고 있는 사람에서 뭔가 사랑스러운 특성을 발견해 내는 것이 자애심을 일으키는 가까운 원인임을 생각해 보면 자애심이 어떻게 빗나갈 수 있는지는 아주 명백하다. 그런 특성이 우리를 사랑에 빠지게 하거나 이 같은 애착을 형성하게 하는 것이다. 이런 것들이 잘못된 것이라는 말이 아니라, 다만 그것은 자애심이 아니라는 말이다.

붓다고사는 가까운 적들 때문에 자애수행에서 이성인 사람, 특히 당신이 매력을 느끼는 사람을 대상으로 하지 않는 것이 낫다고 말한다(양성애자라고 가정하고). 특히 자애심 계발을 시작할 때는 그렇게 하는 것이 욕구를 자극하는 것이기 때문에 별로 좋은 생각이 아니다.

가까운 적은 천천히 다루어 나가는 것이 현명하다고들 말한다. 예를 들어, 이성관계에서 우리가 누군가를 사랑하면, 우리의 사랑과 애정에 그 사람에 대한 잘못된 느낌을 주입하거나 실체화의 오류를 저지를 수도 있다. 그 사람을 뭔가 본질적으로 혐오적인 것으로 보기보다는 뭔가 본질적으로 사랑스럽거나 매력적이거나 귀엽게 보게 된다. 우리는 누구에게나 똑같이 대하는 공평한 애정을 일종의 무시로 치부하기도 한다. 그렇다고 우리가 이런 망상을 군사작전 하듯이 신속하게 찾아내어 없애 버려야 한다는 뜻일까? 너무 서두르면 안 되는데, 그러다가 목욕물 버린다고 아이까지 버리는 실수를 저지를 수도 있다. 자애심과 동락심이 결합해서 사랑의 대상을 실체화하는 망상을 일으키는 요소가 될 수 있다는 것을 인정한다 해도, 차근차근 단계를 밟는 것이 더 낫다. 사실 해야 할 일이 더 있다. 하지만 큰 그림으로 보면 이런 사랑조차도 올바른 방향으로 나아가는 것이다. 당신이 점차 깊어지면서 자애심을 지혜 및 통찰과 결합하게 되고, 그리되면 이 둘은 서로를 더욱 세련되게 만들어 주기 시작할 것이다. 결국 당신은 자애심에서 이런 망상적인 요소들을 걷어 내게 될 것이다. 그렇게 될 때 자애심이야말로 무조건적일 뿐 아니라 하나의 초월적인 유형의 자비심(loving-kindness and compassion)이라 할 수 있다. 티베트에서 이를 일러 '대상 없는 연민' 이라 한다. 이런 연민을 궁극적인 연민이라 한다. 하지만 이런 수준에 도달하려면 처음에는 당신의 감정 대상을 실체화하는 실수들을 할 수밖에 없다.

질의응답: 적과 통찰

질의: 명상을 할 때 친한 친구에 대한 사랑을 느낄 수 있고, 또 그런 사랑이 내게 되돌아오는 것을 느낄 수 있습니다. 하지만 제가 소위 적

대적인 사람에게 마음을 열 때는 되돌아오는 것을 전혀 못 느낍니다. 전혀 다른 느낌이 듭니다. 저는 제 마음을 열었다고 생각했지만 뭔가 장벽이 있는 것처럼 느껴집니다.

응답: 당신이 겪은 것은 지극히 보편적인 경험입니다. 하지만 진정으로 모든 장벽을 허물었을 때의 자애심은 뭔가 돌아오는 것에 대한 아무런 기대도 없이 보내지는 것입니다. 우리가 통찰을 향해 나아가서 점차 우리 마음의 적개심과 공격성, 옹졸함을 걷어 냄에 따라 사람들이 점점 더 우리를 좋아하게 될 것이라는 기대를 하는 것은 타당한 것 같습니다. 이것은 어느 정도는 사실이지만, 때로 그런 식으로 되지 않는 경우도 있습니다. 붓다의 삶에서 이런 일이 발생했던 고전적인 사례가 있습니다. 붓다에게 데바닷타(Devadatta)라는 사촌이 있었는데 붓다에 대한 질투심이 상당한 사람이었습니다. 사람들이 붓다에게 와서 그를 칭송하거나 가르침을 청할 때마다 데바닷타는 참을 수가 없었습니다. 그는 죽을 때까지 붓다에 대한 깊은 적대감을 가지고 있었습니다. 몇 번이나 붓다를 죽이려 했고 승가의 우두머리 자리에서 끌어내리려고 했습니다. 그러니 우리가 깨닫는다고 해서 모든 사람이 우리를 좋아하리라는 것은 진실이 아니며, 또한 우리에게 사랑을 되돌려 준다는 것도 진실이 아닙니다. 그런 기대를 하지 마세요.

질의: 질투심은 어떤 관계가 있나요?

응답: 질투심은 못된 변종으로서 아주 복잡한 정신적 왜곡입니다. 적개심은 비교적 단순합니다. 이는 기본적으로 망상이며 별 이상할 것이 없습니다. 애착조차도 단순합니다. 하지만 질투심은 적개심과 애착이 교묘하게 섞인 것입니다. 질투심은 뭔가 좋은 것에 주의를 기

울입니다. 그러고는 적개심과 악의를 가지고 '네가 이것을 가지고 있는 걸 참을 수가 없다.'고 말하며 '내가 그것을 가지고 싶다.'고 애착을 덧붙입니다. 질투심은 한 손으로는 때리면서 동시에 다른 손으로는 끌어당기려 하는 것입니다. 특이한 것은 질투심은 결코 원하는 효과를 낳지 못한다는 것입니다. 당신의 멋진 자동차에 대한 나의 질투심은 당신을 그 차에서 떼어 놓거나 그 차가 나의 것이 되도록 할 수 없습니다. 아무 효과가 없고, 그 결과는 기분이 나빠지는 것뿐입니다. 이런 기묘한 괴로움은 끝이 없는 것이지만, '이것은 분명한 괴로움이다. 형편없는 느낌이다.' 하는 것을 인식하고 제거해야 합니다. 당신은 질투심이 원하는 결과를 낳을 모든 가능성을 마음에서 제거하는 것으로 시작하면 됩니다.

질의: 자존감 향상의 가장 큰 장애물은 경멸이나 미움보다는 판단과 자기비판인 것 같습니다. 우리 대부분은 타인보다는 자신에 대해 훨씬 더 비판적인 것으로 보입니다. 자기비판을 자애심의 적으로 보십니까?

응답: 그럴 수 있지만, 이 문제는 좀 미묘하여 영리할 필요가 있는 분야입니다. 미움에 대해 말할 때, 거기에는 아무런 미묘함이 없습니다. 그것은 하나의 심각한 괴로움입니다. 하지만 판단이라는 말은 우리가 건전한 판단을 하는 경우처럼 긍정적으로 쓰일 수도 있습니다. 위빠사나 전통에서 무엇이 떠오르든지 아무런 판단도 하지 않고 그저 관찰하는 존재양식이 있습니다. 그렇게 하는 것은 가치 있는 것이고, 또한 현명한 판단을 하는 것도 가치가 있습니다.

이것이 딜레마입니다. 미국인들은 자신을 혹독하게 평가하기 위해 판단하는 경향이 있습니다. 우리의 판단은 자신을 열등하고 무가치한 사람으로 판단하는 쪽으로 방향을 잡고 있습니다. 이것은 현명한 것도 아니고 유용한 것도 아닙니다. 우매한 짓입니다. 우리는 자신을 희화합니다. 카툰(cartoon)은 한 가지 측면만을 취해서 이것이 그 사람이라고 제시합니다. 우리는 더 잘 알아야 합니다. 이런 종류의 판단은 지혜가 부족하다는 표시입니다. 우리는 풍부하고 미묘한 경험을 하며, 다양한 존재양식으로 살아가지만, 카툰은 이런 모든 것들을 하찮은 것으로 치부합니다. 이런 종류의 판단은 지혜가 아니며 무지를 드러내는 망상적 판단에 불과합니다.

다른 한편으로, 자신을 판단하지 않으면서 마음상태가 건전한지 아닌지만을 인식하는 그런 판단양식이 있습니다. 이는 마치 요리사가 우리가 먹는 음식이 심신의 차이를 만들어 낸다는 것을 염두에 두고, 주방에서 쓰레기 같은 음식이나 방부제가 많이 든 식품은 골라 버리고 건강한 식품은 남겨 두는 것과 같습니다. 우리는 자신의 생각과 정신상태를 모조리 소화시켜 흡수하며, 이것들이 결국 조건화의 일부가 됩니다. 하지만 앞에 말한 요리사처럼 우리는 명상을 통해서 심각하게 해로운 정신상태와 충동이 떠오를 때 이를 알아차리는 방법을 배울 수 있습니다. 미움이나 악의, 경멸감의 충동이 일어날 때에도 조용히 평온하게 앉아서 아침을 먹을 수 있습니다. 당신은 그것이 떠오르는 것을 물방울이 피어오르는 것을 바라보는 잠수사처럼 바라볼 수 있습니다. 그러면 물방울이 톡 터져 사라질 수도 있고, 아니면 그 과정을 따라가며 바라볼 수도 있습니다. 그리하면 기름이 종이에 스미는 것처럼 그것이 당신의 정신에 스며들며, 당신은 잠시 그것과 함께 머무르면 됩니다.

지혜의 발현으로서 판단을 하는 것은 자기를 판단하는 것이 아닙니다. 그것은 정신적 요인의 건강함과 불건강함을 인식하는 일입니다. 악한 마음이 나타날 때, 현명한 판단은 이를 알아차리는 것입니다. '아! 너로구나! 네가 나를 괴롭히는 최악의 괴로움이구나. 너는 모든 자애심을 완전히 파괴하는구나. 네가 내 행복의 적이고, 내 인간관계의 적이구나. 내가 너를 따라가면 내 모든 행복과 친구관계는 파괴될 것이고, 나는 참 불쌍한 사람이 되겠구나. 나는 너를 알아차린다…….' 이런 것이 지혜이며 건강한 판단입니다.

질의: 당신은 자기(self)라는 것이 모든 부분의 총합이나 조합이 아니라고 얘기했는데, 이에 대해 설명해 주실 수 있습니까?

응답: 전체란 어떤 부분과도 같은 것이 아님은 확실합니다. 하지만 단순히 부분의 합 역시 전체는 아닙니다. 우리 모두는 자기의 어떠한 부분도 자기와 같은 것이 아니라는 것은 쉽게 이해합니다. 비교적 단순한 것이지요. 하지만 당신이 방으로 걸어 들어올 때 누군가가 "당신 참 멋진데~." 하고 말하면, 그때 당신은 전체의 한 요소에 불과한 자신의 신체와 동일시할 수 있습니다.

저는 매우 영민한 사람들이 자기를 자신의 모든 개인적 역사, 즉 자신이 했던 생각과 욕구, 기억, 상상, 신체와 행동 모두와 같은 것으로 파악한다는 것을 알고 있습니다. 이는 자기를 부분의 총합과 같은 것으로 보는 매우 정교한 방식입니다. 물론 전체는 항상 변화하며 점점 더 커지지요.

나아가서 부분들 간의 상호관계를 전체의 또 다른 요소로 간주하는 식으로 이런 주장을 더 정교하게 만들 수 있습니다. 결국, 우리는 어떤 조직화의 원리가 없는 혼란스러운 집합물은 아닙니다. 나아가서 우리는 총합의 한계나 경계가 무엇인지 그리고 이런 경계가 하나의 정신적인 명칭에 불과한 것인지 아닌지를 숙고해 볼 수도 있습니다. 이런 경계는 문화적으로 조건화된 것인가, 아니면 실재 그 자체로부터 이끌어 낸 것인가? 이는 항공사진으로는 나타나지 않는 지도상의 구분선들과 같은 것인가? 우리가 우리의 자기를 구성하는 것이 무엇이고 타인을 구성하는 것이 무엇인지를 전혀 아무런 관여도 하지 않고 수동적으로 보는 것이 가능한가?

일련의 주장을 통해 우리는 편안한 철학적 입장을 취할 수 있고, 그리하여 우리의 일상적 삶을 무시할 수도 있습니다. '이제 나는 내가 누구인지 안다.' '나는 방금 내 삶을 결코 바꾸지 않고도 삶을 살아갈 철학적 보따리를 얻었다.' 이런 식으로 말입니다. 하지만 불교의 가르침은 엄청난 가치가 있는 직접적인 경험에 우리의 주의를 기울이는 방법을 가지고 있습니다. 우리는 철학적 사유보다는 다른 사람과 관계할 때, 명상할 때, 먹을 때 그리고 다양한 활동을 할 때와 같이 하루를 통틀어서 매 순간에 주의를 기울일 수 있습니다. 가능한 한 세심하고 명료하게 저 자신이 매 순간 자기를 어떻게 개념화하고 있는가를 그저 관찰하고, 살펴보고, 분석합니다. '내가 생각하는 나는 누구인가?'를 살펴보는 것입니다.

이때 우리는 또다시 마음이 흔들리는 것을 발견할 수 있습니다. 당신의 의식은 끊임없는 반란으로 전복되기를 거듭하는 하나의 정치권력과 같습니다. 자애심이 차오르며 '나는 지금 여기에 있다.' 고 하다가 조금 약해지면서 배고픔이 차오릅니다. '점심 먹고 나서 자애심으로 돌아오자.' 때로 이런 정신적 요소들은 합쳐집니다. 예를 들어, 악의와 옹졸함, 분노는 한패가 되어 차오릅니다. 그러다가 다시 사라지고 다른 것이 나타납니다. 마음속에서 세력들이 끊임없이 요동칩니다. 마음은 균질적인 것이 아니며, 한순간도 다른 순간과 동일하지 않습니다.

이러한 의식의 연속체상에서 엄청난 정도의 변동이 있으며, 우리의 행동과 우리가 상호작용하는 상황 또한 요동칩니다. 우리는 가끔 사유가 아니라 실제 경험으로서 우리의 자기감(sense of self)이 거의 모두 신체와 관련이 있다는 것을 발견할 수 있습니다. 예를 들어, 누군가 나를 신체적으로 밀면 우리는 밀지 말라고 반응하는데, 이때 밀린 것은 신체입니다. 아무도 당신의 마음을 밀어붙일 수는 없습니다. 만일 누군가 저의 지적 능력이나 저의 작업을 모욕하면, 우리는 마치 우리 자신이 공격받은 것처럼 방어적으로든 아니면 풀이 죽는 식으로든 반응할 수 있습니다. 아니면 우리는 어떤 정서나 특정 덕목, 행위, 심지어는 우리 자신이 중심이 되었던 상황과 동일시할 수도 있습니다.

이렇게 따져 보면, 우리는 실생활의 어떠한 상황에서도 우리가 '자기' 라고 하는 것이 결코 부분들의 합이거나 총체적인 경험의 역사를 뜻하는 것이 아님을 알 수 있습니다. 자기란 항상 그보다 작은 무엇입니다. 어떤 시점에서든 우리는 작은 부분에 사로잡혀 있는 것이지요. 이런 맥락에서 부분들의 관계나 조직화 원리는 중요한 것이 아닙니다. 조직화 원리는 분명히 존재하지만, 어떤 사람이 내 코를 후려칠 때 제가 조직화 원리를 경험적으로 알 수는 없는 것입니다. 그 당시에도 원리가 있었다 해도, 제가 그 원리를 동일시하는 것은 아닙니다.

우리가 항상 동일시했던 그것은 사실상 결코 자기가 아닐 것입니다. 자기란 우리가 명명한 무엇이며, '나' 라는 존재의 어떤 요소든 우리의 자기감의 근거가 될 수 있습니다. 만일 어떤 사람이 저에게 "앨런, 네가 지금 여기서 키가 제일 큰 사람이야." 하고 말했다 칩시다. 저는 그 사실을 믿으며 '그래, 나는 키가 커.' 하는 저의 자기감이 나타나겠지요. 당연히 저의 지적 능력이나 열정은 크지 않으며, 저의 조직화 원리도 마찬가지입니다. 그리고 저는 제 몸이 제가 아니라는 것을 압니다. 저는 이를 분석적으로 따져서 부분으로 나누어 볼 수 있습니다. 하지만 그리해도 내가 키가 크며, 내가 동일시를 경험하고 있다는 점은 진실입니다. 이것을 조금 가볍게 검토해 보면, 우리는 우리가 손가락으로 가리키거나 식별할 수 있는 모든 것에 관해 상호의존성과 관련성, 명명의 과정이 포함되어 있다는 것을 알 수 있습니다. 하지만 명칭 그 자체는 실재를 만드는 것일 뿐, 실재를 관찰하는 것은 아닌 것입니다.

자애심에서 사마타의 달성

호흡이나 심상을 통해 선정을 얻을 수 있는 것처럼, 자애를 통해서도 선정에 도달할 수 있다. 선정(사마타)은 매우 특별한 자각이어서 안정감과 생생함을 갖춘 것이며 어떤 것이든 선정수행의 대상이 될 수 있다. 또한 이러한 매우 정묘한 수준의 안정감과 생생함을 자애수련으로도 얻을 수 있다.

당신은 사념적인 명상에서 어떻게 선정을 얻을 수 있을까? 시작은 사념적으로 하지만, 점차 비사념적으로 변한다. 사념적인 명상에서 우리가 일으키는 개념의 목적을 유념하라. 우리는 마음속에 단어나 이미지의 형태로 생각을 떠올린다. 당신이 편안하고 행복하기를. 하지만 자애심은 사고 그 자체에서 뿜어 나오는 광채가 아니다. 자애심이 그 생각에서 나오는 것이 아니라면, 왜 우리가 그 생각을 하는 것일까? 명상 중에 일으키는 생각은 생각 이상의 훨씬 깊은 무엇인가를 촉진한다. 우리는 생각과 태도, 마음상태가 얼마나 쉽게 내면의 자애심을 흐리고 억제하는지, 마치 우리의 선량함을 덮고 있는 콘크리트 위에 누운 것처럼 정서적으로 무감각하게 만드는지 알고 있다. 하지만 생각이 방해물이 될 수 있는 것처럼 또 다른 생각은 콘크리트로 덮인 것을 여는 착암기 역할을 할 수 있다. 바로 이것이 우리가 생각을 활용하는 이유다. 생각은 자애심을 만들기 위해 고안된 것은 아니며, 그럴 수도 없다. 하지만 생각은 이미 존재하는 것을 향해 가슴을 열어 그것이 의식에 흘러들어 올 수 있게 할 수 있다. 생각을 보는 또 다른 방법은 생각이 하나의 본보기라는 것이다. 바른 형태의 생각을 이용해서 판이하게 다른 인간정신의 차원으로부터 무엇인가가 들어올 수 있는 공간을 만들 수 있다.

생각과 단어, 이미지를 사용하는 사념적 명상은 문을 열기 위해 고안된 것이지만, 가슴이 자애심에 문을 열게 되면 이런 사념적 기법은 장애물이 될 수 있다. 이런 식으로 잘되면, 당신은 사념적 기법을 버리고 비사념적인 자각에 머무른다. 그곳에 그냥 조용히 머문다. 이런 균형을 잡는 것은 하나의 기술이지만, 마음이 진정으로 그 축을 바꾸기 시작하고 혁명적인 변환이 일어나는 것은 안정된 비사념적 자애명상 속에서다. 이때가 바로 자애심 계발의 장벽들이 진정으로 무너지는 때다.

당신이 자애수련에서 커다란 전기를 맞게 되면, 비사념적인 명상의 기간이 점차 오래 지속되는 것을 알게 될 것이다. 수련이 질적으로 변화하는 것이며, 점차 '하나의 불교 수련을 하고 있다.' 는 느낌이 줄어들면서 그저 당신이 내면의 선량함에 마음을 열고 있다는 느낌이 더 커지게 된다.

자애수련에서 선정으로 진전을 하는 한 가지 방법은 개개인을 넘어서는 것이다. 당신이 개개인이나 적대적인 존재에 주목하는 시간을 통해 다양한 개개인에 대해 서로 다르게 반응하게 만드는 장벽들을 허물게 되면, 그다음 단계의 명상에 더 치중할 수 있게 된다. 이런 명상에서 마음은 모든 방향, 즉 '사분면' 에 도달해 모든 생명 있는 존재를 포괄하게 된다. 예외 없이 우리 모두가 편안하고 행복하기를. 이런 생각이 떠오르면 그 자체가 자애심을 촉진한다. 이제 이것은 더 이상 자애라는 생각이 아니라 실질적인 자애심의 경험이 된다. 일단 이런 경험이 나타나면, 이를 유지하는 것이 가능해진다. 그리고 그렇게 유지하는 것이 바로 당신이 할 일이다. 대상은 모든 생명 있는 존재이며 당신은 자애심의 존재양식으로 그 대상에 주의를 기울이고 있다.

당신의 자각 대상이 자애심 자체가 아니라 생명 있는 존재임을 인식하는 것이 중요하다. 당신은 알아차림을 유지하면서 그 안에 머물고, 만일 주의가 흔들리는 것을 알아차리면 마음을 다시 안정시키는 정도의 사변적 생각을 잠시 떠올려 안정을 회복한다. 마음이 느슨해지면 사마타 수련을 할 때와 마찬가지로 더 많은 빛을 떠올려 더 명료하고 생생하게 안정시킨다. 이것이 선정으로 가는 길에서 실제 진전을 이루는 방법이다.

자애수련에서 진정한 선정을 달성한 사람은 대개 보편적인 대상을 지향하는 수련을 하게 된다. 또한 자애수련에서 선정을 이루려면 한 개인에 집중해야 한다고 말하는데, 이때 집중의 대상은 살아 있는 사람이어야만 한다. 붓다고사는 죽은 사람에 초점을 맞추면 선정을 성취할 수 없다고 말한다. 마찬가지로 자신에 집중해서는 선정을 성취할 수 없다. 그렇게 할 만한 가치도 있고, 또 수련의 기초이기도 하지만, 그것만으로는 선정을 이룰 수 없다. 자애수련에서 선정은 다른 사람이나 공동체 또는 지각 있는 존재를 대상으로 해야 한다.

자애수련에서 선정의 성취는 '장벽들이 무너지는 것'과 동시에 이루어진다. 이 장벽들은 내가 좋아하는 사람, 중립적인 사람, 싫어하는 사람을 가르는 구분이다. 다시 말하면, 내 입장에서 행복했으면 하는 사람들, 무관심한 사람들, 트럭에 치었으면 하는 사람들을 가르는 차별을 말한다. 이런 차별이 완전히 평등해져야 선정을 개발할 수 있다.

이에 관한 검증은 경전(sūtras)에서 사고실험으로 보여 주고 있다. 당신이 세 사람과 함께 있다고 가정해 보자. 한 사람은 친한 친구이고, 다른 사람은 우연히 만난 사람, 마지막은 당신이 깊이 분개하는 사람이다. 어떤 사람이 당신에게 다가와서 말하기를 "나는 셋 중 하나를 죽일 터인데, 누구를 죽일지는 당신이 선택하시오." 했다. 당신이 적을 선택하면, 분명히 장벽들을 깰 수가 없을 것이다. 더 재미있게도 붓다고사는 만일 당신이 당신 자신을 선택한다 해도 그 장벽들은 깰 수가 없다고 말한다. 이는 타인들을 걱정하지만, 아직 공평하지 않다는 것을 함축한다. 모든 장벽이 무너졌다면 당신은 아무런 대답도 하지 않을 것인데, 왜냐하면 아무런 선호가 없기 때문이다. 당신은 '나는 이 게임에 참여하지 않겠다.' 하는, 선택을 포기하기를 선택한 것이다. 당신이 이런 정도에 이를 때 비로소 자애수련에서 선정을 성취하게 될 것이다.

붓다고사는 자애수련으로 선정을 이루는 것의 개인적 이점을 설명한다.[8] 나는 이를 여러분과 공유할 터인데, 당근을 흔들려는 것이 아니라, 그 이득이 수백만 사람 중 최종 목적을 이룬 한 사람에게만 돌아가는 것이 아니라, 모든 수련에서 조금의 진전이라도 이룬 모든 사람에게 돌아가는 것임을 알려 주려는 것이다.

장벽을 허무는 것의 이득 중에서 붓다가 말씀하신 것은, 첫째, '이제 편안한 잠을 잔다.'는 것이다. 불편하게 뒤척이고 코를 골거나 하지 않고 마치 깊은 명상에 든 것처럼 잠을 자게 된다. 그래서 자애수련은 불면증의 해독제다. 둘째, '편안하게 깬다.' 불편한 신음과 하품, 뒤척이고 비틀림 없이 연꽃이 피듯이 깬다. 게다가 셋째, '악몽을 꾸지 않는다.' 성지 숭배하듯이, 공양을 드리듯이, 법문을 듣듯이 상서로운 꿈만 꾼다. 강도들에 둘러싸이거나, 짐승들의 위협을 받거나 낭떠러지로 굴러떨어지거나 하는 다른 사람들이 꾸는 악몽을 꾸지 않는다. 넷째, '사람들의 아낌을 받는다.' 가슴까지 드리우는 목걸이처럼, 머리를 치장한 화환처럼 사람들이 좋아하고 아낀다.

또한 '사람 아닌 존재들도 좋아한다.' 우리와 동떨어진 대부분의 문화에서, 지구는 동물이나 인간뿐 아니라 그렇지 않은 수많은 존재들로 꽉 차 있다. 우리는 지구상에 인간과 동물만이 지각이 있는 존재라고 생각하는 유일한 사람들이다. 다른 사람들은 천신(devas), 마귀(nāgas), 나무의 정령, 땅의 정령, 산의 정령, 기타 다양한 많은 피조물을 포함하는 훨씬 더 많은 존재가 있다고 믿는다. 이들은 초자연적인 것이 아니라 우리의 이웃이다.

---

8) *The Path of Purification*, IX: 60–76.

자애심으로 사마타에 도달한 사람에게는 '불이나 독약, 폭탄도 해를 끼치지 않는다.' 나는 이런 말을 많은 티베트 사람들에게 들었을 뿐 아니라, 자애심에는 실제로 범상치 않은 신체적 영향을 미치는 특별한 힘이 있다. 밀라레빠(Milarepa)와 사냥꾼의 이야기가 그 예다.[9] 밀라레빠가 티베트 남부의 높은 산의 한 동굴에서 명상을 하고 있었다(그는 한 동굴에 집착하는 것을 원치 않아서 여러 동굴에서 살았는데, 그 중에는 아직도 당신이 찾아가 볼 수 있는 곳이 있다.). 한 사냥꾼이 사냥개를 데리고 사슴을 쫓는 것을 들었다. 개는 컹컹거리며 쫓고, 사슴은 죽기 살기로 달아나는데, 사냥꾼이 사슴을 향해 활을 쏘아 대고 있었다. 밀라레빠는 즉시 자애명상에 들어서 특별한 자애심을 사슴에게 보냈는데, 기진맥진한 사슴은 밀라레빠의 옆으로 와 기대 누웠다. 곧이어 사냥개가 헐떡이며 추격해 왔는데, 밀라레빠는 거기 앉아서 사냥개에게도 자애심을 보냈다. 사냥개는 언덕을 뛰어올라와 조용히 사슴 옆에 누웠다. 드디어 사냥꾼이 도착해 보니 이 산중에 허름한 천 쪼가리만 걸친 헐벗은 사람이 자신의 개와 사슴과 함께 쉬고 있었다. 사냥꾼은 매우 화가 나서 활을 집어 들고 밀라레빠를 향해 쏘았다. 화살은 엉뚱한 방향으로 휘어서 크게 빗나갔다. 밀라레빠는 자애수련을 하고 있었는데, 화살이 허공에서 궤적이 바뀌어 버렸다. 뉴턴이 이 광경을 보았다면, 아마 생각을 고쳐먹었을지도 모르겠다. 밀라레빠는 사냥꾼을 위한 자애명상을 했고, 사냥꾼은 꿇어앉아 그에게 가르침을 청했다.

또 다른 이득은 사마타의 계발과 매우 관련성이 높은 것으로 '쉽게

---

9) 역주) 밀라레빠(Milarepa, 1052~1135)는 티베트 최고의 성자이자 시인으로 알려져 있다. 티베트 불교 까규빠의 역사에서 중요한 인물 중 하나다.

집중하게 된다.' 는 것이다. 원한다면, 쉽게 어떤 종류의 삼매에든 깊이 들어갈 수 있다. 자애심에 머무는 사람의 마음은 쉽게 집중되며, 아무런 나태함도 없다. 그 다음으로 '안색이 줄기에서 떨어져 나온 야자 열매처럼 밝아진다.' 게다가 '혼란하지 않은 채 죽는다.' 마치 잠에 든 것처럼 망상에 빠지지 않고 죽는다. 마지막으로 '이승의 삶을 마감할 때, 잠에서 깨어나듯 범천의 세상에 태어난다.' 범천은 빛이 가득한 천상세계다.

달라이 라마는 제자들에게 사마타를 계발하도록 장려한다. 여기에는 물론 많은 전통적인 이유가 있지만, 그가 이를 강조하는 것은 매우 실용적인 이유에서다. 즉, 사마타를 계발할 수 있어야 이런 마음으로 자애심과 연민심을 계발할 수 있기 때문이다. 또한, 모든 존재의 이득을 위한 고도의 깨어 있는 열망인 보리심(bodhicitta)의 계발에 도움이 되기 때문이다. 당신이 이 수행을 진전시킴에 따라 점차 왜 그렇게 되는지를 확실하게 체득하게 될 것이다. 당신이 깊은 평온함과 평화로움에 머물게 되면, 자애심을 타인에게 확장하는 것이 매우 쉬워진다. 당신의 마음이 불안해서 두렵거나 자기 문제에 묶여 있으면 아주 어렵다. 사마타는 자유로움과 공간을 제공하며, 이것이 더 깊은 자애심을 계발하는 비옥한 토양이 된다.

제5장

연민심

산스크리트어인 까루나(karunā)는 보통 연민(compassion)으로 번역되지만, 어원학적으로 볼 때 단순히 친절(kindness)을 뜻한다.[1] 만일 내가 당신에게 친절한 느낌을 가진다면, 나는 당신이 괴로움을 겪기를 바라지 않을 것이다. 이 단어는 자신의 괴로움에 대해 그런 것처럼 타인의 괴로움에 대한 엄청난 관심을 함축한다.

자애심이 자신과 타인의 웰빙을 열망하는 마음인 것처럼 연민의 본성도 그저 '우리 모두가 괴로움과 괴로움의 원인에서 벗어날 수 있기를' 진심으로 열망하는 것이다. 자신을 향한 연민은 '나 자신이 괴로움과 괴로움의 원인에서 벗어날 수 있기를' 하는 바람이다. 연민은 자애심의 완벽한 대체물이 된다. 이 둘은 함께 음과 양을 이루는 것과 같다. 자애심이 있으려면 연민이 있어야 하고, 그 반대도 마찬가지다. 당신은 '당신이 고통에서 벗어나기를' 갈망할 때 자애심을 경험하는데, 거기에 이미 연민이 있는 것이다. 연민이라는 씨앗이 없는 자애심은 불가능한 것이다. 하지만 연민심의 향기는 자애심과는 다른데, 이는 연민은 즐거움을 누리는 존재가 아니라 괴로움을 겪는 생명 있는 존재에 초점을 맞추기 때문이다.

---

1) 역주) 불교심리학에서 연민은 '다른 존재의 고통을 공감하고 이를 경감해 주려는 경향'이라는 의미로 사용되며, 우월감보다는 존재의 보편적 평등성을 기반으로 하는 긍정적 함의를 가진 개념이다. 유교의 인(仁)에 기반을 둔 '측은지심'이나 기독교의 '아가페(무조건적 사랑)'라는 개념이 긍정적 의미를 가진 것과 마찬가지다. 하지만 한국 사회에서 연민은 '불쌍하고 가련하게 여긴다.' (국어사전)는 의미로 동정심처럼 상대에 대한 우월감을 내포하는 다소 부정적인 함의를 가진 것으로 사용되고 있는데, 이는 영어권에서 사용하는 pity와 비슷하다. 우리말은 pity와 compassion 모두 연민으로 번역한다. compassion은 상대를 친절하게 대한다는 의미로서 우월함이 아니라 보편성과 이타성에 따른 친절함이라는 긍정적 의미가 더 크다.

자애심과 연민심의 차이는 단순명료하다. 자애심은 어떤 의미에서는 잠재력을 다루는 것이다. 자애심은 하나의 비전이다. 이것은 그저 드러난 것을 말하는 것이 아니요, 실재(reality)에 주의를 기울이는 것이기는 하지만, 가능한 한 잠재력의 비전을 가지고 그렇게 하는 것이다. 즉, '비록 지금 현재는 그렇지 않더라도, 당신이 편안하고 행복하기를.' 바라는 것이다. 자애심은 당신의 상상 속에서 이런 잠재력이 삶으로 드러나게 하는 것이다. 이것은 웰빙을 경험하는 사람과 웰빙의 원천에 주의를 기울이는 것이다.

우리 대부분은 다른 사람을 위해 그 사람이 경험한 적이 없는 그런 행복을 기원할 수는 있지만, 때로 사람들은 아주 작은 곤충 같은 존재가 되는 것 같다. 그들은 매우 협소한 견해와 왜곡된 감정으로 모난 공을 굴리며 괴로움에 빠져든다. 자애심은 사람들이 어떻게 연꽃이 피듯이 피어나서 우리가 과거에 겪었던 모든 것을 초월하는 행복을 경험할 수 있는지를 상상하는 것이다. 자애심은 보이는 것 이상을 보는 것이다.

이와 달리 연민심은 고통에 빠진 사람이나 다른 무엇을 목격하는 것이다. 그 존재의 괴로움을 인식하는 것이 그 사람이 고통에서 벗어났으면 하는 열망을 낳는다. 여기에도 여전히 비전이 있어서, 연민심은 그 사람이 그런 식으로 고통을 받을 필요가 없다는 사실에 초점을 맞춘다. 편안함과 평온, 진정, 자유의 평정함을 발견하는 것이 가능하다. 연민심은 '당신이 고통과 고통의 원인으로부터 자유롭기를' 기원하는 것이다. 이는 현존하는 고통과 고통의 원천을 관찰하고 이런 고통이 당신의 현존에 영원히 얽혀 있는 것이 아니라는 비전을 갖는 것이다. 당신은 자유로울 수 있는 잠재력이 있다. 당신이 자유로워지기를 바란다.

아주 단순하게 말하자면, 자애심은 긍정적인 측면에 초점을 맞추는 것이고, 연민심은 부정적인 측면에 초점을 맞추는 것이다.

우리는 자애심의 가까운 적인 갈망(desire)과 먼 적인 미움(enmity)에 대해 살펴보았다. 연민에도 가까운 적과 먼 적이 있다. 비통함(grief)은 연민의 가까운 적이다. 연민이 빗나가면 비통함에 빠지게 된다. 비통함은 일시적인 슬픔과 달리 심하다는 특성이 있다. 세상에는 우리의 연민을 자아내는 것들이 너무나 많다. 그래서 만약 빗나가면 지속적인 비통한 상태가 자리를 잡을 수 있다. 이는 연민심인 것처럼 보이지만, 실은 가까운 적이다. 해롭거나 해악이 되는 것은 아니어도 정신적인 부담일 수 있다. 당신은 이것을 연민심이라 생각하고 불행에 빠진 사람들을 돌본다 해도, 실상은 비통함이 당신을 무기력하게 만든 것이다. 당신은 바닷속 깊은 어두운 바닥에 빠진 것이다. 비통함의 대상이 당신의 유일한 실재가 되어 모든 것을 소비하는 감당하기 어려운 것이 된다. 당신이 주의를 기울일 어떠한 틈도 없고 어떠한 빛도 없어서 결국 무기력하게 된다.

달라이 라마는 이런 종류의 비통함을 이미 여러 번 다루었는데, 그는 마치 전사처럼 비통함을 다룬다. 그는 "당신은 역경을 다루어야 하지만, 절대로 절망에 빠져서는 안 됩니다. 이는 당신이 할 수 있는 것 중 최악입니다. 그리되면 이 전쟁에서 이길 수 없습니다. 끝입니다."라고 말한다. 이민족이 점령한 600만 티베트 사람들을 책임지고 있는 그가 지금까지 "우리는 돌아갈 것입니다." 하고 말하는 것이 바로 그것이다. 티베트는 해방될 것이며, 이를 의심하지 말라. 어떤 예기치 못한 일이 일어나든 관계없이 절망하지 말라는 것이다.

연민심의 먼 적은 잔인함이다. 미움이 '당신이 행복을 경험하지 않기를' 바라는 생각인 것처럼 잔인함은 '당신이 진정으로 고통을 겪기를' 바라는 것이다. 너무 명백해서 말할 필요도 없지만, 이런 소망이 마음속에 있으면서 동시에 연민심을 갖는 것은 불가능하다. 또한 그 반대의 경우도 마찬가지인데, 만일 연민심이 있으면 잔인함이 있을 수가 없다.

잔인함은 깊은 망상상태다. 아마 우리 모두는 잠깐이라도 누군가가 괴로움을 겪는 것을 진정으로 원하는 잔인한 마음을 경험했을 것이다. 이런 마음이 꼭 '당신이 죽었으면 좋겠다.'처럼 극단적이지는 않고, 그저 '당신이 괴로웠으면 좋겠다.' 정도일 수 있다. 어마어마하든 아주 사소하든, 우리가 주의를 기울여 보면 이런 잔인한 마음상태는 이런 마음이 일어날 때마다 고통스러운 것이 확실하다. 전문적으로 다른 사람을 해치는 사람들은 희생자를 비인격화하는 경향이 있고, 자신의 행위를 더 큰 선을 위한 것이라고 정당화한다. 그들은 어떻든 자신의 세계관을 왜곡해서 자신들이 사실은 선한 일을 하고 있다고 믿으며, 그래서 거리낌 없이 행할 수 있다. 불가능한 것은 아니지만 자신을 비인격화하지 않고 다른 사람을 비인격화하는 것은 정말로 힘든 일이다. 나는 나치의 죽음의 수용소에서 명단에 있는 사람들을 샤워장으로 향하도록 하는 일을 맡았던 사람의 이야기를 기억하고 있다. 그는 사람들이 줄을 선 순서가 틀리면 짜증이 나서 "왜 당신들은 이런 문제로 나를 골치 아프게 해?" 하며 불평을 했다.

만일 당신이 이런 고통과 명백한 악행을 알게 되면 어떻게 반응했을까? 쉽사리 분노할 것이지만 그것이 당신 자신의 영혼을 일그러뜨리는 것을 알 수 있다. 외면하거나 왜곡되지 않을 수 있는 방법이 있을까? 연민심은 공감과 관계가 없는 것일까? 상상하기 어려운 잔학행위로 고통받는 사람들에 공감한다면, 당신은 비통함으로 소진되고 완전히 무기력해지지 않을까? 친구의 두통에 공감하는 것이 그 느낌을 공유하고 같이 힘들어하는 것이라면, 좀 더 넓은 수준에서 이것도 마찬가지 아닐까?

이해를 위해서 나 자신의 경험으로 돌아가 보자. 자애심과 연민심은 모두 우리가 먼저 자신에 대한 자애와 연민을 개발할 필요를 요구한다. 우리 자신의 존재를 가슴으로 따듯하게 받아들이는 것은 자기폄하와 자기혐오의 느낌을 대체할 것이다. 우리는 자신의 웰빙과 행복, 고통에서 해방되기와 깨달음을 소망하도록 스스로에게 허용해야 한다. 우리의 경우, 사랑하는 사람을 잃거나 병에 걸렸을 때 어떤 반응이 이상적인 것일까? 그 역경을 더 큰 행복으로 전환시키는 방식으로 난국에 대처하는 것이 가장 좋을 것이다. 우리는 그런 역경을 자신의 지혜와 연민을 더욱 깊게 하고, 이를 우리가 받아들일 수 있는 무엇으로 전환시키는 방식으로 활용할 수 있다. 우리는 역경을 씹어 삼켜 소화시키고, 결과적으로 깨달음에 더 가까이 갈 수도 있을 것이다. 이런 것이 바로 티베트 사람들이 말하는 '역경을 영적 성숙으로 바꾸는' 이상이다.

누군가 내 차를 받았다고 치자. 이것이 역경이다. 아무런 불편함도 안 느낄 수 있으면 최선이다. 나는 이런 상황을 처리해야 하지만, 거기에는 어떠한 심리적 불편감도 도움이 안 된다. 나에게도 그렇고 자동차에게도 그렇다. 산티데바가 말했듯이 "괴로움이 있다. 그것을 역경이라 한다. 거기에 대해 뭔가 할 수 있는가? 있다면 잘된 일이다. 슬픔이라는 불필요한 짐을 내려놓고 그 일을 하라. 슬퍼할 필요도 없고, 슬픔이 어떤 문제해결에 기능을 하는 것도 아니다. 해야 할 필요가 있는 것만 해라. 당장 할 수 있는 것이 없다면, 왜 쓸데없이 슬퍼하는가?" 이것은 어려운 주문이지만, 그래도 나는 이것을 이상적이라고 받아들인다.

슬픔 없이 반응하는 것이 무관심이나 냉담함으로 반응한다는 뜻은 아니다. 우리 자신의 역경을 지혜와 연민, 용기와 강인함으로 반응하는 것이 가치 있는 이상적인 것이라면, 우리 자신이 우리가 반응해야 할 다른 사람들에 대한 모델이 될 수 있다. 슬픔에 사로잡히지 않고 바꿀 필요가 있는 것을 바꾸고 아직 바꿀 수 없는 것들은 편안하게 받아들이는 것, 이것이 자신을 위한 쓸모 있는 이상적인 것이라면, 다른 사람들의 역경에 대한 이상적인 반응양식도 마찬가지일 것이다.

고통에 빠진 사람을 처음 보았을 때, 그들의 고통을 공감적으로 공유하는 것은 매우 적절한 것이다. 우리가 타인에게 그리고 타인을 위해 느끼는 슬픔은 진정한 연민의 불꽃이 일어나게 하는 연료와 같다. 우리가 타인의 슬픔과 고통을 공유하지 않으면 냉담하게 무관심에 빠지게 될 것이고, 만일 우리가 그런 괴로움에 빠지게 된다면 연민의 가까운 적에게 공감적으로 굴복하는 셈이다. 이는 그 타인에게 아무런 도움이 되지 않을 뿐 아니라 우리 자신의 힘을 빼 버린다. 타인의 고통을 자신의 것으로 받아들인다는 것은 그 고통이 자신의 것인 양 반응한다는 의미인데, 이는 슬픔으로 반응하는 것이 아니라 지혜와 연민으로 반응하는 것을 뜻하며, 내가 할 수 있는 것에 나의 힘을 쏟는다는 뜻이다. 당장 내가 할 수 있는 최선은 명상을 통해 지혜와 연민, 마음의 힘을 끌어내어, 때가 되었을 때 모든 것을 더 효과적으로 할 수 있게 하는 것이다. 어쩌면 더 능동적인 반응을 해야 할 때일 수도 있다.

하지만 그 경우에도 그저 슬픔에 빠질 순간은 결코 없다.

'어찌 해야 합니까?' 하는 질문은 인생에서 피할 수 없는 것이다. 끝이 없는 질문이며, 정답도 없다. 상황이 일어날 때마다 우리가 가진 어떤 지혜와 지식이든 적용하고 어떤 자애심과 능력이든 끌어모으면, 답을 찾을 수 있다. 어떤 것이든 그 시점에서 할 수 있는 최선의 것이 최고의 답이다. 답은 유동적인데, 우리가 답을 찾았다 해도 1년 후에는 다른 것이 답이 될 수 있기 때문이다. 그리고 상황도 항상 변할 것이다.

우리 문화는 다른 사람의 괴로움에 슬픔을 느끼지 않는다면 무관심하거나 정서부족일 것이라고 생각한다. 슬픔을 연민심과 같은 것으로 보는 것은 잘못이다. 내가 질병으로 고통을 받는다면, 그리고 내 친구가 와서 너무 안됐다고 하면서 눈물을 흘린다면 그것은 나에게 조금도 도움이 되지 않을 것이다. 하지만 그가 나에게 어떤 처방을 알려 준다면, 나는 큰 관심을 가질 것이다. 슬픔 그 자체는 별 쓸모가 없는 것이다.

눈물에서 태어난 타라(Tārā)의 탄생설화는 바로 이 점을 시적으로 아름답게 표현하고 있다. 아발로키테슈바라(Avalokiteśvara, 관음보살)[2]는 훌륭한 보살이었는데 무한한 연민심으로 모든 존재를 고통에서 구원하는 일을 하였다. 몇 생에 걸쳐서 수백만 년의 시간 동안 지구뿐 아니라 광대한 우주의 모든 존재를 굽어보면서 자신의 모든 것을 바쳐

---

2) 역주) 티베트 불교에서 타라는 관음보살이 흘린 눈물 한 방울에서 태어난 존재다. 관음의 눈물 한 방울이 땅에 떨어져 호수를 만들었고, 거기서 연꽃 한 송이가 피어날 때 그 안에서 타라가 나왔다고 한다. 다른 버전도 있지만, 공통적인 것은 관음보살의 넘치는 연민이 타라라는 존재를 낳았다는 것이다.

구원에 힘썼다. 억겁이 지나 그는 일을 멈추고 자신이 한 일의 성과를 살펴보았다. 무한한 존재들을 돌아보면서 그는 아직도 고통이 끝없이 있음을 알게 되었다. 그는 눈물을 흘렸는데, 그 눈물 중 한 방울에서 활발한 연민행동을 타고난 타라가 나타났다. 타라는 그에게 "절망하지 마세요. 제가 도와드릴게요." 하고 말했다. 아발로키테슈바라의 정신이 말로 표현되었을 때, 그 말은 옴마니반메훔(OṂ MAṆI PADME HŪṂ)이라는 만트라(mantra)가 되었다.

달라이 라마가 조국의 커다란 비통함을 다루는 방식을 생각해 볼 때면 나는 그분이 아발로키테슈바라처럼 눈물에서 피어나는 드문 경우가 있음을 안다. 나는 그가 열다섯에서 스무 명 정도의 방금 도착한 난민들에게 이야기하는 것을 기억한다. 난민들은 자신들이 겪은 잔혹함과 불운을 사랑하는 스승이자 지도자에게 들려주면서 그 기억 때문에 눈물을 터뜨렸다. 달라이 라마는 그 장면을 "그들은 눈물을 터뜨렸다. 그리고 나도 눈물이 터졌다. 우리는 함께 울었다."로 묘사했다. 하지만 그 얘기를 하면서 그분은 빙그레 웃으셨고 아주 행복한 것처럼 보였다. 무슨 일이 일어났는지는 하나의 사건이다. 그런 일이 있었고, 또 지나갔다. 하지만 그분의 기본적인 상태는 조국이 군대에 점령당하고 국민들이 착취와 폭압을 당하는 상황에서도 낙천적인 빛이 나는 것 같았다. 그것이 그분의 반응이다. 만일 지난 30년간 비통함에 사로잡혀 있었다면, 이는 정당화할 수 있는 것이기는 하지만 쓸모없는 것이라는 생각이다. 또한 티베트 문화는 망명지에서 살아남지 못했을 것이다. 그분의 사례는 비통함이 쓸데없다는 확신을 준다. 그것은 우리 자신과 타인에게 유용하지 않다. 그보다는 낙천적이고 밝고 강인함으로 인내하는 것이 유용하다.

질의응답: 카타르시스, 논리, 연민

질의: 울음을 통해 슬픈 감정을 해소하고 나면 기분이 아주 좋아지는데, 이것이 아주 놀라운 행복감일 수 있습니다. 이렇게 짧은 시간 내에 해소하여 갑자기 완전히 다른 관점을 가질 수 있습니다. 우리가 슬픔이 전혀 없이도 이런 전 과정을 초월할 수 있다고 말할 수 있나요?

응답: 산티데바가 슬픔이 분노의 연료로 작용할 수 있다고 말한 것처럼 연민의 연료로도 작용할 수 있습니다. 저는 다른 사람의 슬픔을 공유하는 것이 인간성 깊이 내재한 것이라 믿지만, 슬픔에 빠지는 것이 세상의 고통을 자각하는 기본적인 마음상태라고는 생각하지 않습니다. 세상의 고통이 얼마나 깊고 넓은지, 그런 고통의 원인인 엄청난 무지와 악의를 자각하는 것은 지극히 중요하지요. 이는 슬픔이라는 기본상태를 필요로 하는 것처럼 보이지만, 우리가 실질적으로 도움이 되고 온전한 삶을 살아가며, 우리의 잠재력을 성장시켜 나아가려면 기본적인 상태는 슬픔보다는 낙천성과 밝음, 그리고 강인함이어야 한다고 생각합니다.

많은 사람들이 눈물을 쏟을 때, 달라이 라마도 함께 우셨습니다. 그분이 그 이야기를 할 때 그분이 뭔가 잘못을 저질렀다거나 아니면 그분의 수행에 문제가 있었다거나 하는 징후는 전혀 없었지요. 그냥 그런 일이 일어난 것입니다. 이런 자연스러운 사건도 수행의 일부였던 것이지요. '눈물이 나온다. 깨끗한 눈물이 그치고 나면 기본상태로 회복된다.' 이는 매우 건강한 것 같습니다. 만일 눈물이 쏟아지면, 당신이 그걸 억제하려 할 이유가 전혀 없어요. 우리는 항상 기본적인 상태에 머물지 않거든요. 하지만 눈물을 흘리기도 하는 낙관적인 기본상태는 낙천적인 경우도 있는 비관적인 기본상태에 비해 더욱 건강한 균형을 이루고 있는 것입니다.

질의: 제가 듣기로 달라이 라마 성하께서는 인간의 근본적인 본성은 연민이라 믿는다고 하셨습니다. 또 그분이 우리의 현재 삶이 두 사람의 사랑에서 비롯된 것이라 했다고 들었습니다. 그런데 지난 오랜 세월 동안 결혼이 있었지만, 그것이 사람들이 서로 사랑해서가 아니라 권력과 소유에 관한 가부장적 신념 때문에 이루어진 것이어서 저는 아주 오랫동안 그 말이 거슬렸습니다. 이 지구상의 역사와 문명을 돌아보면 사람들이 서로 사랑한다는 것은 하나의 원리라기보다는 오히려 예외적인 것 같습니다. 만일 그렇다면, 그분의 말씀은 근거가 무엇입니까? 마찬가지로 그분은 우리가 공동체를 이루는 것은 사람들이 서로 돌보기 때문이라고 하셨습니다. 하지만 공동체는 연민에 기반했다고 보기보다는 이기심에 기반해서 자기보호와 생존을 위한 필요 때문에 진화한 것입니다. 어쩐지 사이비 논리로 들리기는 해도, 저는 그분이 제가 보지 못하는 어떤 통찰을 가지신 것 같습니다.

응답: 일상적인 관점에서 인간 삶의 조건을 보면, 연민이 우리의 근본적인 정서라는 결론을 뒷받침할 증거가 없다는 당신의 이야기에 동의합니다. 마찬가지로, 우리가 인간의 역사를 어떤 관점에서 보면 우리의 존재가 안에 보석을 품고 있는 연꽃과 같다는 은유를 지지할 만한 아무런 이유도 찾기 어렵습니다. 상반되는 증거가 너무나 많습니다. 그래도 인간의 고통과 악행의 와중에도 그 은유는 살아남았습니다. 티베트 사람들은 인종학살로 고통을 받아 왔지만, 지금도 바

로 그 은유를 이야기합니다. 저는 성하께서 일상적 관점에 비해 더 고결하고 숭고한 그분 자신의 순수한 비전에서 그런 관찰을 하셨다고 믿습니다. 이러한 순수한 비전은 금강승 수련으로 의식적으로 계발되는 것이며, 우리 자신의 통찰적 지혜와 불성을 드러내도록 하는 것입니다.

연민이 근본적인 인간의 감정이라는 말이나 마음의 본성이 청정하다는 말을 들을 때, 그 말이 우리에게 주는 확신은 바로 우리가 확신을 하고 있다는 사실 그 자체입니다. 우리 자신의 타고난 연민이 그 자신의 실재를 확증하는 것이지요. 불성이란 그 자체로 드러나는 것이지 증거에 기반하는 것이 아닙니다. 말하자면, 불성이란 그 반대되는 증거들을 뚫고 스며 나오는 막을 수 없는 힘입니다. 즉, "그럼에도 나는 단언한다. 왜냐하면 그것이 제 존재의 깊은 곳에서 나오는 것임을 알기 때문이다." 반대되는 모든 증거는 단순히 우리의 타고난 순수함을 가리는 우발적인 것들에 불과한 것입니다.

갈망과 적대감이라는 정신적 왜곡조차도 불성이 왜곡되어 표현된 것이라 할 수 있습니다. 그 원천은 선한 것이지만, 그것이 우리의 상처받은 마음을 통해 표출될 때는 지극히 비뚤어지고 해로운 것이 됩니다. 티베트에 대한 중국의 인종학살의 예를 들어 봅시다. 우리가 깊이 들여다보면, 어떤 수준에서는 그들이 뭔가 선한 일을 하려 노력한 것입니다. 다만, 그들은 그것을 행하는 방법에 대해 매우 비뚤어진 생각을 가지고 있을 뿐입니다. 하지만 그들은 뭔가 나쁜 일을 하려 하는 것이 아닙니다. 이는 마치 예수가 "주여, 용서하소서. 그들은 자신이 무슨 일을 하고 있는지 모르나이다." 하고 기도한 것과 같습니다. 사람들은 망상에 사로잡힙니다. 그 점에 대해 그들과 우리 자신을 용서하고 그 망상의 저변에 무엇이 있는지를 깨닫고 그것을 계발하고 드러내도록 노력합시다.

고통받는 사람을 위한 연민: 명상

연민심을 계발하기 위한 명상은 자애심 계발을 위한 명상과 약간 다른 형태로 나타난다. 자애수련이 먼저 자신을 대상으로 하고 다른 사람으로 진행해 나가는 것과 달리, 여기서는 자신이 아는 사람 중에서 신체적이든 정신적이든 역경에 처해 괴로움을 겪는 사람을 마음에 떠올리는 것으로 시작한다. 가능한 한 이 사람을 생생하게 떠올리고, 모든 상황을 그려 본다. 그 사람에 초점을 맞추고 그가 고통과 고통의 원인에서 자유롭기를 바라는 소망이 떠오르도록 한다. 이 수련을 자신이 싫어하는 사람에 초점을 맞추는 것으로 시작하지 않는다. 그저 당신이 아는 고통받는 사람에서 시작한다. 그런 다음 이 명상을 친한 친구, 중립적인 다른 사람 그리고 마지막으로 적대적인 사람에게 적용한다.

사무량심 수련 모두를 통틀어 그 주제는 '나 자신이 그런 것처럼 다른 사람도 그렇다. 내가 고통에서 벗어나기를 바라는 것처럼 다른 사람들도 고통에서 벗어나기를 바란다.'라는 것으로 모두 같다. 산티데바는 "나는 타인의 고통을 줄여 주어야 하는데, 그 고통이 나의 고통과 마찬가지로 고통스럽기 때문이다. 내가 타인의 고통에 관심을 가지고 돌봐야 하는 것은 나 자신이 하나의 생명 있는 존재인 것처럼 그들도 생명 있는 존재이기 때문"이라고 말한다.[3] 고통을 겪는 구체적인 상황이 나 자신의 것이든 타인의 것이든 관계가 없는데, 이는 사실상 고통은 개인적인 것이 아니며 그 사람이 주인이 아니기 때문이다. 산티데바는 당신의 고통은 나와 상관없으며 당신과 나는 아무런 연결이 없다는 생각을 반박한다. 그는 "사람들이 누군가의 고통이 그 사람 자신이 피할 수 있는 것이라 생각한다면, 발바닥의 고통이 손바닥의 고통이 아닌데도 왜 손바닥으로 아픈 발바닥을 보호하는가?" 묻는다.[4] 오른손이 가려울 때 왼손이 무심하게 '그건 네 문제야. 그러니 스스로 긁어.' 라고 하지 않는다.

인간의 공동체만 그런 것이 아니다. 불교도들은 모든 존재, 인간과 인간 아닌 것 모두를 이야기한다. 그래서 우리는 장기와 팔다리, 세포들로 이루어진 몸과 마찬가지로 생명 있는 존재들의 공동체에 속하는 부분이다. 핵심은 우리 자신의 웰빙을 무시하자는 것이 아니라 우리의 웰빙이 더 큰 공동체에 어떻게 잘 맞게 하느냐 하는 좀 더 큰 관점을 갖는 것이다. 우리 자신의 웰빙에 대한 관심을 꼭 줄여야 할 필요는 없으며, 단지 그것을 더 큰 그림과 조화시키는 것이다.

붓다고사가 당신이 아는 고통받는 사람을 마음에 떠올리는 것으로 이 수련을 시작하라고 권하기는 하지만, 그래도 자신부터 시작하는 것이 도움이 될 수도 있다. 자신을 들여다보라. 당신은 벗어나고 싶은 고통이 없는가? 불안이나 골치 아픈 문제, 신체적이든 심리적이든 괴로움의 원천이 전혀 없는가? 당신은 아무것도 두려운 것이 없는가? 이런 것들로부터 자유롭기를 바라지 않는가? 아마 누구든 그렇다고, 그

---

3) *A Guide to the Bodhisattva Way of Life*, VIII: 94.
4) *A Guide to the Bodhisattva Way of Life*, VIII: 99.

런 것에서 벗어나고 싶다고 말할 것이다. 이렇게 고통에서 자유롭기를 기원하는 경험을 하고 나면 우리는 우리가 무슨 얘기를 하는지 인식할 수 있고, 그리하여 다른 고통받는 사람을 떠올릴 수 있다. 나 자신이 소망하는 것처럼 당신도 고통에서 자유롭기를.

명상을 더 완전하게 하려면, 빛으로 작업하는 것이 도움이 된다. 이는 금강승 수련의 기초에 속하는 것인데, 심상화한 빛을 매우 많이 활용한다. 고통받는 사람을 떠올리고 그가 고통에서 자유롭기를 기원하면서 당신의 몸이 빛으로 가득 차는 것을 상상한다. 자기 몸을 자신의 불성의 빛으로 가득 채우고 '당신이 고통에서 자유롭기를' 하는 기원을 떠올린다. 그런 다음, 이 빛이 고통받는 사람에게 확장되어 그 사람이 고통과 고통의 원인에서 벗어나는 것을 상상한다. 그러고 나서 수련의 후반기에는 마음을 사방으로 보내는 명상을 한다.

연민심을 위한 명상의 확장

고통받는 사람에게 초점을 맞추는 것을 넘어서 악의적이고 자기중심적이며 탐욕과 질투, 잔인함같이 매우 해로운 행동을 하는 사람에 주의를 기울이는 방법이 있다. 이때 당신이 선택한 사람은 자애심 계발의 마지막 단계에서 선택하는 적대적인 사람과 매우 흡사할 수도 있다. 이럴 경우 연민명상과 자애명상은 밀접하게 연결되며, 한 가지를 마치고 다른 하나를 이어서 수련한다.

당신이 아는 한 정말 매우 해로운 행동을 하는 사람, 그 마음이 적개심과 질투, 탐욕과 복수심, 이기심으로 고통받고 있는 사람을 생생하게 마음에 떠올린다. 무엇이 이 사람을 이렇게 형편없는 사람으로 보이게 만들었을까? 그 사람의 행동이나 기질, 우리가 보기에 그 사람을 지배하고 있는 어떤 정신적 특질이 원인일 수 있다. 너무나 혐오스러워서 슬픔이나 분노, 화를 일으킬 수도 있는 이런 특성들을 외면하지 말라. 그리고 잠시 자신으로 돌아와서 당신 자신이 비슷한 기질이나 행동습관으로 고통을 받고 있다면 어떨까를 상상해 보라. 눈앞이 캄캄해지고 당신의 세상이 한정 없이 쪼그라들며 심장이 뒤틀릴 것이다. 마음속으로 이런 괴로움에서 벗어나기를 이런 행동경향을 벗어버리기를 기원하라. 이제 자신이 빛으로 가득 채워지면서 결국 고통에서 벗어나는 것을 상상하라. 그런 고통에서 벗어난 그 충만함과 밝음, 쾌활함과 부드러운 평온함을 느껴 보라.

같은 사람으로 주의를 돌려서 '나 자신이 이런 해로운 행동과 괴로움에서 벗어나기를 바라는 것처럼, 당신도 벗어나기를' 하는 소망이 일어나도록 한다. 괴로움을 겪는 사람을 바라보되, 그 사람을 성격이나 행동양식과 같은 일시적인 고통의 원인과 같은 것으로 보지 않는다. 그 사람을 당신과 마찬가지로 그저 행복을 희구하는 사람, 고통에서 벗어나려는 사람으로 본다. 당신 자신의 갈망이 그 사람의 갈망과 융합되도록 하여 '당신이 진정으로 고통에서 벗어나기를, 당신이 원하는 행복과 웰빙을 발견하기를, 불행과 갈등의 모든 원인이 사라지기를, 당신이 고통과 그 원인에서 자유로워지기를' 소망한다.

태양이 구름을 뚫고 나타나듯, 검은 흙을 뚫고 꽃이 피어나듯 이 사람이 힘든 고통과 그 원인을 뚫고 벗어나는 것을 상상한다. 이 사람이 고통의 원인에서 자유로워지는 것을 최대한 생생하게 상상한다. 이제 이런 연민의 경계를 확장해서 사방의 모든 생명 있는 존재를 향해 이들 각각이 고통에서 벗어나기를 원하고 있다는 실재에 초점을 맞춘다. 어떤 것은 온전하고 어떤 것은 손상받은 다양한 행동들에 대해 기원할 수 있다. 당신의 마음이 그들의 본질적인 소망과 합쳐질 수 있게 하여 '내가 고통에서 벗어나기를 원하는 것처럼 당신이 진실로 고통에서 벗어나기를' 기원한다. 당신의 몸이 빛으로 가득 차게 하고 그 빛을 사방으로 방사하라. 각 방향의 생명 있는 존재들이 고통과 그 원인에서 벗어나는 것을 상상한다.

연민수련에서 침투성

이런 수련에서 침투성에 관한 질문이 나올 수 있다. 어떤 권리로 자신의 견해와 소망을 다른 사람들의 삶에 부과할 수 있는가? 이런 질문은 타당한 것이며, 수련은 타인의 바람을 존중하는 한도 내에서 해야 한다. 하지만 고통받는 사람에 주의를 기울이면서 우리는 그 사람이 고통을 원하는지 스스로 질문해 볼 수 있다. 그 사람이 그것이 정신적인 괴로움 때문이든 신체적인 괴로움 때문이든 자신의 고통을 기뻐하거나 그것에서 자양분을 얻는 것일까? 그 대답이 진정으로 아니라고 하면, 우리는 망설임 없이 연민과 사랑의 소망을 보낼 수 있다. 고통과 그 원인에서 벗어나고자 하는 당신의 소망이 이루어지기를.

나는 이 문제를 아주 심각하게 본다. 나는 가르침을 통해서든 정신적인 상상을 통해서든 다른 사람들의 삶을 방해하고 싶지 않다. 하지만 내가 고통을 여의고자 하는 타인의 소망에 초점을 맞춘다면, 그들을 돕고자 하는 소망이 있는 한 아무런 망설임을 느끼지 않는다. 객관적으로 나의 명상이 다른 사람들의 삶에 어떤 중요한 변화를 일으킬 가능성이 있는가? 결코 크지 않을 것이다. 하지만 이 점은 수련의 정점이 아니다. 이 수련의 목적은 우리 자신의 마음속에 있는 악의나 잔인함을 모두 극복하고 우리의 마음을 변화시켜서 연민과 사랑이 아무런 장애 없이 드러나도록 하려는 것이다. 이런 수련이 모든 잔인성의 가능성을 줄이고 친절함과 연민의 경향을 계발하는 기회가 될 가능성은 얼마나 될까? 매우 크다.

연민의 화신인 관음보살에 대한 명상

불교에서 아발로키테슈바라(관음보살)는 연민의 화신으로 간주한다. 티베트어 번역에서 그 이름은 짼래식(Chenrezig, sPyan ras gzigs)인데 '무한한 눈으로 굽어보는 자' 라는 뜻이다. 여러 불교경전에서 관음보살은 위대한 보살로 묘사된다. 예를 들어, 『반야심경(Heart sūtra)』에서는 붓다가 관음보살과 대화를 나누면서 공성과 불멸의 진리를 논한 것으로 묘사한다. 또한 티베트 불교에서 흔히 많은 스승이 관음의 화신이라 불린다. 이들은 연민의 화신으로서 자신의 삶을 통해 연민을 구현하는 분들이다. 가장 유명한 예는 당연히 달라이 라마로서, 수백만의 티베트 사람들은 그를 관음보살로 여긴다.

전통적으로 모든 명상은 수련에 대한 동기를 세우는 것으로 시작한다. 연민명상의 수련에서 그 동기는 최고조에 이른다. 모든 생명 있는 존재들의 커다란 욕구와 엄청난 망상, 세상의 고통의 원인과 고통의 만연함 등에 대한 인식이 있어야 한다. 이런 인식을 토대로 "모든 존재들이 이런 고통과 그 원인으로부터 벗어나기를, 고통과 괴로움으로부터 일시적이 아니라 되돌릴 수 없이 자유로워지기를, 타인의 고통 구제와 각자에게 궁극의 웰빙 상태를 가져오는 일을 가장 효과적으로 할 수 있도록 내가 깨달음을 얻기를" 기원한다. 이러한 가장 고귀한 동기를 수련에 적용한다. 동기는 가장 겸손한 수련이 되도록 방향을 잡게 하며 이런 목표를 향하여 수련을 시작한다.

수련을 시작하면서, 가능한 한 생생하게 관음보살을 당신 눈앞의 공간에 마음으로 떠올린다. 마음의 눈으로 기쁨으로 가득 찬 빛의 존재, 당신을 무한한 따뜻함과 애정으로 바라보는, 당신의 온전한 활동을 찬탄하는, 우리 각자를 위한 자애심으로 가득 찬 관음보살을 상상한다. 모든 실재에 스며 있는 연민의 창이자 연민의 화신을 앞에 모신다.

당신이 옴마니반메훔이라는 만트라를 낭송하면서 '무한한 눈으로 굽어보는' 관음보살의 가슴에서 폭포수처럼 뿜어져 나오는 빛의 방사를 상상한다. 이러한 폭포와 같은 빛이 변치 않는 기쁨과 연민, 순수함의 본성이다. 이 빛이 당신의 정수리에서 흘러나와 몸을 타고 흘러내려 온몸의 세포들을 물들이고 당신이 행한 과거의 모든 부정적인 것과 부정한 것 또는 온전치 못한 것들의 흔적을 즉각 지워 버린다. 이 빛은 마음의 모든 괴로움의 원인과 신체의 불균형을 제거하고 당신의 몸에 스며서 낭송의 끝자락에서는 온몸이 이 밝고 하얀 빛 덩어리가 됨을 느낀다.

이제 당신이 관음보살을 모시면 2~3cm 정도로 줄어든 관음보살은 정수리로 들어와서 금방 당신과 같은 방향을 향하게 된다. 가슴 정중앙의 심장에서 부드러운 여덟 이파리의 연꽃이 피어나고 이곳에 관음보살이 머무르도록 모신다고 상상한다. 관음보살이 당신의 초대를 기께이 받아들여 한 줄기 빛으로 화하여 가슴 차크라(cakra)의 중앙통로로 들어와 그곳에서 다시 관음보살로 바뀌어 연꽃 위에 명상 자세로 정좌하는 것을 상상한다. 관음보살의 가슴에서 가느다란 흰빛 한 줄기가, 즉 당신이 본래부터 가지고 있는 지혜와 연민과 힘의 원천인 당신의 불성의 빛 한 줄기가 드러나는 것을 상상한다. 초신성이 점 하나에서 탄생하는 것처럼 기쁨과 연민과 순수의 본성인 흰빛이 사방으로 방사되는 것을 상상한다. 이 빛은 방사되어 당신의 몸을 바로 채우고 온몸을 통해 모든 방향으로 뿜어 나가 당신 주변의 모든 생명 있는 존재에 도달한다.

이 빛이 모든 중생에게 퍼져 도달하여 고통과 그 원인을 제거하고 모든 존재 각자의 깊은 소망을 이루어 준다고 상상한다. 이 빛이 당신 주변의 모두에게 퍼지고, 모든 방향으로 빠르게 방사되어 주변의 모든 땅과 모든 생명 있는 존재, 인간과 짐승, 존재하는 모든 존재에게 퍼져 간다고 상상한다. 전 지구의 모든 방향으로 빠르게 퍼져서 이 세상 너머까지 우리의 태양계와 은하계를 넘어 무한공간으로 퍼져 나간다고 상상한다. 전 우주가 이 빛으로 물든다고 상상한다. 본래 빛인 우주가 이제는 하나의 희미한 빛으로 소멸된다고 상상한다.

이제 이 우주가 수축하여 당신의 몸으로 돌아와서 당신의 가슴에 있는 관음보살과 함께 빛의 몸으로 남는다고 상상한다. 당신의 몸이 관음보살의 몸으로 녹아들게 한다. 관음보살의 몸이 심장의 빛의 씨앗으로 녹아들게 하며, 이 빛의 씨앗이 무한한 텅 빈 에너지의 공간으로 녹아들게 한다. 이런 공성에서 당신의 몸이 빛의 몸으로 다시 만들어진다고 상상한다. 하지만 이제 그 빛의 몸은 천천히 커지는 빛이며, 평온하지만 무엇도 침범할 수 없는 빛이다. 이 몸에서 숨과 관련된 에너지가 운동하는 것에 주목한다. 이제 마음을 호흡의 리듬감에 그저 편안하게 두는 것으로 수련을 마무리한다.

제6장

동락심

타인의 행복에 동참하기

명상의 고요함을 계발하고 자애와 연민과 같은 특성을 계발하는 영적 수련은 분명한 가치가 있다. 이상과 목표를 갖는 것은 개인의 삶에 영감과 지향성 그리고 통합성을 제공하지만 빠른 진전을 이루려는 열망이나 이를 이루지 못하는 것에 대한 좌절을 낳기도 한다. 그래서 목표나 성취에 도움이 되지 않는 과도한 수련 노력의 조화로운 균형을 잡아야 하는데, 이런 수련의 하나가 무디타(muditā, 동락심) 계발이다.

이는 그저 다른 사람의 웰빙을 함께 기뻐하는 것이다. 우리는 사랑하는 사람들, 우리의 아이나 친구들과는 종종 그렇게 한다. 작은 강아지가 공을 좇아 이리저리 다니며 노는 것을 보면 저절로 웃음이 나온다. 이런 것조차 모두 동락심이다. 이는 우리가 완전히 새로 배워야 하는 이상한 불교적 기법이 아니다. 인도-티베트의 전통에는 선행과 그 결과를 함께 기뻐하는 수련의 전통이 있다. 이것에 대해 먼저 다루고 나서 일상에서 쉽게 할 수 있는 수련을 살펴볼 것이다.

상좌부불교 전통에서 동락심 수련은 너무나 간단해서 그것을 수련이라고 생각하기 어려울 수도 있다. 아무렴 어떠랴. 마음속에 당신이 아는 즐거운 사람을 떠올린다. 평소 낙관적이고 쾌활하고 행복한 사람이면 된다. 친구일 수도 있고, 아니면 거룩한 사람이어도 된다. 달라이 라마는 거의 언제나 밝고 쾌활함을 내뿜는 아주 전형적인 예다. 아니면, 그저 아는 사람이나 동료를 택해도 된다. 이런 사람을 전혀 알지 못한다면, 내가 추천해 줄 수도 있다! 그 사람을 생생하게 마음에 떠올리고, 그 사람이 주변이나 다른 사람에게 보이는 밝고 쾌활한 특성을 회상해 본다. 그런 다음 그런 기쁨과 즐거움에 감정을 이입하여 공감하며 느껴 본다.

이렇게 시작해서 그 기쁨에 편안하게 빠져들면 된다. 여기에 무슨 수행의 단계는 없고, 그저 그 느낌을 즐기면 된다. 이런 수련을 진전시키고 싶다면, 본래 쾌활한 사람에게 주의를 기울였다가 점차 중립적인 사람으로 가서 결국 적대적인 사람으로 주의를 이동하면 된다. 적대적인 사람이 진정으로 행복했던 때를 마음에 떠올려서 그 사람의 행복에 즐겁게 빠져들 수 있다면, 그것으로 당신의 마음이 정말로 바뀌게 된다. 당신이 미워하는 사람들 안에서도 온전한 아니면 최소한 중립적인 행복을 찾아낼 수 있다. 타인에게 고통을 주는 것에서 기쁨을 찾는 사람들도 있지만, 여기서는 이런 종류의 기쁨을 말하는 것이 아니다.

이 수련을 전 지구적으로 확장할 수 있다. 행복이 어디에 있든지, 당신은 그 안에서 기쁨을 찾을 수 있다. 이는 아주 단순한 훈련이다. 말할 필요도 없지만, 그렇다고 이 수련이 특히 일상적 삶에는 중요하지 않다거나 아무런 가치가 없다는 뜻이 아니다. 예를 들어, 나는 규칙적으로 뉴스를 보면서 세상이 어떻게 돌아가는지 안다. 이런 시간에도 사무량심을 수련할 수 있는데, 어떤 뉴스냐에 달려 있다. 어떤 사람이 정말로 행복을 찾으려 애쓰는 것을 볼 때면 자애심으로 반응하면 된다. 좌절하거나 악행을 하는 사람을 보면 연민심을 수련하면 된다. 행복하게도 뭔가 온전함을 추구하는 뉴스 프로그램이 일부 있고, 이럴 때는 미덕에 초점을 맞추면서 동참할 만한 것을 찾아낸다. 그러면서 동락심을 수련하면 된다. 신문을 읽거나 친구에게 어떤 이야기를 듣거나, 정치인들이 최근에 한 허튼소리를 듣거나 관계없이 냉소주의나 질투심, 혐오나 좌절이 아니라 언제든 사무량심 중 한 가지로 반응할 수 있다.

불교에서 사무량심의 '가까운 적'은 그것이 무엇이든 수련을 할 때 저지르는 실수 때문에 생기는 하나의 마음상태다. 가까운 적은 당신이 계발하고자 하는 것과 일부 공통적인 특성을 가지고 있다. 하지만 실제로는 전혀 다른 것이며, 당신을 전혀 다른 방향으로 이끌 수 있다. 동락심의 가까운 적은 경솔함이다. 이는 해로운 것은 아니지만, 거기에는 동락심의 진정성과 깊이가 주는 이득이 없다. '먼 적'은 냉소주의와 좌절감이 결합한 것이다. 잔인함이 연민심의 정반대 특성인 것처럼, 그리고 악의가 자애심의 반대인 것처럼 냉소주의와 좌절감은 동락심과 동시에 존재할 수 없다. 이들은 상호배타적이다. 『청정도론』에서는 동락심의 먼 적을 혐오감과 지루함의 조합이라고 말한다. 내 생각에 이것은 냉소주의와 좌절감과 매우 비슷한 것이다.

선행을 기뻐함

티베트 불교전통에서도 동락심을 이야기하는데, 선행을 기뻐하는 것을 훨씬 더 강조한다. 미덕은 행복의 뿌리다. 그들은 이것을 질투심의 직접적인 해독제로 치는데, 질투심은 다른 사람의 행복과 성공을 참지 못하는 것이다. 상좌부불교 전통에서 자신보다는 다른 즐거운 사람에 먼저 초점을 맞추는 것이 첫 단계임을 주목하자. 티베트 불교의 환희심 수련에서는 자신을 대상으로 먼저 시작하는 것이 딱 맞는다. 이는 매우 풍부한 수련이며, 또한 단순하다. 거기에는 어떠한 성취도 강조하지 않으며, 그저 그렇게 하면 즉각 이득이 된다.

우리 자신의 선행을 겨냥하여 기뻐하는 것은 우리 자신의 행동과 소망, 기원을 돌아보고, 멈추어서 우리 자신이 본래 온전함을 인식하고 기뻐하는 것이다. 어쩌면 당신도 순수한 동기로 명상수련을 하여 거기서 뭔가 이득을 얻은 경험이 있을 것이다. 번잡하게 움직이지 않고 자신의 과거 수련에 주의를 기울여 스스로 무엇인가 좋은 일을 했음을 자각하고 그 안에서 기쁨을 찾는 것이다.

자신의 선한 열망과 행위 그리고 그 결과에 주의를 기울일 때 '나는 정말 환상적인 인물이다. 나는 다른 사람들에 비해 더 낫다.' 는 생각을 하지 않는다. 이는 선행을 기뻐하는 것의 가까운 적인 자기 자랑과 오만함, 허영심이다. 이는 환원주의 과정을 통해 왜곡시킨다. 즉, 그러한 선행이 있게 된 모든 원인과 조건을 망각하게 만든다. 당신이 상당한 통찰을 얻은 정말 좋았던 집중수련을 끝낸 다음에 '나는 정말 끝내준다! 누구도 나처럼 명상을 잘하지는 못할 거야. 사실 나는 스승이나 마찬가지야.' 하는 생각을 했다고 가정하자. 이런 일이 발생하면 당신은 당신의 수련경험이 나타난 맥락, 즉 스승의 도움, 다른 명상수련자들의 집단적 지지 등과 같은 것들을 무시하는 것이다. 당신은 자신의 자기를 구체화한 것이며, 이는 문제가 된다.

자신의 선행에 대한 진정한 기쁨은 전혀 다른 것으로서, 항상 맥락화한 기쁨이다. 만일 당신이 어떤 집중수련을 하거나 봉사활동에 나설 때, 당신은 당신에게 도움을 주었거나 당신의 선행 추구를 격려한 사람들을 포함하는 맥락에도 주의를 기울여야 한다. 당신은 그런 맥락 속의 행위나 사건에서 기쁨을 느끼는 것이다. 그렇게 하면 당신의 기쁨은 휘파람처럼 맑은 것이다.

기뻐하는 행위 그 자체가 당신의 수련을 진전시키는 열망으로 작용한다. 수개월이나 수년 후에 자신의 명상수련을 돌아보면 처음에는 아주 힘들었지만 이제는 특별히 어렵지 않다는 것을 알게 된다. 자애심 수련을 처음 할 때는 별 효과가 없었지만, 이제는 수련을 거듭함에 따라 자애심이 올라오는 것을 알게 될 수도 있다. 뭔가 진전이 있음을 알게 되면 우리는 그것을 기뻐하고, 인정하고, 주목하고, 이를 우리 실재의 일부분으로 만들게 된다. 이것이 어떤 확신, 즉 질투심을 끊어 버리는 데 도움이 될 수 있는 우리의 자신감의 토대가 된다. 그리고 당연히 이런 종류의 기쁨은 자기폄하를 해소하는 직접적인 해독제가 된다.

거기서 멈추지 말라. 명상의 기술은 영적 수련의 한 측면에 불과함을 염두에 두어야 한다. 자신의 윤리적 실천에서 기쁨을 찾는 것도 가치가 있다. 당신의 삶을 돌아보아 자신이 교묘하게 다른 존재들을 빈정대고 무시하고 비방하는 경향이 있음을 인식할 수 있고, 또한 더 이상 이런 행위를 하지 않는다면 이는 엄청난 진전이다. 이는 대단한 성취라 할 수 있다. 기뻐하라!

당신이 자신의 수련이 계율(윤리)과 삼매, 지혜 또는 연민 안에서 이루어지고 있는지 살펴볼 수 있다면, 다른 사람들의 수련도 비슷한 측면에서 살펴볼 수 있을 것이다. 만일 누군가가 수련을 아주 잘 하고 있다는 이야기를 들으면 잠시 멈추어서 기뻐하라. 이런 행위는 질투심의 해독제가 된다. 이 수련은 생동감 있는 삶을 사는 데 탁월하다. 대중매체나 개인적 경험에서 슬픔이나 비통한 반응을 일으키는 것이 매우 많지만, 어떤 선행을 볼 때마다 그 밝은 측면에 주의를 기울이는 것은 그런 측면을 우리의 실제 삶으로 끌어들인다. 스스로 그 안에서 기뻐하는 것은 열정의 진정한 원천이 될 수 있다. 하나의 적극적 수련으로서 이 수련은 너무너무 유용하다.

이 명상은 상좌부 전통의 가르침에 따라 마음속에 어떤 쾌활한 사람을 떠올리는 것으로 시작하고, 그다음에는 중립적인 사람에 주의를 기울이고, 나아가 가능하다면 적대적인 사람을 대상으로 할 수 있다. 이 과정을 너무 빠르게 하지 않도록 하자. 너무 빠르면 위선적일 수 있다.

또 다른 방법은 그저 멈춰서 자신의 삶을 살펴보는 것이다. 거기서 시작해서 지금 여기에 건강하고 의미 있는 것이 무엇이 있는지 질문을 던지는 것이다. 그런 것이 있다면, 그것에 주의를 기울이고 기뻐하자. 그런 다음 자신을 사례 삼아 그런 생각을 '나 자신과 마찬가지로 당신도 그렇구나.' 하는 식으로 다른 존재로 확장하자. 타인의 행복에서 기쁨을 취하고 장래의 행복을 위한 씨앗을 가꾸는 타인의 노력에서도 기쁨을 취하자.

제 7 장

평정심

상좌부불교에서 평정심

마지막 수련은 평정심(equanimity) 또는 평등심(impartiality)이라 번역되는데, 이들 모두 원래 산스크리트어의 단어인 우뻬카(upekṣā)에서 서로 다른 뉘앙스를 포착하는 번역표현이다. 다람살라에서 게쉐 랍텐(Geshe Rabten)의 지도로 공부한 초기 몇 년 동안 그는 수개월간 단지 두 개의 명상 주제로 명상하도록 했다. 하나는 다르마(법)를 수련할 수 있는 기회를 가진 인간의 삶의 소중함과 희귀함에 대한 사념적 명상이었고, 또 하나는 평정심이었다. 이는 단순히 쾌락이나 고통이 전혀 없는 무감동한 느낌이 아니다. 어쩌면 평등심이 더 나은 번역일 수도 있는데, 왜냐하면 우리가 생명 있는 존재를 대하는 일반적인 편파적인 방식과 반대가 되는 뜻을 담고 있기 때문이다. 예를 들어, 일상생활에서 자애심은 흔히 편파적이다. 우리는 보통 우리를 인정해 주고 친절하게 잘해 주는 그런 특정 종류의 사람들에 대해 자애심을 느낀다. 그들이 우리를 보고 웃으면 우리도 웃어 준다! 하지만 우리가 느끼기에 따뜻하지 않고 적대적인 사람들에 대해서는 무관심하다. 게쉐 랍텐은 이렇게 모든 생명 있는 존재를 한 가지나 두 가지 또는 세 가지 범주로 구분하는 것이 우리 자신의 괴로움의 주요 원인이라고 지적했다.

티베트 불교는 이 수련의 방법적인 측면과 지혜의 측면에 관해 설명한다. 방법론이나 능숙한 수단은 지혜뿐 아니라 연민심, 관대함, 신념, 열정, 봉사와 기타 다른 모든 좋은 특성에 다 필요하다. 평등심 또는 공평한 마음은 영적 수련의 방법론적 측면과는 비할 수 없이 소중하다. 나는 이에 관해 아주 짧게만 이야기하는데, 어떤 점에서 우리는 이미 이에 관해 계속 이야기해 왔기 때문이다. 자애수련은 어떤 친구를 사랑하는 것에 국한된 것이 아니라 자신과 친구, 중립적인 사람이나 적대적인 사람까지 사랑하는 것이다. 연민심과 동락심도 같은 방식으로 자신과 사랑하는 사람, 중립적인 사람, 적대적인 사람으로 확장해 나간다. 만일 당신이 모든 사람에 대해 이런 평등함을 개발할 수 있을지 생각해 보라. 만일 당신이 마음을 완전히 열고자 한다면, 이야말로 더할 나위 없이 소중한 것이다. 평정심은 다른 세 무량심, 즉 자애심, 연민심과 동락심을 아우르는 것이며, 이런 마음들에 심원한 균형상태를 가져다주는 것이다.

『청정도론』은 평정심을 자애심을 통해 세 번째 선정을 획득한 후에 개발하는 특별한 성취로 설명하며, 이를 계발하는 기법에 대해 설명하고 있다.[1] 이 시점에서 당신은 특별한 매력이나 혐오감을 느끼지 않는 중립적인 사람에 주의를 기울이는 것으로 시작한다. 그런 다음 사랑하는 사람에 주의를 기울이는 수련을 한 후에 적대적인 사람을 대상으로 하여 그 사람에게 아무런 끌림이나 혐오를 느끼지 않고 마음의 평정함을 유지할 수 있는지 살펴본다.

만일 내가 여기까지만 설명하고 만다면, 사람들은 뭔가 빠져 있다는 느낌이 들 수 있다. 우리는 이제 막 모든 친구에 대한 동등한 느낌을 갖게 되었다. 당신의 어머니가 문을 열고 들어오는데, 당신이 "부

---

1) 역주) 『청정도론』에서 평정심의 수행은 자애, 연민, 동락 등에 대해 제3선정과 제4선정을 얻은 다음 제3선정에서 출발하라고 적고 있으며, 그 방법으로 먼저 평소 무관한 사람을 대상으로 평정심을 일으키고, 그다음으로 좋아하는 사람, 친구, 원한 맺힌 사람의 순으로 수련하도록 쓰고 있다(『청정도론』 2권 175쪽).

인, 안녕하세요? 뭘 도와드릴까요?" 하고 말한다면 어떨까? 사람에 대한 감정이나 매력을 느끼는 것이 더 낫지 않을까? 마치 인간으로부터 한 걸음 떨어져 있는 것처럼 들릴 것이다. 하지만 그렇지가 않다. 왜 그런지 좀 더 깊게 살펴볼 필요가 있다.

이 평정심 또는 평등심의 가까운 적에 대해 살펴보자. 가까운 적은 둔감한 무관심이다. 우리는 이런 느낌을 가끔 경험했을 것이고, 전형적으로 둔감한 것처럼 보이는 사람들을 알고 있다. 이런 사람들은 뉴스를 보고 세상에서 일어나는 일들을 알면서도 전혀 관심을 보이지 않는다. 이런 사람들은 누군가 자동차 상해로 고통에 빠진 사람을 보면 '괜히 도와준다고 건드렸다가 고소당하기 싫다.'라는 생각을 한다. 이들은 그냥 가 버리며, 별 동요를 안 느낀다. 아니면 이런 사람들은 뭔가 멋진 일이 일어나도 나 몰라라 한다. 이런 것이 바로 둔감한 무관심이며 가까운 적이다. 겉으로 볼 때는 아주 고상한 성취인 평정심인 것 같지만, 이는 단지 표면적인 것이고, 본질적인 실상은 완벽한 냉담함이다. 평정심의 먼 적은 끌림과 혐오감으로서, 마음이 어떤 것에 끌려가고 어떤 것은 거부하는 것을 말한다. 하지만 평정심은 큰 바다와 같은 궁극적인 평온함, 즉 마음이 완전히 평온한 것이다.

티베트 불교에서 평정심

티베트 전통에서 평정심은 난해하거나 매우 높은 수준의 명상으로 표현되는 것이 아니라 대승불교의 영적 수련의 핵심인 보리심(bodhicitta) 또는 깨달음의 마음(spirit of awakening)의 토대로 표현된다. 이는 보살의 삶, 즉 이타심과 봉사에 기반한 전인적인 영적 수련의 주제이자 이런 수련을 위한 동기다.

모든 종교인은 이타심과 연민심이 지극히 중요하다는 것에 동의할 테지만, 이에 관한 생각에는 차이가 있다. 한 가지 방식은 이타심과 연민심을 정화의 방법으로 간주하는 것이다. 자애심과 연민심이 악의와 잔인함의 해독제라는 점을 인식하면, 우리는 이를 이용해서 통찰과 정화, 어느 정도의 자유를 추구하는 데에 도움이 될 영적 수련의 역동적인 요소로 활용한다. 먼저 우리가 병에 걸린 것처럼 우리 자신의 문제에 주의를 기울이고, 자애심과 연민심을 마음의 균형 회복을 위한 약으로 쓴다. 일단 어느 정도 우리 자신의 건강을 회복하면, 우리가 어떻게 봉사할 수 있을지, 그 시점에서 우리가 제공하는 봉사가 효과적일 수 있을지 생각한다.

사랑과 연민을 자기정화의 수단으로 여기는 것은 자신을 폄하하지 않는 자신의 통합성을 갖는 것이다. 하지만 보살의 길은 다른 향기가 있다. 보살의 길은 시작 그 자체부터 우리의 개별적 존재가 이미 맥락적이며 우리의 본성 자체가 서로 관계가 있다는 실재를 겨냥하는 것이다. 우리 자신의 웰빙은 다른 사람들의 웰빙과 관계가 있다. 우리의 정체성, 우리의 존재란 상호의존적인 것이다. 당신이 이런 좋은 관점에서 눈을 열자마자 당신은 세상의 모든 존재가 행복을 소망하는 것과 달리 이 세상에 엄청난 양의 괴로움이 있음을 알게 된다. 어떻게 해야 더 나은 봉사가 될지 난감해질 수밖에 없다. 내가 의과대학에 가야 할까? 아니면 훌륭한 요리사가 되어야 할까? 효과적으로 봉사할 수 있는 길은 매우 많으며, 해야 할 일도 매우 많다. 이 모든 것의 한가운데에서 단지 하나의 대안이 아니라 마음의 힘을 길러서 당신의 최대한

의 봉사 잠재력을 이끌어 낼 수 있는 한 가지 방법이 있다. 사마타는 당신 자신의 지혜와 연민을 계발하는 데에 핵심적이다. 지혜 없이 봉사하려는 것은 비효과적이며, 연민심 없이 머리로만 봉사하려는 것은 위험하다.

가장 효과적인 봉사를 하려면 우리 자신을 변화시킬 필요가 있다. 지금 당장은 우리가 할 수 있는 것에 분명한 한계가 있고, 다른 존재들의 요구는 크다. 가능한 한 빨리 우리의 한계를 줄일 필요가 있다. 그래서 우리는 처음부터 보리심, 즉 다른 모든 생명 있는 존재들의 요구에 주의를 기울이고 어찌하면 도움과 봉사가 될지를 숙고하는 마음을 계발한다. 최고로 효과적이려면 지혜와 실천력을 갖기 위해 내면으로 들어가야 하지만, 처음부터 이타심과 봉사를 가장 중요한 것으로 여기며, 이것이 수련에 향기를 불어넣는다.

보리심이야말로 핵심 요소다. 달라이 라마(Dalai Lama)에게 『입보리행론(A Guide to the Bodhisattva Way of Life)』을 구술로 사사해 주었던 쿠누 라마 린포체(Kunu Lama Rinpoche)는 한평생 보리심 계발에 헌신하여 보리심을 완전히 체화한 분이다.[2] 어떤 사람들은 자신의 삶을 선정이나 기타 고상한 금강승(Vajrayāna) 같은 단일 수행에 바친다. 하지만 이분은 자신의 모든 수행을 자비심 계발로 채웠다. 이는 자신을 소중히 여기는 것 이상으로 온 세상을 소중히 여긴다는 것을 뜻한다. 이는 당신이 자신의 존재를 갈수록 더욱 효과적인 봉사의 도구로 바꾸어 놓는 것을 말한다. 쿠누 라마 린포체가 쓴 짧은 책에는 다양한 방식

---

2) 역주) 쿠누 라마 린포체는 대학자로서 현 14대 달라이 라마에게 산티데바의 『입보리행론』을 구술로 전수한 인물로 알려져 있다.

으로 보리심을 찬양하는 글이 들어 있다. 그는 당신이 자신의 행복을 원한다면, 또는 다른 사람의 행복을 원한다면 보리심을 개발하라고 썼다. 이것이 핵심이며 모든 영적 수련에서 가장 소중한 보석이다. 그분은 이 수련경험이 무척 깊어서 심지어 달라이 라마도 그에게 가르침을 청했을 정도다. 만일 달라이 라마가 당신에게 연민심에 대해 가르쳐 달라고 청한다면, 당신은 뭔가를 성취한 것이다.

보리심의 동기 그 자체는 아주 단순하게 표현된다. 즉, 모든 존재의 이득을 위해 내가 가능한 한 최고의 깨달음을 얻기를 바라는 것이다. 이런 열정은 위대한 자애심과 연민심에서 흘러나오는 것이다. 우리가 '무량한' 자애심(maitri-apramāṇa)과 연민심(karuṇā-apramāṇa)이라 부르는 것은 그 자체가 예외적인 것으로서, '위대한' 자애심(mahāmaitri, 대자, 大慈)이나 '위대한' 연민심(mahākaruṇā, 대비, 大悲)과는 차이가 있다. 이 용어들은 매우 구체적인 의미를 가지고 있으며, 그 차이는 사소하지 않다. 무량한 연민심은 가슴에서 나오는 기원이다. 각각의 생명 있는 존재들이 고통과 고통의 원인으로부터 자유롭기를 기원하는 마음이다. 만일 이것이 진정으로 무량하다면, 친구와 적을 구분하지 않는다. 경계가 없이 모든 생명 있는 존재를 향해 가슴에서 우러나오는 소망을 전한다는 의미에서 무량한 것이다.

위대한 연민심(大悲)은 한 걸음 더 나아간다. 연민심은 모든 생명 있는 존재가 불성을 가지고 있음을 인정한다. 그들 모두가 행복을 원하며 고통에서 벗어나기를 원할 뿐 아니라 이러한 소망을 성취할 수 있는 존재다. 모든 존재가 고통과 그 원인에서 벗어날 수 없을 이유가 어디 있겠는가? 이런 마음이 모든 존재를 향해 퍼져 나가 그들을 무량한 연민심으로 받아들인다. '당신이 자유롭기를!' 하지만 위대한 연민심

은 한 걸음 더 나아가 스스로 책임을 받아들이는 것이다. 즉, '제가 당신을 자유롭게 해 드릴 것입니다!'

이는 매우 심원하고 어려운 다짐이지만, 가르침은 바로 그렇게 하라고 말한다. 대자대비(大慈大悲)란 단순한 기원이나 소망이 아니라 책임감을 가정하는 것이다. 이것이 어떻게 엄청난 절망을 벗어나게 할 수 있을까? 보리심을 잘못 이해하면, 자칫 엄청난 이기주의로 변질한다. 만일 나 앨런 월리스가 모든 생명 있는 존재를 고통에서 벗어나게 할 책임을 떠맡는다면, 이는 바보 같은 짓일까? 얼마 안 남은 내 생애 안에는 이 일을 결코 해낼 수 없을 것이다. 하지만 이런 다짐은 우리 자신을 더욱 깊고 영원한 수준의 불성으로 나아가게 한다. 산티데바는 "우주가 소멸하고 세상이 끝날 때까지 내가 세상의 고통을 물리치며 살기를"[3] 기도한다. 정말로 위대한 연민심이 아닐 수 없다. '모든 존재가 고통과 그 원인에서 벗어날 수 없을 이유가 어디 있겠는가? 그들이 자유롭기를! 내가 그들을 벗어나게 하리라!'

이런 불성은 모든 생명 있는 존재가 고통에서 벗어날 때까지 작동할 것이다. 그게 불성이 해야 하는 유일한 일, 즉 모든 생명 있는 존재를 영적 각성으로 이끄는 일이다. 정말 그렇게 될 수 있을까? 달라이라마는 자신도 모른다고 한다. 하지만 그는 평소 그렇게 하려고 계속 노력한다고 말한다.

위대한 자애심은 위대한 연민심과 비슷하게 표현된다. '모든 생명 있는 존재가 행복과 행복의 원천을 부여받지 않았을 이유가 어디 있는가? 그렇게 타고났을 것이다! 내가 그들에게 행복과 행복의 원천을

---

3) *A Guide to the Bodhisattva Way of Life*, X: 55.

가져다주리라.' 연민심과 자애심은 어떤 생명 있는 존재도 배제하지 않는 평등함에서 일어나게 되며, 그것이 보리심을 낳는다. 이는 무엇이든 생명 있는 존재들뿐 아니라 지독한 악당이나 선한 인간이나 예외 없이 모두 포함할 것이다. 히틀러도 폴 포트(Pol Pot)도 자유롭기를.[4] 물론 우리는 이들도 자유롭기를 바라야 한다. 인류문명의 중대범죄자들이 그들의 강렬한 망상과 적대감에서 완전히 자유로워진다면, 이보다 더 나은 일이 무엇이 있겠는가? 만일 히틀러에게 젊은 시절에 심각한 망상에서 벗어날 수 있도록 도와줄 사람이 있었다면, 인류에게 이보다 더 좋은 일이 어디 있었을까?

평등심은 필수 불가결한 것이다. 이런 평등한 마음에서 타인과 온 세상을 아끼는 마음이 일어난다. 평등심을 통해 우리는 대자대비를 계발할 수 있고, 거기에서 보리심이 일어나는 것이다. 보리심이 별다른 노력 없이 스스로 일어나게 되면, 당신의 생활양식에 완전히 스며들게 되고, 그러면 당신은 보살인 것이다. 그리고 어떤 사람이 보살이 되면, 범천의 신들도 기뻐한다고 한다.

우리가 어떻게 해낼 수 있을까? 그리 쉬운 일은 아니다. 사실 아주 어렵다. 왜냐하면 어떤 사람은 친구 같고, 어떤 사람들은 위협과 피해를 주기 때문이다. 어떤 사람은 쉽게 좋아지지만 또 어떤 사람은 쉽게 좋아지지 않는다. 그런 사람들은 웃어 주지를 않는다! 그래서 더 깊어져야 한다. 만일 우리가 끊임없이 사람을 외모나 행동을 기준으로 평

---

4) 역주) 폴 포트(Pol Pot)는 캄보디아의 공산주의 정당이었던 크메르 루즈의 지도자로서 1976년에서 1979년까지 집권하면서 국가개조라는 명목으로 100만~300만 명의 시민을 숙청하여 죽인 소위 '킬링필드'의 책임자다.

가한다면, 노력은 수포가 된다. 그러지 말고 모든 생명 있는 존재가 행복을 원하며, 고통에서 벗어나기를 원한다는 아주 단순한 진리로 돌아와야 한다. 이것이 출발점이다. 모든 존재의 불성을 가슴 깊이 확신하게 하는 것은 삶을 바꾸는 것이다.

모든 존재가 행복을 원한다는 것을 인정할 수 있는가? 가장 야비한 사람까지도 포함해서 우리 모두는 행복을 찾고 괴로움에서 벗어나고자 행동한다. 우리의 행동은 때로 해롭고 때로 이롭지만, 어떤 행동이든 행복을 찾기 위한 것임에는 차이가 없다. 이 문제에 관해 우리는 상당히 혼란스럽고 모호해서 강박적으로 행동할 수 있다. '우리가 자신에 대한 평정심을 개발할 수 있을까? 어떤 고난이 있건, 좋을 때나 나쁠 때나 우리 각자가 근본적으로 행복을 추구한다고 단언할 수 있을까?' 우리는 모든 존재에 관해 피상적인 수준을 뚫고 들어가 핵심에 있는 비슷비슷한 마음, 즉 '당신은 나와 똑같다. 당신은 행복을 원하며, 괴로움에서 벗어나기를 원한다. 내가 어떻게 도와줄 수 있을까?' 하는 마음을 인식하는 수준으로 이해를 높여야 한다.

자애심과 연민심에 관심이 있고 가치를 두는 사람들은 당연히 더 사랑스럽다. 나는 달라이 라마로부터 이 주제와 밀접한 관계가 있는 이야기를 처음 들었다. 나는 뭔가 중요한 것을 묻고 싶었는데, 그분과 함께하는 시간을 낭비해서는 안 되었기에 망설이고 있었다. 나는 다람살라에 몇 달간 머물고 있던 22세의 젊은 학생이었다. 나는 아는 것이 거의 없었고, 공부하는 것이 당연히 힘들었다. 하지만 그곳에 온 지 몇 주밖에 안 되는 사람들에 비하면 나는 꽤 오래 머물고 있는 사람이었다. 그곳에 서구인들은 별로 없었고, 대부분의 티베트 사람들은 영어를 쓰지 않았다. 그래서 새로 온 사람들은 나에게 이것저것 묻기도

했는데, 내가 제대로 대답할 수 있는 경우가 흔치 않았다. 나는 내가 특별한 사람이라는 느낌을 갖기 시작했지만 내 마음의 정원에 이상한 잡초들이 싹트고 있음을 알 수 있었다. 나는 스스로 이 정원에 수년 전부터 오고 싶어 했음을 알고 있었고, 잡초들이 걱정스러웠다. 제초제를 뿌려 공격해야 할까, 아니면 정원 가꾸기를 포기해야 할까? 이런 잡초들은 분명히 내가 키우고 싶었던 것들이 아니었다.

내가 달라이 라마에게 했던 질문은 바로 그것이었다. 나는 오만함을 키우고 싶지 않았다고 말씀드렸다. 나는 이제 막 시작한 사람인데 만일 이런 우월감이 자라고 있다면, 10년이나 20년이 지나면 어떻게 되겠는가? 지혜와 연민을 성숙시키는 것은 뭔가 특별한 것이다. 결국 많은 사람들이 자신의 삶에 가슴과 영혼을 바쳐서 지혜와 연민을 계발하려 하지 않는다. 어떤 의미에서는 당신이 뛰어나고 예외적이고 특이한 존재가 되는 것이다. 하지만 당신이 '나는 뛰어나고 예외적이며 특이한 사람' 이라고 생각하기 시작하면, 제 발등을 찍기 시작한 것이다. 이는 딜레마다. 나는 지혜와 연민을 기르는 데 실패하거나, 성공한다 해도 또 다른 방식으로 실패하게 된다.

달라이 라마께서는 두 가지 답변을 주셨다. 먼저 "당신이 정말 배가 고픈데, 다른 사람이 당신에게 맛있고 건강한 성찬을 준비했다고 가정합시다. 그걸 다 먹고 난 후에 당신이 오만함을 느낄까요? 우월하다거나 자만심을 느낄까요?" 나는 아니라고 답했다. "당신은 미국에서 먼 길을 왔습니다. 그리고 다르마를 찾기 위해 여기 왔습니다. 당신은 영적인 굶주림으로 영적인 자양분을 찾아 이곳에 와서 이제 제대로 된 음식을 먹고 있습니다. 하지만 당신이 그걸 먹으면서 특별하거나 우월하다는 느낌을 가질 아무런 이유가 없습니다. 그냥 행복감을 느끼세요!"

그분의 두 번째 답변은 마음의 잔잔함과 평정심, 평등심이라는 문제와 특히 관련된 것이었다. 말하기를 "나는 텐진 가쵸(Tenzin Gyatso)라는 승려입니다. 나는 승려로서 특별한 기회와 훌륭한 스승을 두었습니다. 나는 다르마에 대해 많이 배웠고, 수련기회도 많았고, 전도의 기회도 많았습니다. 그와 함께 나는 특별한 책임감을 가지고 있습니다. 자, 이제 여기 파리 한 마리가 있네요." 하며 방 안에 있는 파리 한 마리를 가리켰습니다. "다른 파리가 꿀 조각을 핥고 있었는데 이 파리가 와서 그 파리를 쫓아 버리는 공격적이고 경쟁적인, 완전히 자기중심적인 행동을 보였다고 가정합시다. 당신은 무엇을 기대하십니까(이타적인 파리를 본 적이 있습니까?)? 파리는 기회가 매우 적습니다. 파리는 다른 종류의 행동을 배울 기회가 전혀 없습니다. 그러니 받아들이세요. 하지만 만일 제가 이 파리처럼 행동한다면, 이는 매우 부적절하겠지요. 왜냐하면 나는 지혜와 수련을 배우고, 온전한 것과 건강하지 않은 것을 구분하는 것을 이해할 수 있는 기회가 훨씬 더 많았기 때문에, 파리와는 전혀 다르게 행동할 의무가 있기 때문이지요!"

같은 맥락에서 몇 년 전에 그분은 친구가 있으신가를 묻는 어떤 기자의 질문에 "그럼요. 누구든 나의 친구죠!"라고 답했다.

이것이 평등심이다. 상당한 분노와 적개심, 이기심을 보이는 사람들을 볼 때마다, 우리는 잠시 멈추어 그들 각자도 우리와 마찬가지로 불성을 가지고 있음을 숙고해 볼 수 있다. 그들도 우리와 마찬가지로 행복을 바라며 괴로움에서 벗어나기를 원한다. 서로 다른 원인과 조건, 즉 서로 다른 환경과 개인의 역사가 어우러져서 그들이 그렇게 행동하도록 한 것뿐이다. 하지만 이 모든 것이 끊임없이 변화한다. 만일 내가 이 생애나 저 생애를 조금 다른 조건에서 살았다면, 내가 그렇게 했을 것이다. 이렇게 생각할 수 있으면, 마음속에 우아한 평온함이 자리 잡게 된다.

티베트 전통에서 평정심을 기르는 구체적 기법은 붓다고사가 설명하듯이 특별히 특이하거나 기교적인 것이 아니다. 마치 농부가 땅을 판판하게 골라서 물이 한쪽으로 쏠려 메마른 곳이 생기지 않도록 하는 것이 제일 먼저 해야 할 일인 것처럼, 티베트 불교의 훈련에서는 이런 공평함이 영적 각성을 계발하는 첫 단계다. 가장 중요한 것은 고른 땅이며, 이것이 궁극적으로 가장 기본적인 것이자 빼놓을 수 없는 수련요소다. 그들이 제안하는 기법은 그저 '이것이 드러나게 된 원인과 조건은 무엇인가?'를 고려하는 것이다. 그리고 '누구나 나와 마찬가지로 행복을 소망하고 괴로움에서 벗어나기를 바란다.'는 단순한 사실로 돌아오는 것이다.

전통적인 심리학적 접근에서 사용된 또 다른 방법이 있다. 앞서 수련에서 우리가 했던 것처럼 사랑하는 사람과 중립적인 사람, 적대적인 사람으로 세 사람을 마음에 떠올리는 것이다. 먼저 당신에게 나쁜 짓을 할 수 없는 사랑스러운 사람을 떠올린다. 만일 그가 당신이 싫어하는 것을 했어도 그가 그날 뭔가 힘든 일이 있었을 것이라 가정한다. 그가 문을 열고 들어오면, 당신의 얼굴은 환하게 웃음을 지을 것이다. 당신은 그를 반길 것이고, 그가 당신을 행복하게 함을 생각한다. 그런 식으로 그 사람을 생각한다. 자연히 어느 정도 집착이 생기고, 그 집착은 이 사람이 떠나 버리지 않았으면 하는 희망으로 표현된다. 그런 애착이 일어나도록 내버려 두고 잠시 멈춰서 무엇이 그렇게 좋은지를 생각한다. 주변에 좋은 사람들이 그렇게 많은데, 왜 이 사람에게 초점을 맞추는 것일까? 그 사람의 이런저런 행동이 마음에 떠오를 것이지만, 이때도 잠시 멈추어서 아마 한 20년 전에 이 사람은 내가 아는 것이 거의 없던 낯선 사람이었음을 되돌아본다. 지금부터 20년 후에는 이 사람이 당신에게는 기억에만 남은 사람일 수도 있다. 여기에 집착할 만한 특별한 것이 없다. 어떤 원인과 조건이 함께 맞아떨어지면, 모든 것은 변하고 지금의 이 일시적인 사건도 마찬가지로 변한다. 나는 이것이 정서적인 요소를 줄이거나 없애려는 것이 아님을 특별히 강조해야겠다. 오직 집착하려는 욕구, 즉 이 사람을 다른 사람에 비해 더 가치 있어 보이게 하는 특별한 매력을 평탄하게 하려는 것이다.

그다음에 중립적인 사람으로 옮긴다. 동네 가게에서 계산대에 서 있는 점원이 좋은 예다. 이 사람을 마음에 떠올리고, 스스로 왜 이 사람을 그렇게 중립적으로 느끼는지 자문해 본다. 이 사람의 욕구를 몰라서 그런가? 이 사람은 아무런 성격이 없어서 그런가? 이 사람이 당신이 사랑하는 사람처럼 생생하지 않아서 그런가? 우리는 이 사람과 별 관계를 맺지 않았다는 것을 알 수 있다. 이 사람은 당신을 기쁘게 하거나 적대감을 느끼게 할 아무런 것도 하지 않았다. 하지만 원인과 조건이 맞았더라면, 이 사람은 2년 전만 해도 당신의 절친한 친구였을 수도 있고 끔찍한 적이었을 수도 있다. 그렇게 누구에 대해서든 일시적인 원인과 조건에 따라 그 사람이 당신에게 중립적인 사람일 수 있음을 인식한다.

마지막 세 번째는 자신에게 적대적이고 화를 일으키는 사람에 초점을 맞추는 것으로서 불교의 수행에서는 몇 안 되는 경우다. 이 사람에 대해 언어로 표현하거나 신체적 행위를 하거나 어떤 식으로든 연루되지 않도록 하라. 완전히 생각으로만 하는 하나의 사고실험이다. 그 사람을 마음속에 생생하게 떠올리고 자신이 그를 역겨워함을 받아들인다. 당신이 혐오감을 느끼는 이유들을 모두 생각하면서 조용히 떠오르도록 한다. 그런 다음 자신에게 그 근거는 무엇인지 자문해 본다. 이 경우 여러 가지 상황과 이유, 조건이 떠오를 수 있다. 20년 전에 이 사람은 적이 아니라 그저 다른 사람이었다. 지금부터 20년 후에 이 사람은 그저 나의 기억 속에만 있는 사람일지도 모른다. 왜 당신의 마음이 괴로움에 얽혀 있는가? 단지 원인과 조건이 맞아서 일어난 것일 뿐, 다시 사라질 것이다.

그렇게 하면 당신의 마음이 가라앉는지 살펴보고, 냉담한 무관심의 지점이 아니라 우리 모든 존재의 가장 기본적인 진실로 돌아와 주의를 기울이자. 모든 사람은 친절하든 중립적이든 적대적이든 내가 그런 것처럼 오직 행복을 바라며, 괴로움에서 벗어나기를 바란다. 우리는 동등하며 각자 행복해질 가치가 있다. 만일 자애심과 연민심이 이런 토대에서 일어난다면, 이는 평탄한 바닥에서 모든 방향으로 물이 흘러 퍼지는 것처럼 평등하게 일어난다.

당신이 느끼는 적대감이 어떤 특정한 행위에 대한 반응으로 일어나는 경향이 있음을 주목하자. 하지만 당신은 그 행위를 확장해서 그 사람의 행위를 그 사람에게 붙여 버린다. "이 사람은 너무 부주의하고 너무 함부로 해!" 우리는 스스로 믿게 될 때까지 '이 사람은 형편없는 사람'이라고 되뇐다. 만일 그 사람이 오랫동안 강제로 격리되어 있던 사람이었다 해도, 여전히 그 사람을 형편없는 사람이라 여길 것이다.

행동은 일시적이다. 원인과 조건에 따라 일어나고 없어지는 것이다. 만일 우리가 어떤 사람을 그의 행동을 관찰한 것을 토대로 그가 진짜 본질적으로 타락한 사람이라 믿는다면, 우리는 어떤 사람과 그 사람의 괴로움의 원인을 같은 것으로 간주하는 것이다. 원인과 조건은 사람의 특성을 바꾸어 놓을 수 있다. 하지만 우리는 그들을 특정 시간 속에 가둬 버린다. 우리는 그들을 가두어 놓고 어떤 부정적인 성격 특성과 동일하게 봐 버린다. 그렇게 하면 우리의 적대감은 정당화된다. 만일 그 행동이 존재하지 않는다면, 그 사람이 더 이상 존재하지 않는 것으로 간주하는 것과 같다. 사람을 그의 행동과 동일시하는 것은 비현실적이며 우리 자신에게 매우 해롭다. 이 시점에서 수련은 어떤 사람이든 특정 행동유형과 같은 것으로 보지 않는 것이다.

좀 더 가까이 뼛속까지 들여다보자. 어떤 사람이 아무것도 하지 않았는데도 우리는 그에게 혐오감을 느낄 수 있다. 이제 우리는 그 사람을 그의 행동뿐 아니라 그의 기질과도 동일시한 것이다. 당신은 정말 험악하고 막 대하는 사람을 쉽게 미워할 수 있고, 미워하는 게 당연하다고 느낀다. 이런 사람을 지금 마음속에 떠올려 보자. 이 사람이 험악한 사람인 것은 다른 사람을 해치기 때문이다. 하지만 이 사람이 다른 사람을 험악하게 대하게 만든 것은 무엇일까? 그것은 이 사람이 겪는 적대감과 망상이라는 괴로움 때문이다. 그러니 이제 우리는 '만일 이 사람이 작대기를 휘둘러서 주변 사람들을 때린다면, 당신은 그 작대기에 대해 화를 낼 수 있는가?'라고 물을 수 있다. 당연히 그럴 수 없다. 작대기는 그런 식으로 하는 것을 선택할 수 없다. 산티데바가 말한다. "내가 만일 작대기 같은 일차적인 원인을 무시하고 그렇게 하도록 내몬 사람에 대해 화가 난다면, 그렇다면 나는 미움을 미워하는 것이 더 낫다. 왜냐하면 그 사람 역시 미움에 의해 내몰린 것이기 때문이다."

중요한 문제는 그 사람으로부터 행동만을 분리하는 것이 아니라 기질적이고 정신적인 상태까지 분리하는 것이다. 그 사람이 괴로움을 겪고 있는 사람임을 인식하자. 그러면 스스로 이 사람은 누구인가 자문할 수 있고, 지혜로 분석할 수 있다. 사람들은 변화하는가? 당신이 5세 때, 10세 때, 15세 때, 20세 때 같은 인물이었는가? 당신은 변화한다. 그런데도 그때도 나였다는 말이 아직도 의미를 갖는다. 당신은 다섯 살짜리 아이와 개인적 역사를 공유한다.

사람이 자라고 변함을 인식하면서, 우리는 그가 계속 변화해서 결국은 이런 괴로움과 괴로움의 원인이 되는 행동에서 벗어나기를 기원한다. 이것이 적절하고 의미 있는 반응이다. 만일 당신이 소위 '궁극적인 분석'으로 더 깊이 들어가기를 원한다면, 이렇게 물어보자. 이 사람은 누구인가? 이 사람이 바로 그 적대감이나 작대기가 아니라면, 그는 누구인가? 잘 탐구해 보면 이런 분석의 대상이 되는 사람이 아무도 없다는 것을 발견한다. 거기에는 아무런 핵심이나 실질적인 실재가 전혀 없다. 이는 다양한 방식으로 자명해지며, 특히 타인을 향한 강력한 적대감에 대한 하나의 대답이 된다. 우리는 사람을 적대감이라고 구체화하여 그 사람을 그의 부정적인 특성이나 행동과 동일시하는 식으로 우리의 마음이 일시적인 망상에 사로잡히는 경향이 있다. 사람이 이런 특성을 벗어 버릴 수 있다는 것을 상상하기 어려울 때는 우리의 시야가 아주 좁아진다. 우리는 사람과 그 사람이 보여 준 특성을 혼동해서 비현실적인 만화적 인물을 창조하는 것이다. 우리가 이런 망상에서 벗어난다면 적대감과 공격성은 일어나지 않을 터인데, 이는 적대감이나 공격성이 우리의 망상 속에서 자라는 것이기 때문이다.

질의응답: 집착과 애정을 구분하기

질의: 적대적인 사람을 겨냥해서 그런 감정을 떼어 내려 할 때, 이런 명상은 자애심과 연민심을 키우는 것일 가능성이 있습니다. 반면에, 당신이 좋아하는 사람에게 너무 집착하지 않으려 할 때 어떻게 하면 불필요한 부정적인 것을 겪지 않으면서 할 수 있나요?

응답: 좋은 질문입니다. 집착과 자애심 또는 애정 사이에는 미묘하면서도 중요한 차이가 있습니다. 보리심을 개발하는 과정에서 사람들은 소위 '따뜻한 자애심'을 계발합니다. 누군가에게 따뜻한 자애심을 느낄 때, 그가 당신이라는 존재로 들어올 때, 당신의 가슴이 열리고 기쁨을 느낍니다. 마치 오래 떨어져 있던 유일한 아기를 만난 엄마처럼. 이것이 보살이 모든 생명 있는 존재에게 보이는 자애심의 특질입니다.

다른 사람에게 이런 애정을 경험하는 것은 당신의 삶을 변화시키며 이런 특성을 계발하는 것은 영적 성장의 한 가지 핵심적인 측면입니다. 따뜻한 자애심은 각각의 생명 있는 존재가 당신과 마찬가지로 사랑받고 행복하고 싶은 주체라는 자각으로 충만한 것입니다. 이런 공감과 연대감과 함께 당신은 생명 있는 존재 각자가 단순히 하나의 객체가 아니라 하나의 주체임을 인식합니다. 집착은 주체를 다루는 것이 아니라 아주 매력적인 객체를 다루는 것입니다. 어떤 사람이 자신을 향해 웃어 주는 것을 보는 것은 아주 멋진 일입니다. 즐겁죠. 마치 아름다운 새나 꽃을 보듯이 우리를 기분 좋게 합니다. 이를 자애심과 혼동하면 안 됩니다.

집착은 대상에 관한 것입니다. 사람들이 우리를 칭찬하는 것은 좋은 일입니다. 이런 칭찬은 하나의 대상입니다. 사람들이 나를 보고 웃는 것은 멋진 일입니다. 이런 유쾌한 자극을 경험하는 것은 매우 기쁘고, 우리가 기뻐하면 금방 소유하고 싶은 마음이 일어납니다. 마치 많은 유행가가 '당신을 너무나 사랑합니다. 날 떠나지 마세요.' 하는 것처럼 말입니다. 그들은 '나를 떠나 대학에 가는 것이 당신에게 더 낫다면, 가시는 것이 더 좋아요.'라고 말하지 않습니다. 이들이 진짜 말하는 것은 '날 떠나지 말아요, 내 사랑. 당신은 나에게 너무 예쁘니까요. 당신을 보면, 즐거운 감각을 느낄 수 있어요.' 하는 것입니다. 이는 자애심의 특성은 전혀 없는 것이며, 오히려 집착의 모든 특성을 보여주는 것입니다.

여기 중요한 차이가 있지만, 항상 쉽게 알아볼 수 있는 것은 아닙니다. 우리의 타인에 대한 느낌은 상당 부분 혼합적인데, 특히 친구들이나 사랑하는 사람에 대한 것일 때 더 그렇죠. 하지만 우리는 그 차이를 구분할 필요가 있으며, 그러려면 외과 의사와 같은 기술이 필요합니다. 당신은 애정은 건드리지 않고 집착만 잘 도려내고 싶어 하지요.

당신이 상당한 애정을 가지고 있는 사람이 삶의 어떤 사건 때문에 당신에 대해 분노하게 되었거나 아니면 그저 거리감이 생겼다고 가정해 봅시다. 당신은 그가 멋지다고 생각했었지만, 이제는 그런 확신이 약해졌습니다. 당신이 느끼는 실망감은 집착에서 나온 것이지요. 이 수련의 목적은 숙련된 외과 의사처럼 집착의 요소는 제거하고 애정은 유지하거나 심지어 증진시키는 것입니다. 하지만 이 둘은 매우 근접해 있어서 목욕물을 버리려다 아이까지 버리는 우를 범하지 않기가 힘듭니다. 승려들이 때로 그렇게 하지요. 성욕을 극복하기 위한 표준적인 명상은 신체의 불결함에 초점을 맞춥니다. 만일 당신이 이성애자인 남자라면 여성의 몸을 뼈와 조직, 살갗과 혈액, 간, 췌장, 방광, 배설물 등의 조립물로 상상하는 것입니다. 전체적인 의미는 여성의 신체를 정육점에 매달린 것처럼 대단히 불쾌한 것으로 보게 하는 것입니다.

평정심은 쉽지 않습니다. 평정심의 핵심은 한편으로는 집착을, 다른 한편으로는 역겨움을 샅샅이 가려내어 고른 토대를 남겨서 이기적이지 않은 진정한 애정이 자랄 수 있도록 하는 것입니다.

제8장

통찰의 힘

마음이 아무런 주도적인 힘을 갖지 못하게 될 수 있다. 그렇게 되면 현실은 그저 주어진 것이라 여기게 되고, 따라서 할 수 있는 일이란 그저 현실에 대처하는 것 외에는 없게 된다. 이렇게 힘이 빠진 마음은 사건들이 스스로 발생하는 것이라 여기게 된다. 어떤 사건을 끔찍한 것이나 아니면 멋진 것으로 인식할 수는 있지만, 그에 관해 할 수 있는 것이란 그저 그 사건을 즐거워하거나 아니면 감수하는 것밖에 없다. 여기에는 자신이 관여한다는 느낌이 없게 된다.

과학적 물질주의는 이런 무력감을 조장한다. 마음을 단순한 뇌의 한 현상으로 간주할 뿐 그 자체에는 아무런 힘이 없는 것으로 본다. 마음을 뇌가 이끄는 대로 따라가는 것으로 여기는 것이다. 어떤 외부의 물리적 자극이 들어오면 마음은 단순히 이를 받아들이는 존재다. 이런 식으로 마음을 이해하는 것은 우리 사회에 만연해 있고, 특히 대중매체들에서는 더욱 그러하다. 당신이 왜 괴로움을 겪는지 알고 싶은가? 그 답은 당신의 유전자, 당신의 두뇌 그리고 당신의 신진대사, 당신의 뭔가 신체적인 것에 있다고들 말한다. 우리의 기억과 희망, 공포조차도 우리 두뇌의 회백질에 자리 잡고 있다고 말한다. 무력해진 마음은 자극의 흐름을 따라갈 뿐, 그 자신은 아무런 능동적 역할을 갖지 않는다.

이렇게 널리 퍼져 있는 관점은 눈에 보이지 않게 마음의 무력감을 전파하며 '참여적 우주'라는 건강한 생각의 힘을 뺀다.[1] 불교는 이런

---

1) 역주) 참여적 우주(participatory university)라는 개념은 '웜홀' '블랙홀' 같은 개념을 처음 설파한 과학철학자 존 휠러(John Wheeler)가 제안한 개념이다. 즉, 우주는 관찰될 때까지는 하나의 현상으로 존재하지 않으며, 따라서 실재란 관찰자에 의해 창조되는 것으로 "어떤 현상이든 그것이 하나의 관찰된 현상일 때까지는 진정한 현상이 아니다."라는

관점을 결코 수용하지 않으며, 다른 많은 명상적 전통도 이를 수용하지 않는다. 그래서 나는 상황을 역전시킬 수 있다는 강력한 확신을 가지고 있다. 마음에 지혜를 부여할 수 있으며, 우리가 실재에 주의를 기울임으로써 우리가 경험하는 실재를 변화시킬 수 있는 방법을 인정한다. 윌리엄 제임스가 말했듯이 우리가 주의를 기울이는 것이 우리의 현실이 된다. 그리고 우리는 마음의 힘을 키우려면 무엇에 주의를 기울여야 하는지를 확실히 선택할 수 있다.

무력한 마음은 무엇에 주의를 기울일지를 선택할 수 없다고 느낀다. 강박적으로 그렇게 느낀다. 내가 스탠퍼드 대학 정신과의 데이비드 스피겔(David Spiegel)의 초대를 받았을 때, 거기서 유방암을 앓고 있는 여성들의 집단치료 장면을 관찰하면서 비극적인 사례를 본 적이 있다. 거기 모인 모든 여성이 아마 유방암으로 죽을 것이지만, 한 여성은 이를 지극히 통렬하게 표현했다. 그 여성은 최근 자신에게 결정적인 것처럼 보이는 통계치가 실린 『타임지(Time Magazine)』의 기사를 보았다. 만일 당신이 전이성 유방암이라면, 생존 가능성이 거의 없다는 내용이었다. 그 여성은 전이성 유방암 단계였고, 이 기사를 보는 순간 눈앞에서 온 세상이 무너지는 기분이었다. 그녀는 그 기사를 보기 전까지는 자신에게 기회가 있을 것이라 생각했었다. 그런데 그 기사를 보고 엄

주장이다. 이런 주장은 1984년과 2007년에 광자의 궤적은 그 궤적을 측정하기 전까지는 고정되어 있지 않다는 것을 보여 준 실험에 의해 검증되었다. 이는 어떤 현상이 그 자체로 미리 존재하는 것이 아니라 관찰자의 의식적 관찰이 있어야 존재할 수 있다는 휠러의 주장을 확증한 것이다. 이렇듯 세상이 나와 무관하게 따로 존재하는 것이 아니라 나의 의식이 참여함으로써 비로소 존재하게 된다는 것이며, 이는 현대물리학, 특히 양자역학의 중요한 기여다.

청난 충격으로 완전히 무력해졌다. 그녀는 그런 기사를 보고 싶지 않았다고 말했다. 그 기사가 그녀를 나락으로 떨어지는 느낌을 갖게 했기 때문이다. "이 통계치가 내 마음을 갈가리 찢어 놓았어요. 마음의 평화를 얻고 싶었고, 내 마음을 조절할 수 있기를 바랐는데……. 명상을 배우려고 했는데……." 하며 울었다. 이런 간절한 애원을 보며 나는 그녀가 일찍 명상을 배웠으면 좋았겠다고 생각하며 안타까웠다.

주의훈련은 마음에 힘을 부여하는 한 가지 확실한 방법이다. 주의를 조절할 수 있게 된다는 것은 엄청난 힘을 갖게 되는 것이다. 그래서 우리가 주의를 조절하기 시작하면 하나의 믿음으로서가 아니라 경험을 통해서 우리가 주의를 기울이는 실재에 대해 힘을 가지고 있음을 알게 된다. 그러면 우리의 실재가 바뀌기 시작한다. 산티데바가 선언했듯이 우리 자신의 마음을 진정시킬 수 있으면, 모든 위험과 공포가 진정된다. 이는 티베트의 고승들만이 도달할 수 있는 경지가 아니라 우리도 확실히 다다를 수 있는 그런 것이다. 사실 마음에 힘을 부여한다는 말은 잘못된 것이다. 이는 마음을 더 크고 강력하게 만들기 위해 마음에 뭔가 특별한 짓을 하는 것이 아니다. 그저 장애물을 제거함으로써 마음의 타고난 힘이 솟아오르도록 하는 것이다. 그것이 사마타가 하는 것의 전부다.

사마디는 당연히 마음에 그 이상에 이르는 힘을 부여한다. 깊은 삼매에서 장애물들이 제거되면, 당신이 주의를 기울이는 것이 당신의 실재가 될 뿐 아니라, 마음이 그 주의의 힘으로 물리적 실재를 바꿀 수 있는 잠재력을 갖게 된다고 수 세대에 이르는 불교명상가들이 말해 왔다. 상황이 빠르게 역전된다.

힘을 키우는 한 가지 멋진 방법은 치유를 통한 것이다. 『청정도론』[2)]

에는 다른 많은 방법들을 설명하고 있다. 이 방법들은 쉽지 않지만, 그렇다고 마음이 이런 힘을 가질 수 있는 잠재력이 없다고 믿을 만한 근거는 전혀 없다. 우리 문명세계가 우리가 경험하는 현실에서 참여와 주의의 근본적인 역할을 인식해야 할 때다.

마음의 안정이라는 힘이 개념적으로 표현된 실재의 본성에 대한 이해로부터 나오는 지혜와 결합하면, 그 결과는 엄청나다. 나의 스승 중 한 분인 게쉐 랍텐(Geshe Rabten)은 수년 전 자신이 했던 안거에 관해 들려주었다. 그는 공성에 대해 명상을 하다가 현상의 존재에 내재한 결함에 대한 깨달음을 얻었다. 말하자면, 만일 현상이 본래 존재하는 것이라면, 이는 온전히 객관적일 것이며 마음과 무관해야 할 것이다. 하지만 공성에 대한 불교의 가르침은 우리를 이런 강박에서 벗어나게 하고, 이 세상에는 어떠한 본래적 실재가 없으며 어떠한 독자적인 물질도 없다는 것을 깨닫게 한다. 달리 말하면, 이런 깨달음은 실재의 참여적 본성을 지적하는 것이다. 게쉐 랍텐은 모든 개념적 명칭은 그 자체나 그 안에 아무것도 독자적인 것이 없다는 통찰을 얻었던 것이다. 일단 당신이 이를 깨닫기 시작하면, 실재의 본성에는 특이하고 아마도 무한한 가변성이 있음을 알게 될 것이다. 마음은 자기도 모르는 사이에 엄청난 힘을 갖게 된다. 이것이 통찰의 힘이며, 삼매의 힘과는 다른 것이다.

마음에 힘을 부여하는 또 다른 방법은 믿음이다. 믿음은 유대교와 기독교, 이슬람교에서 특히 강조하는 것이다. 믿음은 삼매와 통찰이 그런 것처럼 문을 열어 준다. 이제 우리가 모든 것에 문을 열어야 할 때인데,

---

2) *A Guide to the Bodhisattva Way of Life*, VI: 41.

이는 우리 사회가 무기력한 마음에 거의 굴복하고 있기 때문이다.

7세기경에 살았던 인도 불교의 현자 찬드라키르티(Candrakīrti)는 전체 불교의 역사를 통틀어서 공성에 대한 가장 위대한 스승이었다.[3] 그가 공성과 개념적 명칭의 역할에 대해 가르칠 때, 한 제자가 그에 관해 의문을 제기한 이야기가 있다. 그는 흑탄을 들어 벽에 암소 한 마리를 그리고는 그 암소의 젖을 빨았다고 한다!

물리적 실재를 그렇게 조작할 수 있는 것처럼 다른 사람을 향해 적개심을 품어서 그의 마음에 실제 상처를 입히는 것이 가능할까? 불교 전통은 가능하다고 말한다. 그리고 기독교에서 여러 신도가 큰 고통을 겪는 사람을 위해 기도하는 것처럼, 기도의 힘으로 멀리 떨어져 있는 남을 도울 수 있다. 이런 관행은 서구 종교에서 장려되는 것이며, 이들이 단지 자신의 마음을 편하게 하고자 그러는 것은 아니다. 그 기도가 효과적이기를 바라는 의도에서 하는 것이다. 나는 그것이 가능하다고 생각한다.

내가 어떤 사람의 마음을 이용해서 다른 사람을 도울 수 있다는 긍정적인 주제를 강조하는 것은 그것이 실제로 연습할 만한 가치가 있기 때문이다. 집단으로 모여서 함께 실시하면, 그중 삼매에 이른 사람은 아무도 없겠지만, 그 효과는 마치 많은 사람이 서로 다른 각도에서 하나의 지점을 향해 손전등을 비추는 것과 마찬가지다. 빛을 받은 지점이 따뜻해진다. 그렇게 하는 것이다. 또 다른 방법은 아주 깊은 삼매에 있는 사람에게 기도를 청하는 것이다. 이는 레이저를 쏘는 것과 같다.

---

3) 역주) 나가르주나(Nagarjuna, 용수)의 제자이며, 중론에 대한 현존하는 유일한 산스크리트어 주석서인 『쁘라산나빠다(prasannapada, 중론소)』의 저자다.

티베트인들은 자주 하는 일이며, 유대교와 기독교에서도 전통적으로 하는 일이다.

만일 한 사람이 빛을 비추면, 큰 효과를 보기가 어려울 수도 있다. 하지만 그렇다고 무시할 일이 아니다. 실제로 당신이 놀랄 만한 일이 일어날 수도 있다. 기도가 효험이 있다는 것을 교조적으로 받아들이라는 이야기가 아니다. 도그마는 지루하지만, 이렇게 해 보고 어떤 일이 일어나는지 살펴보는 것은 정말 흥미로운 것이다.

그 반대도 사실일 것이라 추정할 수 있다. 즉, 모든 사람이 적극적으로 한 사람이나 공동체를 향해 적의를 품는 것처럼, 한 사람의 해로운 생각이 뭔가 해를 끼칠 수 있다. 나는 이에 대한 연구가 없기를 바란다. 긍정적인 측면에 관한 연구가 있기를 바라며, 부정적인 것은 피하길 바란다.

붓다 자신이 이 같은 부정적인 힘에 대해 이야기한 바 있다. 그는 적대적인 생각을 가지고 첫 선정을 성취한 사람이 있다면, 이는 치명적이라고 말했다. 첫 선정(초선)은 사마타에서 한 단계 진전한 매우 깊은 삼매 상태다. 만일 당신이 사마타를 계발한다면 사무량심 같은 많은 다른 수련을 함께 해야 하는 이유가 그 때문이다.

물론 악의를 기르면서 사마타를 얻을 수는 없을 것이다. 마음의 힘이 금방 와해되기 시작할 것이다. 붓다의 친척으로서 제자였던 데바닷타는 붓다에 대한 강력한 질투심을 갖게 되기 전에 선정을 성취했다고 한다. 그런데 그가 이런 악의를 갖게 되자 삼매를 잃게 되었다고 한다. 진정한 사마타 수련에서는 악의를 유지할 수 없으며, 이것이 이 수련이 좋은 이유이기도 하다. 붓다의 시대로 돌아가면 악의를 유지하면서도 마음의 힘을 키우는 흑마술이란 것이 있었던 것 같다. 하지만 내가 아는 한, 당신이 사마타를 계발하는 수단을 가지고 그렇게 할 수는 없을 것이다.

나는 그런 기술에 대해서는 아는 것이 거의 없고, 또 별로 관심도 없다. 인도나 네팔, 말레이시아, 인도네시아나 필리핀 같은 지역의 아직 잘 알려지지 않은 고대 문화가 있으며, 이런 지역의 전통문화에서는 아직도 그런 방법을 수련하는 사람들이 있을지도 모른다. 나는 인도에 있을 때 그런 사람들에 대해 들은 적이 있었지만, 관심을 두지 않고 피했다.

만일 당신이 어떤 해로운 힘의 위협을 받고 있다고 느낀 적이 있다면, 이런 느낌은 깊은 명상상태에서도 일어날 수 있는데, 이런 경우 마음속에 당신이 아는 가장 찬란한 영적인 존재를 떠올리고 그 존재가 미덕과 연민, 자애와 지혜의 빛을 내뿜는다고 상상하면서 "이제, 나는 당신에게 의지합니다!"라고 말하며 구원을 청하라. 거기가 피난처다.

당신의 사마타 수련이 깊어지면서 또 다른 문제가 발생할 수 있다. 깊은 늪 속으로 탐사선을 보내는 것처럼, 마음의 다른 층으로 향해 감에 따라 순수한 두려움의 층을 만날 수 있다. 거기서는 당신의 삶에 위협의 원천일 수 있는 모든 것들이 도저히 피할 수 없는 증오심과 함께 일어난다. 당신은 한 가지를 피하고 나면 다른 것이 나타나 당신을 부숴 버릴 것 같은, 자신이 거의 깨지는 것 같은 느낌이 든다. 지금 이 글을 읽으면서는 웃어넘길 수 있을지 모르지만, 실제 이런 느낌이 든다면 그것은 장난이 아니다. 정신적으로 아주 무겁고 어둡다. 이런 상태에 대한 티베트 명상가인 겐 람림빠(Gen Lamrimpa)가 "이런 두려움과 동일시하지 말라. 그것을 믿지 말라."라고 조언한 것은 매우 명확하다. 당신이 좌절과 무력감의 포화 속에 포위된 것처럼 느껴질 때는 당신의 몸을 빛으로 채우라. 그리고 그 어둠을 향해 당신은 실재가 아니라고 말하라. 그러면 용기가 생긴다.

우리가 1년짜리 집중수련을 시작할 때, 젠 람림빠는 명상가들에게 "여러분은, 특히 수련이 잘 진전되고 있다면, 금년에 마귀들의 방문을 받을지도 모른다."라고 알려 주었다. 이것에 대한 많은 전통적 설명이 있는데, 이런 과정도 수련의 영역이라는 것이다. 당신은 마귀에 굴복하지 않고 마귀를 처리하는 법을 배운다. 이렇게 마귀와 관계하는 것은 수련의 일부다. 어떤 면에서 당신은 마귀를 필요로 한다. 티베트 사람들은 이것을 매우 중요하게 여긴다. 요기가 안거를 시작하려 할 때 하는 첫 번째 일은 그 지역에 사는 모든 존재의 이득을 바라는 의식을 치르는 것이다.

마귀와 같은 존재에 대한 이런 이야기는 현대 서구사회의 세계관에서는 생소한 것이지만, 두려움과 불안, 극심한 공포나 무력감은 지극히 흔한 것이다. 그리고 이런 것들이 나타나면 당신은 무서운 얼굴의 마귀가 앞에 나타났을 때 하는 것과 꼭 같은 방법으로 반응할 필요가 있다. 그리해야 하는 이유는 두려움이나 불안이란 마귀와 같은 것이기 때문이다. 마귀들은 어떤 모습으로 나타나야 우리가 그들을 심각하게 받아들이는지를 알고 있다. 자애수련 또한 훌륭한 보호법의 하나다.

때로 주변에 당신을 환영하지 않는 성마른 이웃이 있어서 이를 다루어야 할 때가 있다. 내가 아는 사람들 중에서 가장 뛰어난 명상가 중 한 분인 롭상 텐진(Lobsang Tenzin)이 그런 일을 겪었다. 그분의 영적 경력은 매우 예외적이다. 그는 중국인들을 죽이기 위해 인도 군대에 들어갔지만, 그런 바람을 포기하고 나자 깨달음을 얻는 것 외에는 할 일이 아무것도 없게 되었다. 그는 깨달음이라는 목표에 철저히 전념하여 여생을 그 일 외에는 아무것도 하지 않았다. 군대 월급으로 받은 100달러로 약간의 곡물과 콩을 사 들고 다람살라 위쪽의 동굴로 들어갔다. 100달러는 인도에서도 그리 오래가지 않았다. 돈을 다 써 버리자, 다른 요기들이 그를 돌보기 시작했다. 그들은 모두 헐벗었지만, 그중에서도 그가 가장 가난했다. 하지만 그에 관해 그가 정직하며, 수련을 잘하고 있다는 말이 돌았다. 그는 높은 곳에서 12년을 지내는 동안 점점 더 깊은 산속으로 들어갔다. 결국에는 다람살라에서도 5시간을 걸어야 닿을 수 있는 동굴에서 살았다. 그는 1년에 한 번 달라이 라마의 법문을 들으러 산을 내려와서 곡물과 콩을 챙겨 돌아가곤 했다. 롭상 텐진은 수많은 마귀를 경험했고, 그들을 어떻게 다루어야 하는지 알았다.

한 가지 방법은 마귀들을 깨달음의 진노로 다루는 것이다. 언젠가 게쉐 나왕 다르규(Gesche Ngawang Dargye)가 말했던 것처럼 "티베트 탱화(thangka)에서 볼 수 있는 무시무시한 진노의 신들(wrathful deities)을 생각해 보면, 당신은 깨달음의 진노를 생생하게 볼 수 있을 것이다." 진노는 마지막 수단이며, 화를 내거나 노여워하는 것과는 다르다. 깨달음의 진노는 지복(더없는 행복)에서 나오는 것이며, 연민의 표현이지 세상에 대한 좌절이나 분노, 절망의 표현이 아니다. 깨달음의 진노는 완벽하게 순수한 마음이다. 필요한 때라고 인식하면 저절로 아주 강력하게 나타나는 것이다. 이는 왜곡된 분노보다 훨씬 막강하다.

통찰에서 궁극에 대한 직접적인 경험으로

자재(自在, self-existence)란 무슨 뜻일까? 무엇이 자재이고, 무엇이 자재가 아닌지를 결정하는 기준은 무엇일까? 현상이란 자재이거나 아니면 관련된 사건에 의존해서 존재하는 것일 수 있다. 이 둘이 어떤 관계에 있는지 살펴보자. '의존관계인 사건'이라는 말은 '마디야마까(Madhyamaka, 중관학파)' 또는 '중도(Middle Way)' 철학에서 매우 특별한 의미를 갖는다. 어떤 현상이 의존적 관계인 사건이라면—인간이든 우주든 마음상태든, 아니면 어떤 다른 것이든—그것이 존재한다고 말할 수 있는 세 가지 방법이 있다.

첫째, 과거의 원인이나 조건에 의존해서 일어난다는 면에서 그 현상은 의존관계인 사건이다. 예를 들어, 앨런 월리스는 의존관계인 사건의 연속체인데, 왜냐하면 부모가 없었다면 내가 여기 없었을 것이기 때문이다. 부모가 먼저 있었고, 나는 그들이 결합한 결과다. 그 말은 A가 B에 선행하며, 만일 A가 존재하지 않았다면 B는 존재하지 않았으리라는 것이다. 자재인 현상이 있다면, 이는 어떠한 선행적인 원인이나 조건이 필요치 않았을 것이다. 이 맥락에서 '자재'라는 용어는 그런 뜻으로 이해할 수 있다.

의존관계인 사건이 되는 두 번째 측면은 부분과 전체의 관계 또는 어떤 현상의 특질과 그런 특질을 품고 있는 무엇의 관계에 대한 것이다. 우리가 존재한다고 말하는 모든 현상은 요소를 가지고 있다. 예를 들어, 만일 그것이 특정 공간 내의 위치를 갖는 물리적 현상이라면, 그것은 앞면이 있고 뒷면이 있다. 그것은 공간 차원과 기타 다른 특성을 가지고 있다. 자애심과 같이 공간 차원을 갖지 않는 어떤 것들도 그 속성이라는 차원에서 묘사할 수 있다. 우리가 식별할 수 있는 어떤 현상이든 요소 또는 특질을 가지고 있다. 그렇지 않다면, 우리가 어떻게 그 현상을 식별할 수 있겠는가? 지금 이 순간 얼마나 많은 schmorffles[4)]가 당신 앞에 있는지 말해 보라. 전혀 모르겠는가? 아마도 무수한 schmorffles가 바글바글할 것이지만, 당신은 알지 못한다. 왜냐하면 먼저 schmorffles가 무엇인지를 당신에게 말해 주었어야 했기 때문이다. 내가 일단 그 속성을 알려 주면, 당신은 볼 수 있게 되고 "아, 여기 하나 있다!"라고 말할 것이다.

우리는 현상을 그 속성이나 요소를 통해 식별하며, 현상이 그런 요소를 가지고 있다고 말하는 것은 완전히 합당한 것이다. 원자는 핵을 가지고 있다. 특정 수효의 전자를 가지고 있으며, 전하를 띠고 있다. 이렇게 말하는 것은 합당하고 타당한 어법이다. 하나의 원자는 의존관계인 사건인데, 이는 원자가 그 자신의 요소들과 관련이 있으며 또한 의존하고 있기 때문이다. 당신이 그 전자, 핵, 전하나 기타 속성을 제거하면, 거기에는 남는 것이 없게 된다. 마찬가지로 나는 나의 마음과 몸에 의존한다. 당신이 이 몸을 파괴하면 거기에는 의식의 연속체가 남게 되겠지만, 그것은 더 이상 앨런 월리스가 아니다. 앨런 월리스는 죽고 앨런 월리스의 역사와 일부 역사를 공유하는 하나의 연속체만 남는다. 그래서 이것이 의존발생(dependent origination)의 두 번째 측면이다. 만일 무엇인가 자재하려면 그 자체로 충분해야 하며, 어떤 요소나 속성에도 의존하지 않아야 한다. 그것은 그저 그 안에 있으며 그 자체다.

의존발생의 세 번째 측면은 개념적 명명(designation)의 역할에 관한 것이다. 뭔가를 식별하는 과정에서 개념적 또는 언어적 명명이 일어난다. 우리는 뭔가를 '원자' '자애심' 등으로 명명한다. 이 과정에서 존재론적으로 발생하는 것은 아무것도 없다. 내가 크리스티나를 알아본다

---

4) 역주) 저자가 설명을 위해 만들어 낸 무의미 철자임.

는 것이 그녀를 실제로 존재하게 하지는 않는다. 하지만 경험적으로나 현상학적으로 나는 크리스티나를 알아봄으로써 그녀를 환경으로부터 분리시킨다. 예를 들어, 배경의 색이나 형태를 시각적으로 분리함으로써 비로소 바닥과 분리되고 옷과 분리되어 크리스티나가 몇 해 전에 내가 알던 한 사람으로 인식될 수 있는 것이다.

모든 현상의 존재를 식별한다는 것에는 개념적 명명이 포함된다. 뭔가 존재한다고 말함으로써 우리는 그것을 그것이 아닌 것으로부터 끄집어내는 것이다. 현상 그 자체는 자기정의적이지 않다. 현상은 우리로 하여금 유일한 그리고 하나의 독특한 양상으로 명명하라고 요구하지 않는다. 만일 현상이 그리한다면, 현상은 스스로 자기를 정의할 것이며, 이 경우 개념적으로 명명하는 마음은 완전히 수동적일 것이다. 사실 의식, 우리의 지성과 기억, 인식의 역할은 본래부터 참여적인 것이다. 나는 어떤 현상이든 다양한 방식으로 식별할 수 있다. 나는 한 가지 방법을 택해서 어떤 속성들을 포괄하는 경계를 효과적으로 그려 낼 수 있다. 만일 무엇인가가 자재하는 것이었다면, 그것은 그 자체의 경계를 그렸을 것이다. 그리고 당신이 충분히 영민하다면, 당신은 그것이 어디에 있는지 인식할 수 있을 것이다. 이것이 순수한 객관적 발견이라 할 수 있을 것이다. 하지만 뭔가가 의존관계인 사건이라면 그 경계는 변할 수 있는 것이며, 이런 경계를 부과하고 하나의 현상을 특정한 요소와 속성을 가진 것으로 정의하는 것이 바로 개념적 명명의 과정이다.

예를 들어, '엘리스(Elise)' 라는 특정 현상을 생각해 보자. 엘리스 주변의 다른 것들이나 엘리스가 가지고 있는 것이 아니라 엘리스에 주목해 보자. 엘리스는 차를 가지고 있다. 그것은 엘리스가 아니다. 그녀는 스웨터를 가지고 있지만, 그것도 엘리스가 아니다. 그녀는 머리털이 있지만, 그것도 엘리스는 아니다. 머리가 있지만, 머리가 엘리스는 아니다. 하지만 거기 엘리스가 있다. 우리는 우리가 개념적 명명으로 엘리스의 경계를 표시한다고도 말할 수 있다. 우리는 우리의 경험의 장에 엘리스를 하나의 현상으로 가지고 온 것이다. 하지만 엘리스의 개념적 명명을 벗어나 도대체 무엇이 있는가? 거기에는 몸이 있다 하지만 그것은 엘리스와 동일한 것이 아니다. 그 몸도 또 다른 개념적 명명일 뿐이다. 그것도 요소를 가지고 있다. 우리가 하나의 '몸' 이라는 개념적 명명을 걷어 내면 무엇이 남는가? 남은 것도 요소를 가지고 있다. 그 개념적 명명을 걷어내 보자. 세포들이 있다. 그것도 걷어 내자. 원자들이 있다. 그것도 걷어 내자. 전자들이 있다. 그것도 걷어 내자…….

만일 당신이 모든 것을 걷어 내고 나면 아주 작은 물질들이 남을 것이라는 생각이 21세기 바로 이전까지도 널리 통용된 가정이었다. 이런 물질들은 자기정의적인 것이어서 우주를 구성하는 순수하게 객관적으로 존재하는 기본적인 최소 단위의 물질일 것이다. 기타 다른 모든 것은 이런 기본 물질의 배열에 불과한 평범한 것들이지만, 정말 거기에는 절대적인 실재가 있을 것이다. 하지만 금세기의 물리학은 당신이 그 작은 기본 물질을 볼 때, 그것은 그것을 탐지할 수 있는 측정체계와 독립적으로 존재하지 않는다는 엄청난 사실을 알게 되었다. 당신이 무엇을 관찰하게 되는가는 당신이 쓰는 개념적 구성물의 종류에 따라 달라진다는 것이다. 만일 당신이 탐색양상을 바꾸면, 당신이 보는 것이 완전히 달라진다. 게다가 개념적 구성물은—예를 들어, 파동으로서의 빛과 입자로서의 빛—양립조차 하지 않는다. 하나의 독립적인 것은 파동이면서 동시에 입자일 수 없는데, 이는 이들 두 현상의 요소들이 완전히 다르기 때문이다. 오히려 측정체계의 맥락에 따라서 어떤 맥락에서는 파동으로 나타나며, 다른 맥락에서는 입자의 특성을 보여 준다. 하지만 우리가 '그것'을 측정체계와 분리해서 독립적으로 식별하려고 하면, 아무것도 식별할 수 없게 된다.

만일 뭔가가 자재한다면, 당신이 아무리 날카로운 분석을 해도 소용이 없을 것이다. 그것은 자기정의적이기 때문에 당신은 그것이 스스로를 정의하는 것으로 정의할 수밖에 없을 것이다. 하지만 의존관계인 사건은 그런 식으로 존재하지 않는다. 우리가 '저것이 존재한다.' 고 하는 바로 그 말 자체가 개념적 명명에 의존한다. 그래서 그렇게 말하는 것은 이미 참여적 본성(participatory nature)을 시사하는 것이다.

더 깊고 근본적인 수준에서 우리는 존재와 비존재라는 관념 자체에 도전할 수 있다. 이런 관념에 도전하는 것은 언뜻 보기에는 일반적인 상식과 위배되는 것으로 보인다. 예를 들어, 명왕성을 발견한 것은 그리 오래전이 아니다. 상식적으로는 명왕성은 이미 그전에 거기 계속 있었고, 다만 우리가 그것을 알지 못했다는 것이다. 우리가 드디어 제대로 된 측정장비를 갖게 되었고 그래서 이미 그곳에, 즉 태양계의 주변 멀리 떨어진 곳에 있던 것을 발견한 것이라는 것이다. 그것이 거기 있었고, 그것이 자재했고, 우리가 그것을 발견하게 되었을 뿐이라는 강력한 느낌이 실제로 있는 것이다.

하지만 '존재한다' 는 것이 무슨 의미일까? 존재라는 생각조차 자기정의적이지 않다. 지난 며칠 동안 나와 특별한 경험을 공유했던 두 사람이 "그게 아마 나의 투사였을지도 몰라. 어쩌면 그게 실재가 아니었을 거야." 라는 말로 이야기를 시작했다. 우리가 무엇인가 존재한다고 말할 때 그것은 무슨 의미일까? 그리고 다른 나머지는 그저 하나의 투사일까? 이 사람들이 묘사한 사건들은 있었던 사건이다. 그들은 나를 속이거나 아무것도 없는데 만들어 낸 것이 아니다. 그들은 자신이 할 수 있는 최선을 다해 그 특별한 경험을 설명한 것이다. 그 사건은 발생했지만, 그들이 관찰한 현상은 정말 존재하는 것일까?

존재라는 관념은 또 하나의 개념적 명명이다. 그것은 자기정의적이지 않다. 우리가 어떤 현상을 지목해서 '저것이 존재한다.' 고 말할 때마다 우리는 이미 우리의 개념적 틀을 동원한 셈인데, 이는 무엇이 '존재한다' 는 것의 의미에 대해 사람들이 서로 다른 관념을 가지고 있기 때문이다. 우리가 '그것이 존재한다.' 고 말할 때, 그 의미는 어떤 개념적 준거틀을 사용하는가에 따라 다르다. 단순히 우리 앞에 실재로서 나타나는 무엇이 아니다. 따라서 '그것이 존재한다.' 는 것은 하나의 관계적 진술이지, 절대적 진술이 아니다. 그게 무엇이든 그것은 의존관계인 사건으로서만 존재하는 것이다.

우리가 마음으로 떠올릴 수 있는 것들, 예를 들면, 마음, 신, 붓다, 다르마까야(Dharmakāya, 법신), 우주, 시간, 공간, 에너지 같은 것들은 진실일까? 자재(自在)하는 것이 있을까? 스스로 존재하는 자재인 것이 있다면, 그것은 다른 관찰자가 발견할 때까지 수동적으로 그저 기다리고만 있을까? 마디야마까(madhyamaka, 중관학파)의 답은 '아니요' 다. 이것이 의미하는 바는 우주 전체의 모든 것이 관계적인 것이며, 단순히 관습의 문제라는 것인가? 정말 아무런 절대적인 것이 없을까? 언어를 초월하는 것은 없는 것일까? 개념을 초월하는 것은 없는 것일까? 만일 그 답이 '그렇다' 라면, 우리는 언어를 초월하는 어떤 것, 즉 스스로 자신을 초월할 수 없는 어떤 것의 존재를 언어를 이용해서 주장하는 셈이다.

이 지점에서 사고와 언어는 침묵할 수밖에 없게 된다. 이것은 말하기를 거부하는 것이 아니라, 말로 할 수 없는 것을 언어로 밝혀내려는 게임을 거부하는 것일 뿐이다.

이는 만일 당신이 사마타 수행을 통해 마음의 재잘거림을 평온하게 할 수 있을 때면 쉽게 접근할 수 있는 매우 흥미로운 경험이 된다. 당신이 어느 정도 명상적 안정을 개발할 수 있으면, 개별성의 본성과 외적 현상의 본성 또는 자각 자체의 본성에 이르기까지 깊은 탐구를 시작할 수 있게 된다. 탐구하면서 당신이 '존재'와 '비존재'라는 개념조차 놓아 버릴 수 있는지 살펴보라. 이것들조차 그저 조금 더 개념적인 구성물이라고 놓아 버리라. 당신이 모든 개념적 준거틀을 버리고 순수한 경험으로 들어갈 수 있는지 살펴보라.

우리는 지금 언어를 사용하고 있는데, 언어의 배후에 있는 하나의 경험에 대해 이야기하고 있기 때문이다. 하지만 우리는 이런 질문을 해 볼 수 있다. 모든 개념적 준거틀, 모든 아이디어, 모든 개념과 언어, 모든 경계, 모든 이런저런 것들을 뒤로 하고 존재할 수 있는 경험이 무엇인가? 매개되지 않는 경험, 그런 것이 있는가? 불교도의 답은 물어볼 여지도 없이 '그렇다' 다. 하지만 이게 무슨 의미인가? 매개되지 않은 경험은 도대체 어떤 것일까?

이런 경험에 대한 당사자의 주관적 설명을 생각해 보자. 모든 설명은 당연히 부적절한 것일 터다. 언어와 개념적 준거틀을 초월하는 경험은 언어를 초월해서 제대로 묘사할 수 없다. 하지만 그렇다고 모든 것이 아무런 의미가 없다고 말할 수 있을까? 아니다. 이런 경험은 일어난다. 그것이 맞는 말이다. 당신은 어떤 것이 발생하는지 묘사할 수 있는가? 아니다. 하지만 당신은 무엇이 발생하고 발생하지 않았는지 하는 주관과 객관 사이의 분리감(sense of a duality)을 말할 수 있다. 명상을 하는 자인 나와 내가 주목하는 나와는 분리된 대상과의 구분이 사라졌다고 하자. 당신은 그 경험을 전에 결코 경험한 적이 없는 것 같은 지복(至福)을 가져다준 것이라 말할 수 있다. 하지만 '지복' 이란 '이는 마치 빈 공간 같다. 이는 마치 빛의 방사와 같다. 이는 태어난 것이 아니다. 이는 자발적인 것이다.' 등 언어적으로는 최고로 표현해 봐야 은유적일 수밖에 없는 최상의 무엇에 관한 것이다. 이런 표현은 모두 은유적인 것일 뿐이지만, 그게 당신이 할 수 있는 최선이다.

수련을 통해 분리감이나 언어, 개념이 매개하는 경험 등을 초월할 수 있을지 여부를 어떻게 알 수 있을까? 그걸 아는 유일한 방법은 직접 해 보는 것이며, 이것이 도전이다. 붓다는 그것이 가능하다고 말했다. 당신 자신의 개인적 역사와 개념적이고 문화적인 준거틀에 매여 있지 않을 수 있다. 당신은 개인적 역사를 가지고 있지만, 그게 전부는 아니다. 당신이라는 존재에는 그것을 넘어서는 어떤 초월적 요소가 있으며, 이는 모든 개념을 넘어서는 것이다. 그 경험은 종종 순수한 자각이라고 묘사되지만, 마음과 물질과 같은 어떤 분리감의 요소로서 자각이 아니다. 이는 데카르트 식의 관점과는 맞지 않는다. 만일 당신이 자각의 본성에 녹아드는 경험을 한다면, 당신은 그 경험을 태어난 것이 아닌, 자발적인, 비이원적인, 자연스러운, 만들어 낸 것이 아닌 자각이라고 묘사할 것이다. 게다가 이런 경험에서 빠져나오면 사람들은 이러한 원초적 자각(primordial awareness)에서 나오는 온 세상, 그 모든 다양성을 품고 있는 전체 세상에 대해 말하는 경향이 있다. 이러한 비분리성이 존재의 토대인 것이다.

이렇게 마음 자체의 본성으로 직접 들어가는 접근법이 지혜의 경로다. 금강승 불교에는 존재의 원초적인 정묘한 에너지를 깨닫게 하는 에너지의 경로도 있다. 그것을 깨달으면 당신은 에너지와 원초적 자각의 비분리성을 알게 된다. 결국 당신은 에너지와 마음이 궁극적으로 비이원적이며, 우주의 모든 것, 그 엄청난 다양성과 복잡성, 은하계의 그 모든 무수한 부분 등이 모두 바로 이 정묘한 '에너지/마음'에서 발생한 것임을 깨닫는 경지에 이르게 된다. 그것이 한편으로는 자각으로 구현되고, 다른 한편으로는 에너지로 나타나지만, 실상 그들은 둘이 아니다.

궁극(the ultimate)을 비매개적으로 경험하는 데에 필요한 깊은 통찰을 얻으면, 그것이 존재 자체와 마음에 미치는 영향은 엄청나다. 이는 단지 하나의 기억으로 바뀌는 지나가는 사건이 아니다. 이는 급격하며 되돌릴 수 없는 변성적인 것이다.

그 통찰만으로도 마음은 높은 안정성과 생생함을 갖추게 되고, '이것저것'이라는 현상적 실재로 돌아와 물리적 세계에 엄청난 변성적 힘을 갖게 되는데, 이는 자신의 경험을 통해 이 물리적 세상의 본질적인 가변성을 알고 있기 때문이다. 단순한 깨달음의 힘을 넘어서 물리적 세계를 변화시키는 것이 가능하다. 이런 통찰의 힘을 모두 사용하지 않고도 물리적 실재를 변성시킬 수 있는 쉬운 방법이 있다. 이는 그저 사마타만으로도 가능하며, 여기에는 꼭 깊은 통찰이 수반해야 하는 것은 아니다.

사마타는 의식이라는 하나의 자연스러운 현상의 변형이다. 빛이나 에너지처럼 의식은 기본적으로 실재의 요소다. 사마타에서 당신은 의식을 정화하고 연마하며, 방향을 잡고 힘을 부여하는데, 이는 마치 우리가 빛을 비출 수 있고, 레이저처럼 더 강력하게 연마할 수 있는 것과 같다. 방향을 가진 마음인 주의는 물리적 세계를 재구성하고 바꿀 수 있다. 여기에는 그리 큰 깨달음이 필요하지 않다. 티베트 사람들은 인간이 아닌 다른 생명 있는 존재와 연합해서도 물리적 실재를 바꿀 수 있다고 믿는다.

원초적 자각의 경험이 존재하느냐고 묻는다면, 그 답은 '그렇다'이다. 하지만 당신이 스스로 경험하는 것을 객관화하고자 하면, 존재한다고도 할 수 없고 존재하지 않는다고 말할 수도 없다. 둘 모두 그렇다고 할 수도 없고, 둘 모두 아니라고 할 수도 없다. 그 경험은 이런 질문을 초월하는 것이다. 따라서 이런 질문은 아예 성립하지 않는데, 이는 그런 경험이 당신이 그것에 대해 말할 수 있는 모든 것을 다 초월하기 때문이다.

우리가 이런 원초적 자각에 대해 말하고 있노라면, 마치 우리가 어느 날 발견할 수 있는 무엇 또는 어느 날 갑자기 드러나서 우리의 경험 영역에 들어오는 무엇에 관해 말하는 것처럼 들린다. 1987년에 열렸던 제1회 마음과 생명 학회(Mind and Life Conference)에서 달라이 라마는 우리의 원초적 자각이 이미 존재해서 작동하고 있는 것인가 하는 질문을 받았다. 그것은 이미 먹고, 움직이고 하는 우리의 일상경험에 드러나고 있는 것일까, 아니면 몇 달, 몇 년 또는 평생 떨어져 있는 무엇일까? 매우 흥미로운 질문이다.

대답을 하기 전에 이런 원초적 자각이 만일 분명히 설명될 수 있는 것이라면, 그것은 자기발현적이고, 온전히 자발적이고, 노력이나 매개물이 필요치 않고, 조직되거나 계획된 것이 아니며, 또한 모든 덕목의 원천이라고 말할 수 있다는 점을 주목할 필요가 있다. 그렇다면 그것은 당신의 연민과 통찰, 힘의 원천이다. 이런 원초적 자각이 지금 작동하고 구현되고 있는가?

달라이 라마의 답은 '그렇다'였다. 그것을 발견한다는 것은 항상 이미 존재하던 무엇, 매우 친숙한 무엇, 즉 본질적으로 다른 어떤 것보다 더 친숙한 무엇을 확인하는 것이다. 이는 마치 집으로 돌아가는 것과 같다. 같은 식으로, 원초적 자각에 대한 인식은 뭔가 매우 생생하고 정말 친숙한 무엇처럼 당신에게 나타날 것이다.

당신이 사마타를 성취하면, 사람들은 당신이 이제 '주의를 성취했다.'고 말한다. 이제 당신은 처음으로 그것을 이루었다. 일단 주의를 성취하면, 그걸 이용해서 실재의 본성을 탐구할 수 있다. 그리고 당신은 이것을 분별심, 즉 당신의 비판능력을 가지고 한다. 이제 당신이 주의라는 뛰어난 도구를 당신의 지성과 합쳐서 실재의 본성, 당신 자신의 정체성의 본성, 의식 자체의 본성 등 당신이 원하는 어떤 것의 본성을 탐구하는 작업을 할 수 있다. 지속적으로 탐구함으로써, 당신은 주의 자체를 초월하기 시작한다. 그래서 주의를 버릴 수 있을 정도로 깊어진다. 당신은 지식을 초월하지만, 그렇다고 멍청해진 것은 아니다. 당신이 별 볼 일 없는 있으나 마나 한 존재가 된 것은 아니다. 당신은 객관화를 초월하게 되는데, 우리가 '지식'이라는 말을 쓸 때는 그것은 항상 어느 정도든 무엇에 대한 지식이기 때문이다. 이제 여기서는 무엇에 대한 지식은 없으며, 이것저것의 구분도 없게 된다. 매개되지 않고 짜맞추지 않은 무엇이 있는데, 당신은 당신이 그것을 안다고 말할 수 없게 된다.

이런 깨달음은 중관학파의 수련으로 가능하다. 중관학파의 가르침은 현상을 객체화하고 그 본성의 공성(空性)을 꿰뚫는 것을 강조한다. 하지만 이런 수련을 진척시킴에 따라 결국 주의를 초월하게 된다. 당신은 족첸 전통을 따를 수도 있다. 족첸의 가르침은 현상의 객관화나 존재론적 분석을 위한 주관화를 그리 크게 강조하지 않는 대신, 주관적인 마음을 순수한(unmodified) 자각에 스며들게 하는 것을 강조하는데, 이는 일상적인 이원론적 주의와 의식을 초월해서 원초적 자각으로 들어가게 하는 또 다른 방법이다.

오늘날 이런 깨달음을 이룬 사람들이 있음을 아는 것은 정말로 중요하다. 나는 이를 흔들림 없는 확신을 가지고 말한다. 고도의 숙련된 마스터들이 아직 살아 계신다. 만일 우리가 이를 열망한다면, 스승들이 미흡해서 우리가 곤란한 지경에 빠질지 모른다는 두려움을 가질 이유가 결코 없다. 하늘처럼 아무런 한계가 없다. 우리 모두를 영적 깨달음으로 인도해 줄 수 있는 스승들이 있는 것이다.

질의응답: 영적 깨달음의 시급함과 희귀함

질의: 지구촌이 직면한 엄청난 위기의 시급함을 고려하면, 영적 성숙의 과정을 단축시킬 수 있는 방법이 있습니까?

응답: 가장 빠른 방법은 가능한 한 많은 생산적인 환경을 함께 만드는 것입니다. 만일 당신이 진정으로 그렇게 하기를 원하는데 물질적 지원이 전혀 없다면, 어려울 수 있습니다. 만일 당신이 많은 지원을 받으면서도 수련을 어영부영하고 있다면, 영적 성숙은 아주 느려질 것입니다. 만일 당신이 좋은 환경과 높은 진정성을 가지고 있는데 좋은 스승이 없다면, 그 과정은 오래 걸릴 것입니다. 좋은 스승이 필요한 것은 속도를 낼 수 있기 때문입니다. 만일 누군가 영적 성숙을 위한 최적의 내외적 환경을 조성하였다면, 그 사람은 정말 빠르고 효과적으로 성장할 것입니다. 지원이 부족하고 장애물이 많다는 것은 그저 더 어려운

일일 뿐입니다.

누구에게나 맞는 유일한 최적의 조건은 없지만, 우리는 스스로를 자신에게 가장 적합한 환경에 놓을 수 있습니다. 우리가 이미 세상에 와 있고 의미 있는 활동에 참여했다는 것을 잊지 마십시오. 아마 우리만 시간에 매여 있거나 생존을 위해 노력하는 것은 아닐 것입니다. 중요한 점은 우리가 이 세상에서 하는 것이 우리의 영적 수련의 일부분이며, 그저 부수적으로 하는 일이 아니라는 점을 확실하게 인식하는 것입니다.

그러니 수련 자체를 보완할 필요만 있는 셈입니다. 수련에는 악의와 감각적 욕망, 어수선한 마음 등을 정화하는 것이 포함됩니다. 거기에는 사마타에 이르는 여섯 가지 선결요건과 다섯 가지 방해물에 주의를 기울이고, 자기중심성과 사무량심의 적들, 즉 악의와 잔인함, 혐오와 애착, 냉소와 좌절 모두를 정화하는 것이 포함됩니다.

비록 사마타 자체가 아니더라도 일단 어느 정도의 안정성과 생생함을 성취하면, 자애심과 연민심 그리고 통찰을 계발할 때가 된 것입니다. 우리가 스스로를 믿음과 무한함에 열면, 즉 어느 정도의 사마타, 보리심(bodhicitta), 위빠사나를 성취하면, 가장 빠른 길은 바즈라야나(Vajrayāna)입니다.[5] 다양한 전통의 스승들이 바즈라야나는 아무나 하는 것이 아니라고 말합니다. 통찰과 자비의 계발과 같은 수련을 통한 보살의 길은 전통적으로 당신이 보살에서 붓다가 될 때까지 세 번의 무한한 영겁의 시간이 필요하다고 합니다. 이는 끝없는 영원한 시간이

---

5) 역주) 이 맥락에서 바즈라야나는 '밀교수련' 의 의미로서 현교(sutrayana)수련과 대비되는 것으로 쓰인 것으로 보인다. 대승은 크게 현교과 밀교로 구분되는데, 현교는 경전에 기반을 둔 공개적인 가르침과 육바라밀 수행이 중심이 되고, 밀교는 탄트라 경전에 기반을 둔 스승과 제자 사이의 드러내지 않는 수행이 중심이 된다.

아니라 아주 긴 것일 뿐, 유한한 기간입니다. 그렇습니다. 서두를 이유가 무엇입니까? 만일 당신이 보살의 통찰과 자애심을 개발한다면, 매 생애 의미 있는 것을 이루고 봉사하며 자신의 덕목을 키우게 될 것입니다. 이는 엄청나게 풍요로운 영적 수련인데, 헌신하지 않을 이유가 있을까요? 만일 이런 말이 만족스럽다면, 바즈라야나는 잊으십시오. 필요치 않습니다. 매 생애마다 아름다운 삶이 있고, 만일 그것이 세 번의 영겁을 필요로 한다면, 좋습니다. 여섯 번이면 어떻습니까? 왜냐하면 그것은 영겁에 걸쳐 피어나는 꽃처럼 계속 좋아질 뿐이기 때문입니다.

하지만 당신이 이 세상의 넓고 깊은 괴로움을 참아 낼 수 없을 것이라고 생각할 수 있습니다. 당신은 참을 수 없이 조급해져서, 보살이 되는 것으로는 충분치 않고 정말 가능한 한 빨리 붓다가 되어야겠다고 느낄 수 있습니다. 이 동기는 당신 자신의 개인적 환경에 아무런 관계가 없을 수도 있습니다. 마치 당신이 "만일 나만 생각한다면, 세 번의 영겁을 감수할 수 있어. 괜찮아. 하지만 생명 있는 다른 존재들을 생각하면, 내가 있는 이 상황과 환경은 정말 시급해지고 있어서 세 번의 영겁은 너무 길어!" 하고 말하는 것처럼 말입니다. 당신의 동기가 그렇다면, 바즈라야나를 따라서 세 번의 영겁을 한 생으로 압축하거나 수년으로 압축할 수도 있습니다. 그리고 그렇게 이끌어 줄 스승들도 있습니다. 그중 한 분이 달라이 라마이고, 또 다른 분들도 계십니다.

많은 사람이 그런 동기가 없이 바즈라야나 수련에 입문합니다. 그들은 그저 '야, 지름길이다. 그 길을 가야지. 지름길이 있는데 무엇하러 먼 길을 가나?' 하고 생각합니다. 아니면 그저 바즈라야나에 흥미를 느끼거나 이런 수련을 가르치는 스승을 좋아합니다. 여러 종류의 동기가 있습니다. 하지만 동기가 바르지 않으면 불성을 얻을 수 없다고 제가 배운 스승들은 말합니다. 통찰과 동기의 질이 핵심입니다. 그렇지 않으면 당신은 잘못된 프로그램에 들어와 있는 셈입니다. 바즈라야나는 연민심이 참을 수 없이 일어나서 깨달음에 수반하는 힘과 지혜와 연민을 계발하고 불성을 향해 나아갈 수밖에 없는 그런 사람들을 위한 것입니다. 물론 여기에도 삼매가 어느 정도 있어야 합니다. 그것 없이는 할 수가 없는 것이지요.

이것이 매우 뛰어난 전통적 스승들이 전하는 바즈라야나에 대한 전통적 설명입니다. 또 다른 사람들은 바즈라야나가 누구나를 위한 것이며 바로 입문하라고 권하기도 합니다. 그들이 맞을 수도 있지만 나는 그렇게 듣지 않았고, 내가 말할 수 있는 것은 내가 아는 훌륭한 스승들로부터 들은 것뿐입니다.

질의: 우리 자신의 본질, 누구에게나 있는 연꽃 속의 보석, 연민심에도 불구하고 왜 역사적으로 깨달음을 얻은 사람의 기록이 별로 없는지 수수께끼입니다. 통계치는 별로 좋지 않습니다. 인류의 역사기록에서 찾아볼 수 있는 깨달은 존재는 두 손으로 헤아릴 수 있을 정도입니다. 더 많은 분이 있었을지도 모르고, 아니면 나쁜 뉴스처럼 드러나지 않아서 그럴 수도 있습니다. 하지만 왜 모든 종교가 나름의 방식으로 열심히 노력하는데도 그런 사람은 드물까요?

응답: 얼마나 많은 사람이 깨달음에 도달했는가보다는 그 길의 기울기에 초점을 맞추는 것이 도움이 될 것입니다. 정말로 많은 사람들 중 아주 소수의 사람만이 깨달음에 도달한 것은 사실이지만, 지금 여기와 그곳 사이에는 많은 영역이 존재합니다. 저는 우리가 생각하는 것보다 훨씬 많은 상당한 수효의 사람들이 깊은 깨달음을 얻었다고 확신하며,

그런 분들이 자신의 통찰을 펼칠 시급한 필요성이 없었을 수 있다고 봅니다. 지금까지 어떤 생애 동안 드러내지 않고 오직 일부의 사람들에게만 영향을 미치는 것이 더 적절했을지도 모릅니다.

불교도뿐 아니라 세상 사람들 대부분이 깨달음에 관해 의식적이지는 않지만 솔직한 관심을 가지고 있습니다. 아마 나중에 그럴 것이라고 말하는 사람도 있겠지요. 인간의 삶이 현생에서 급격하게 변성될 수 있다는 주장이나 자애심과 통찰, 마음의 힘의 잠재성이 드러날 수 있다는 주장은 일반적인 것은 아닙니다. 종교는 거의 모두 불가피하게 단체나 기관으로 조직화했는데, 이런 조직들은 다른 조직들의 위협을 받는 것 같습니다. 예수는 인간 삶의 잠재성에 관해 예외적인 주장을 했습니다. 예를 들어, 그는 "하늘에 계신 아버지는 완벽하시다. 그러므로 그처럼 너희들도 완벽하라."라고 우리에게 도전을 내렸습니다.[6] 하지만 대부분의 기독교도들은 이는 불가능한 것이라고 편하게 결론을 끌어냅니다. 우리는 우리 자신의 한계를 알고 거기서 위안을 받으며, 그래서 우리의 깊은 잠재성을 감추어 버립니다.

깨달음에 관한 빈약한 기록 대부분은 환경에 관한 것입니다. 세상이 수용하고 있는 세계관은 우리의 역량이 극히 제한적이라는 것이며, 대개의 과학도 이를 확증하는 것 같습니다. 인간의 마음은 단순히 뇌의 반사광에 불과하다고 과학자들은 말합니다. 기독교 신학은 우리가 결함을 타고났다고 말합니다. 게다가 가능한 변화는 오직 영광을 통하는 것뿐이며, 마치 그것에 관해 우리가 할 수 있는 것은 아무것도 없다고 말하는 듯합니다. 나는 예수가 이렇게 말한 것이 아니라고 믿습니다. 오히

---

6) 마태복음 5:48.

려 그 반대라고 믿습니다. 기독교 신학의 너그러운 관점(charitable view)은 하느님의 힘에 항복하는 것이 이런 급진적인 변성의 가능성을 열어준다는 것을 인정합니다. 덜 너그러운 관점은 이것을 인간이란 존재의 완벽한 무력함으로 봅니다. 물질과학도 마찬가지로 인간의 힘을 인정하지 않았습니다. 우리는 우리 문명 전체가 가지고 있는 두 가지 주요 권위의 원천에 의해 무력화되고 있습니다.

물론 우리가 변성과 영적 성장을 위한 심원한 역량을 가지고 있음을 믿도록 고취하고 용기를 주는 예외적인 사람들이 있습니다. 하지만 오늘날 세상에 이런 사람들은 드뭅니다. 당신이 지금 변화시킬 수 있는 것은 별로 없다고 말하는 불교도를 만날 수 있습니다. "그건 학자들이나 가능한 일이야. 지금은 암흑기이고 세상의 악마들이 너무나 힘이 세서 우리가 할 수 있는 게 별로 없어." 하는 사람들 말입니다. 내가 아는 사람이 달라이 라마에게 이 문제를 제기했던 적이 있습니다. 20년 전 사적인 대화에서 그는 이와 비슷한 한탄을 했는데, 이에 대해 달라이 라마는 그것이 난센스라고 했습니다. 요즘이 쇠퇴하는 시대라고요? 맞아요. 어두운 시기이지요. 세상에 무수한 악마가 있고 많은 괴로움이 있지요. 그리고 갈수록 더해 가는 것 같습니다. 이는 관찰 가능한 사실입니다. 그래도 어떤 개인이 지금 적절한 노력을 한다면, 그 사람은 요즘보다 더 유리한 시대에 하는 것과 마찬가지로 변성을 이루어 낼 수 있는 기회를 가지고 있는 셈입니다. 그게 그 사람에게 지금 당장 온다면, 그게 바로 기회인 것이지요.

환경은 얼마나 큰 역할을 할까요? 우리는 단순한 사회적 동물이 아닙니다. 우리는 혼자 살기를 선택할 수도 있는 존재입니다. 하지만 우리는 이 우주의 다른 생명 있는 존재들과 함께 연결된 존재입니다. 우리는 다른 사람들의 아이디어와 판단, 규범, 가치와 생활양식, 기대 등의 영향을 받습니다. 만일 우리가 영적 성장의 여지가 거의 없다고 생각하는 사람들과 가까이 관계한다면, 그런 영향을 받지 않기는 어려울 것입니다. 붓다는 우리의 영적 수련의 반은 친구를 선택하는 것으로 구성된다고 말했습니다. 이는 우리의 위대한 자유에 속하는 것이니, 이런 자유를 소중히 여기고 그 장점을 충분히 취하도록 합시다.

찾아보기

[인 명]

게쉐 나왕 다르규(Gesche Ngawang Dargye) 60, 237
게쉐 랍텐(Geshe Rabten) 207, 232
고빈다(Govinda) 114

달라이 라마(Dalai Lama) 124, 179, 184, 186, 216
데바닷타(Devadatta) 162, 234
데이비드 스피겔(David Spiegel) 230
데카르트(Descartes, R.) 245

롭상 텐진(Lobsang Tenzin) 236

밀라레빠(Milarepa) 173

붓다고사(Buddhaghosa) 64, 123, 139, 148, 160, 171, 189

산티데바(Śāntideva) 31, 67, 131, 181, 213, 231
샤론 살즈버그(Sharon Salzberg) 124

에리히 프롬(Erich Fromm) 129
윌리엄 제임스(William James) 24, 66, 143

젠 람림빠(Gen Lamrimpa) 93, 235
쫑카파(Tsongkhapa) 21, 89

찬드라키르티(Candrakīrti) 233

쿠누 라마 린포체(Kunu Lama Rinpoche) 211

타라 린포체(Tara Rinpoche) 48, 136
텐진 가초(Tenzin Gyatso) 217
텐진 쵸닥(Tenzin Choedak) 141

[내 용]

감각적 욕망 103
감각질 76
개념적 명명 239
거친 해이감 87
거친 홍분 53, 69
경솔함 201
계율 28
공성 21, 193
공의 감각 118
관음보살 183, 193
궁극적 지혜 95
금강승 109
까루나 177
까르마 30
깨달음 19

내성 67, 68, 71, 87
냉소주의 201
니밋따 88

다섯 가지 방해물 102
대비 212
대상 없는 연민 161
대자 212
동락심 199

마음챙김 67, 68, 84
만트라 38
무관심 209
무기력 57
무디타 199
무력감 104

바즈라야나 250
반야심경 193
보리심 174, 209, 211, 223
보살 95, 125, 183
분노 150
불성 33, 126, 149, 187
불안 104
붓다 35
비사념적 명상 127
비자기 147
비통함 179
빛의 몸체 62

사념적 명상 57, 127, 169
사마디 231
사마타 65, 78, 246
사마타 성취 83, 96, 113
사마타 수련 47
사무량심 수련 188
사성제 17
선정 168
심상화 130, 190
십불선 98

안정감 51, 55

안정의 다섯 요인 106
알아차림 49
애정 223
애착 160
업 30
연민 19
연민심 177
옴마니반메훔 37, 184
우뻬카 207
원초적 자각 247
위빠사나 64
윤리 훈련 27
의심 105
의존발생 239
이완 50
인내 154, 155
입보리행론 211

자기 20, 145, 165
자기감 167
자기정화 210
자비심 161
자아 21, 23
자애 123
자애명상 129
자애심 126, 157
자재 237
잔인함 180
적개심 102, 142
정묘한 해이감 90
족첸 248
좌절감 201
중관학파 238, 248
지속성 54
지혜 19, 144
질투심 162
집착 223

차크라 195
참여적 본성 242
참여적 우주 229
청정도론 64, 208, 231
친절 177

크샨티 154
클레샤 18

통찰명상 142
통찰적 지혜 33

평등심 207, 214
평등한 자애심 141
평정심 36, 207

해이감 70
혐오감 209
호흡 알아차림 109
흥분 104

저자 소개

B. Alan Wallace

앨런 월리스(B. Alan Wallace)는 티베트 불교에 대한 30권 이상의 책을 쓰고, 편집하고, 번역한 미국의 저명한 티베트 불교 전문가다. 1971년에 학업을 중단하고 인도의 다람살라에서 티베트 불교와 의학, 티베트어를 공부하였다. 이후 달라이 라마의 요청으로 1975년에 유명한 티베트 불교 학자인 게쉐 랍텐(Geshe Rabten)과 만나서 티베트 불교 문헌과 저명한 티베트 불교 스승들의 가르침을 번역하는 작업에 기여하였다. 이러한 작업을 포함해서 달라이 라마의 휘하에서 14년간 티베트 승려로 지내면서 불교와 명상을 공부한 후 1984년에 암허스트 대학으로 돌아와 물리학과 철학을 전공하고, 1995년에 스탠퍼드 대학에서 「인도티베트 불교에서 지속적인 의도적 주의의 계발(The Cultivation of Sustained Voluntary Attention in Indo-Tibetan Buddhism)」이라는 논문으로 종교학 박사학위를 받았다. 2003년에 캘리포니아 주립대학의 산타바바라 의식연구소(Santa Barbara Institute for Conscious Studies) 설립을 주도하여 의식의 본성 및 잠재력에 관한 과학적 연구와 이를 통한 대중적 기여를 추구하고 있다. 의식연구소를 통해 장기간의 집중명상의 효과에 대한 사마타 프로젝트(Samatha Project), 심리학자인 에크만(Paul Ekman) 부부와 함께 작업한 정서균형계발(Cultivating Emotional Balance) 프로젝트 등을 진행하였다. 현재 산타바바라에 살고 있으며, 유럽과 북미에 불교철학과 명상을 전파하고 있다.

역자 소개

김완석(Gim, Wan-Suk)

고려대학교 심리학과를 졸업하고 동 대학원에서 산업 및 조직심리학으로 박사학위를 취득하였다. 이후 서울불교대학원대학교에서 요가치료전공으로 박사과정을 수료하였다. 한국심리학회가 인증하는 건강심리 전문가이자 사단법인 한국명상학회의 명상지도전문가(R급)다. 명상을 토대로 하는 심신건강 개입프로그램의 효과에 관한 논문을 다수 발표하였으며, 마인드풀니스 프로젝트(한국연구재단 SSK 지원)의 연구책임자로서 명상효과와 개입프로그램에 관한 과학적 연구를 진행하고 있다.
현재 아주대학교 심리학과 교수(건강심리학 전공)로서 아주대학교의 건강명상연구센터 설립을 주도하였고, 명상의 과학화와 대중화를 위한 연구자와 전문가 등의 모임인 사단법인 한국명상학회(www.kmbsr.or.kr)의 회장으로 일한 바 있다.

마음을 여는 명상: 사무량심

The Four Immeasurables: Practices to Open the Heart

2016년 8월 25일 1판 1쇄 인쇄
2016년 8월 30일 1판 1쇄 발행

지은이 • B. Alan Wallace
옮긴이 • 김완석
펴낸이 • 김진환
펴낸곳 • (주) 학지사
04031 서울특별시 마포구 양화로 15길 20 마인드월드빌딩
대표전화 • 02)330-5114 팩스 • 02)324-2345
등록번호 • 제313-2006-000265호

홈페이지 • http://www.hakjisa.co.kr
페이스북 • https://www.facebook.com/hakjisabook

ISBN 978-89-997-0996-8 03180

정가 14,000원

이 도서의 국립중앙도서관 출판시도서목록(CIP)은 서지정보유통지원시스템 홈페이지(http://seoji.nl.go.kr)와 국가자료공동목록시스템(http://www.nl.go.kr/kolisnet)에서 이용하실 수 있습니다.
(CIP제어번호: CIP2016017045)